U0526864

李佩甫

— 著 —

平原客

南方出版传媒
花城出版社
中国·广州

图书在版编目（CIP）数据

平原客 / 李佩甫著. -- 广州：花城出版社，
2017.8
　ISBN 978-7-5360-8350-9

Ⅰ．①平… Ⅱ．①李… Ⅲ．①长篇小说－中国－当代
Ⅳ．①I247.5

中国版本图书馆CIP数据核字(2017)第179705号

出 版 人：詹秀敏
选题策划：田　瑛　张　懿
责任编辑：黎　萍　夏显夫　蔡　宇
特约编辑：李　娜　董　鑫
营销统筹：蔡　彬
技术编辑：薛伟民　凌春梅
装帧设计：仙　境
版式设计：李　洁

书　　名	平原客 PING YUAN KE
出版发行	花城出版社 （广州市环市东路水荫路11号）
经　　销	全国新华书店
印　　刷	广东新华印刷有限公司 （广东省佛山市南海区盐步河东中心路23号）
开　　本	787毫米×1092毫米　16开
印　　张	22.5　1插页
字　　数	300,000字
版　　次	2017年8月第1版　2017年8月第1次印刷
定　　价	45.00元

如发现印装质量问题，请直接与印刷厂联系调换。
购书热线：020-37604658　37602954
花城出版社网站：http://www.fcph.com.cn

麦子黄的时候是没有声音的。

——题记

目 录

第一章　/ 001

很多年过去了，副市长刘金鼎仍然记得，那行走在路上的"咯咯噔噔……"的车轮声。

第二章　/ 051

离婚后的李德林有一段是很孤独的。他的学生刘金鼎，差不多每隔一段时间，就专门跑来，陪他去吃一次烩面。

第三章　/ 121

也许是职业习惯，赫连东山的脸阴的时候多，晴的时候少，就那么一直煞着，甚至可以说有点小狰狞。

第四章　/ 167

他们都不再说那个字。可他们心里都有了那个字。那个字在喉咙眼里卡着，面是一口也吃不下去了。

第五章 / 215

他还是个小麦专家,他的亲和力也是一般的官员没法相比的,所以被媒体称为"戴草帽的省长"。

第六章 / 265

三十九年后,刘金鼎又跟梅花睡在了一起。潜回梅陵的刘金鼎,悄悄地住到了父亲的花房里。

第七章 / 315

突然之间,李德林的"气"泄了。他的眼角下布满了细碎的皱纹,就像是落满灰尘又揉皱了的破抹布。

后　记 / 352

第一章

平原客

很多年过去了，副市长刘金鼎仍然记得，那行走在路上的"咯咯噔噔……"的车轮声。那时他就睡在父亲推着的独轮车右边的第二个草筐里，头上捂着一床破被子，屁股下垫着一铺小褥子，像猴子一样半蜷在筐里，枕着花香，枕着吱咀、吱咀的车轴响，等他醒来的时候，他会听见父亲自言自语地说：到洧川了。

一

　　这是一个很特殊的地域，地名叫梅陵。

　　历史上，这是一块水淤地，也叫冲积平原。有人说，这块平原是黄河"滚"出来的。早年，黄河连年泛滥，滚来滚去，就"滚"出了这么一个地方。也有人说，这是黄河跟淮河"斗"出来的平原。两河相遇，黄河想把淮河"吃"掉，淮河想把黄河"撵"走，经多年搏杀，几经改道，水滚来滚去的，结果是两败俱伤，就淤积出这块平原来。说起来这里曾经是黄河、淮河的交汇之处，但你却看不见水，水在三尺以下或是更深的地方。早些年挖三尺就可以见水了。但现在不行了，得挖得更深些。但水还在，水渗在土壤里。据说，下边有暗河。

　　这里不仅是楚汉交汇、南北中转之地，也还是绵软之乡。当太阳转到这里的时候，好像和气了一些，就像是一个眯着眼的、没有了脾气的小老头。这里的风也偏柔和，面面儿的，不暴不烈。风刮过来的时候，就像是一个面恶心善的老太太。这里也刮大风，但声音大过速度，漫卷着嗡咙一阵子就过去了，无伤。就像是要提前告诉人们，注意些吧。

　　梅陵是一个特别适宜植物生长的地方。这里一马平川，雨水丰沛，常年平均气温十七点一摄氏度，且四季分明。更重要的是，这里的土质偏软、透气性好，俗称为"莲花土"，也被称为"中壤"。沙土地为"轻壤"，黏土地为"重壤"：沙土地透气好，但不易保墒；黏土地墒情好，但易板结。而这里的"莲花土"，在轻、重之间过渡，特别适于苗木生长。所以，自古以来，梅陵人托赖天地的赐予、大自然的厚爱，除了种植小麦之外，几乎家家种花、养花、卖花，成了一个出花匠的地方。

花匠老刘，本名叫刘全有，原是梅陵芽口村人。因祖上辈辈养花，家族中常有人在外地给人做花匠，因此私下里曾被人称为"弓背家"。"弓背家"虽略含贬义，但最早是说这家人的"饭辙"是用独轮车推出来的，是卖花人的意思。后来的引申义是说这家人辈辈出大花匠，这"弓背家"则成了芽口有名花匠的标志了。

传言说，刘家种花是从宋代开始的。但刘氏已无家谱。记忆中，关于刘家的花卉种植，仅上溯到清代，那也是祖上关于推着独轮车去开封卖花的一些口口相传的往事记述。当年，从梅陵到开封，八十里路，这是刘家祖先用独轮车推出来的一条弯弯曲曲的"饭辙"。

到了刘全有这一代，俗称的"弓背家族"已四散于全国各地。留在芽口村的只有刘全有这一支了。改革开放初期，刘全有也曾被人请到黄淮市人民公园做过几年花匠，不知怎的，突然就回来自己干了。老刘这人偏瘦，微弓，深眼窝，奓眉，一脸的古铜，阳光在血管里沉淀成一丝丝的红斑，皱纹里有风霜染就的沟壑，加上腰里常年挂一条擦汗的白毛巾，走路默默的，看上去就像是一行走的老树桩。他平时也不大与人来往，曾被村里人习惯性地称为"弓背刘"。多年后，当他被市里册封为"园艺大师"的时候，就没人再敢这么叫了。熟悉他的人，都叫他另一个绰号"铁手"或"铁手师傅"。

老刘的手的确跟别人的不一样，老刘的手是有神性的。老刘抓一把土，在手里捏捏，就知道它是重壤、轻壤或是中壤。"文革"后期，老刘有一段时间偷偷地去给外地一家公园搞松柏造型，那双手常年与松刺、柏刺打交道，练就了一双扎不透的铁掌。特别是他的两个大拇指，竟长出了"肉猴"，"肉猴"割了一茬又一茬，后来就成了可以当工具使的"肉钉"了。再后来他成了有名的植梅人，有了自己的梅园，常年跟古树桩和铁丝打交道，手上的皮脱了一层又一层，指头肚上的老茧已厚到了刀都割不破的程度。土与血、铁与血、梅桩与血已亲为一家。据说，哪株花快要死的时候，抹一点老刘手上的血，那花兴许就活了。当然，这都是传闻。

刘全有被册封为"园艺大师"后，在社会上传得最广的还是他那盆梅花。这株腊梅一直是花匠老刘的心肝宝贝。

这是一株古桩梅花。古桩是从四川大巴山深处挖出来的，至少有三百年以上的历史，种子是从浙江天目山采撷后优选的野生质源，经东西杂交嫁接，尔后精心培育。这期间死了三回，又活了回来。那年冬天，窗外寒风凛冽，瑞雪纷纷，它突然就开花了，黄灿灿的，腊色如染，晶莹剔透，似倒挂的金钟，奇香无比。在这棵三百年的古桩上，首开的这第一朵梅花，着实惹人怜爱，老刘眼里的老泪突噜就下来了。于是老刘给它起了个名字，叫"化蝶"。

花匠老刘在这株梅树上花了十八年的心血。十八年是一个漫长的过程，在老刘眼里，这就是他的"孩子"，他看着它一天天长大。一直养到了十八年头上，这才成了一株名为"化蝶"、形似"倒挂金钟"、被人称为"中华梅王"的极品。

在一个时期里，最让花匠老刘感到骄傲的，并不是他的梅花，而是他的儿子。他那个小名叫"爬叉"，大名叫刘金鼎（小时叫刘金定，上学后他自己更名为刘金鼎）的儿子，很是争气，大学毕业后，从副乡长一路升上去，后来当官当到了黄淮市的常务副市长。还有人说，马上就是市长了……一度，梅陵全县人民都奔走相告：花匠老刘的儿子，当大官了！

这时候，人们再介绍老刘，就说：这是刘大师。或说：这是市长他爹！

二

很多年过去了,副市长刘金鼎仍然记得,那行走在路上的"咯咯噔噔……"的车轮声。那时他就睡在父亲推着的独轮车右边的第二个草筐里,头上捂着一床破被子,屁股下垫着一铺小褥子,像猴子一样半蜷在筐里,枕着花香,枕着吱呀、吱呀的车轴响,等他醒来的时候,他会听见父亲自言自语地说:到洧川了。

洧川离梅陵四十里路,是刘全有中途"打尖儿"的地方。再走四十里,就到开封了,那是他卖花的目的地。

那时候,刘全有是偷着去卖花的。"文革"中,上头不让养花了,所有的养花人都到大田里种棉花去了。花匠刘全有为了挣钱贴补家用,就在家中的院子里打了一道隔墙,在夹道墙里偷偷地养花,养到年关的时候,再悄悄地推到开封去卖。

那年月,穷人是养不起女人的,特别是漂亮女人。当年,刘全有的女人,就是芽口村最漂亮的女人。这个女人是刘全有一九六〇年跑到四川山里挖梅桩时带回来的。当时花了他三十斤全国粮票,还有二十块钱,就带回了这么一个让全村人惊诧的女子。

这女子漂亮极了,看得全村人眼珠子都快掉下来了。四川女子都进门三天了,还有人不断地拥到院子里,说是要"借"一点什么。可这女子在村里待了不到一年,就跑了。她是四川大山里的人,语言不通也就罢了,主要是吃不惯又黑又苦的红薯干面窝窝。她喜欢吃大米,可这里没有大米。刘全有曾冒着投机倒把的风险出去偷着给她换过几斤,可没几天就吃完了,于是她说啥也不在这儿待了。

刘全有曾有过一段很熬煎的、四处去寻找女人的日子。在短短的三年时间里,这漂亮的四川女子先后跑过四次。刘全有把她找回来三次。第三次她已经怀孕了，鼓着个肚子。这时，村里人都以为，生了孩子后，有孩子牵挂着，她就不会跑了。可是，等孩子一满月，她就又跑了。此后，再没有回来。

四川女子走后，刘全有就一个人带着孩子。那年月是挣工分的，一年到头，油盐钱都缺。刘全有赶在年关时偷着出去卖花，也是被逼无奈。

洧川在副市长刘金鼎的记忆里始终是抹不去的。这里不仅是父亲卖花途中歇脚打尖儿的地方，也是他人生中第一次吃面包的地方。

梅陵离开封八十里路，刘全有推着独轮车赶到洧川的时候，已是偏午时分了。一般情况下，刘全有就近在一个茶摊上坐下，倒一倒鞋窠里的土，把儿子刘金鼎从草筐里抱出来，也好让他活动活动腿脚。尔后，他花两分钱，要上两碗茶水，就着带的干粮打尖儿。他带的干粮分两种，一种是给儿子吃的软乎些的油馍；一种是自己吃的红薯面窝窝。

童年里，刘金鼎记得非常清楚，茶摊后边是一所中学。那是一个极大的院子，院子里有一眼望不到边的大操场，一排排的校舍，操场两旁有高大的杨树和槐树。还有什么呢？还有那些戴着红袖章的年轻人，三三两两地从校园里走出去，看上去骄傲极了。他记得，父亲好像很害怕这些人，勾着头，耷蒙着眼，一小口儿一小口儿地喝着茶水，不看任何人。他就是在这一天跑到校园里去的。他在校园门口的小卖部里闻到了一股奇妙的香味，那是面包的香味。那面包香极了，馋得他直流口水。他看见有戴红袖章的年轻人在小卖部里买面包吃，那面包有鸡蛋大小，金黄色，一排一排连着，五分钱一个。当时，他被"馋"住了，他就那么一直站在小卖部的柜台前，久久不肯离去。等刘全有焦急地找到小卖部门前时，就见儿子像被什么东西勾住了似的，傻傻地在柜台前站着，口水直往下滴。大约，刘全有也闻到了面包的香味，他更是看到了儿子眼里的馋虫。于是，他解开腰带，从束腰的布带里摸出钱来，花一毛五分钱，给儿子买了三个小面包，拽上儿子，重新上路。

在一些日子里，刘金鼎曾作为分管招商的市领导多次去过国外，吃过各样的洋面包，但早年在洧川中学小卖部里闻到的热面包的香味一直萦绕在他的脑海里。当然，他也是后来才知道，这个在全国地图上根本找不到的洧川，却有一所在全国教育界知名的中学，就是这个洧川中学。

这三个小面包，刘金鼎是坐在独轮车的筐里一口一口舔着吃的，伴着独轮车的吱咽声，一直香到了开封。

开封是一个古老的城市，曾为宋朝的国都，应该说是一座"皇城"。可古老的、真正意义上的皇城早已被常年泛滥的黄河水淹在百米之下了。那些较为高级些的玩意儿，也随着宋代南逃的官员、商贾们带到杭州去了。剩下的只是些小吃、杂耍之类，比如：灌汤包子、羊双肠、花生糕；比如：斗鸡、遛狗、养花……当然，明清几百年以来，直至民国时期，这里曾是一个大省的省署衙门，慢慢也积攒了些气象，存了些底子。据说，民国时，那些唱戏的，只有先在开封唱"红"了，才能走向全国。所以，这里仍然有许多（后来被改了名字）传统意义上的老街，比如相府街、戏楼街、或寺前街、衙后街等等。偶尔，在市面上两人吵架时，开封人的眼神里仍然会飘出一两丝没落的贵族气，是想说"爷，早年阔过"。花匠刘全有每次来开封卖花，都歇在戏楼街后边的一个小浴池里。因为这里离卖花的市场近些，还因为，这里有他一个朋友。

这个浴池里的朋友，是个搓背工。此人绰号"罗锅林"，罗锅就罗锅，怎么就成"林"了呢？他又不姓"林"，其实他姓朱。这姓朱的罗锅背上有斜着的两座"山峰"，因此右肩高，左肩低，脖子只好往一边歪着。此人个儿虽不高，但走路一蹿一蹿的，他手里那条毛巾拧干后绳儿一样哗哗地旋转着，常常像鞭子一样连续地在浴池上空发出脆生生的巨响！他虽然歪着脖儿，嗓音却像男高音歌唱演员一样昂然，洪亮："来了一位——您！"

这浴池原名叫"德化浴池"，"文革"中改名为"红星浴池"。在浴池售票处里坐着一位肥白的女人。这女人初看十分高大健壮，一张大脸像满月一样，胸前堆着的两个奶子就像是两座雪白的山峰。可是你不能再往下看了，往下一瞅，就会看到盘着的、像婴儿一样的、一双畸形的小腿小脚，这时你才发现她是个瘫子。这个下肢瘫痪了的女人，就是"罗锅林"的老婆。

进了浴池的门，花匠刘全有牵着儿子来到售票处窗前，叫一声："嫂子。"坐在售票处里的肥白女人抬眼看看他，那只正要拿"木牌"的手就放下来了，把写有床号的洗浴木牌重新扔进小筐里，只说："来了。"老刘应一声："来了。"那女人就说："进去吧。"

童年里，刘金鼎最先认识的，就是这个被父亲称为嫂子的女人。这是一个从来没有笑过的女人，可她的肥美仍然保留在刘金鼎的记忆里。很多年后，当刘金鼎坐在伊斯坦布尔的土耳其浴室里，在白雾一样的蒸气里享受"脱皮按摩"的时候，仍然会想起这个下肢瘫痪了的肥白女人，因为，那是他人生的第一次洗浴。

这个早年建在开封老城戏楼街后边的浴池并不算大，里边有两个三十米见方的热水池，一个二十米见方的温水池，没有搓背间，要求搓背的人就在池边坐着，或者躺在小木床上等着"喊号"。每到年关，池子里就像下饺子一样，堆满了被热水烫红了的各样屁股。在这个票价一位一毛五、摆有简单木床的、热气腾腾的"红星浴池"里，活跃着一个"灵魂"。"罗锅林"就是这个浴池的"灵魂"。

"罗锅林"这个绰号是人们私下叫的。在白雾笼罩、影影绰绰、人头攒动的浴室里，人们高声喊叫的是两个字："老林——"或是："老林，十八号……老林，二十七号……老林，这呢……老林，角里……"于是就有了响亮的回应："十八号一位！——二十七号一位！角里，三十五号一位！柜前，十六号一位……"随着应声，一条条飞舞着的热毛巾准确地、旋风一般地飞到了客人的手中。

"罗锅林"给人搓背更是一绝。在他这里，"搓背"不叫搓背，他叫"更新"。"罗锅林"给人"更新"的时候，就像是一种表演。那条白毛巾在他手里滴溜溜儿地旋转、飞舞，有时像陀螺，有时像花环，有时像直弓，有时像响箭，有时像绳鞭，不时抖出去、弯回来，发出"噼里啪啦"的脆响！有时他弓着一条腿，有时他拧着脖儿，他的手掌裹在那条白毛巾里，所到之处，留下一片片红色的印痕。他给人"更新"的最后一道程序是"捶背"。在他，捶背就像是擂鼓，由上而下、由轻而重，先是雨点似的，而后是大珠小珠落玉盘；再后，两掌平伸，起落紧如密鼓，"叭叭叭、叭叭叭叭……"，有万马奔腾之势！同时他嘴里还不时回应着各种招呼声："八号一位——走好！十二号一位——您边上！七号——稍等！"

"罗锅林"还负责给人修脚。稍稍闲暇的时候，他提着一个小木箱来到修脚人的床前，在膝盖上铺一条黑亮的垫布，摆上一排有长有短、形状各异、看上去锋利无比的修脚刀，大喊一声："——晒蛋！"这句"晒蛋"很像是英文，却是要人躺下的意思。等客人躺下来，他会把客人的一只脚高高地举起来，举过头顶，在半昏的灯光下细细地观察、研究，尔后平着放下去，抱在膝盖上，这才下刀……

在这个热气腾腾、臭屁哄哄的浴室里，"罗锅林"的身影就像是移动着的、半隐半现的"山峰"，不时出现在一个个赤裸裸的屁股后面。这儿，或那儿，喊着、叫着、跳着，麻溜儿得就像是一只窜来窜去的老山羊。但凡当他面对那些肥硕些的屁股时，"罗锅林"就会恭敬地称呼一声："范科长、刘局长、王书记、秦股长、马主任……"偶尔，那些肥硕屁股们会给他递一支烟，他就夹在耳朵上，蹦跶得更加欢实。他那驼背的峰尖上时常亮着一串明晃晃的汗珠儿，汗珠儿滴溜溜地往下淌，在他背上画出一条条银亮的小溪。他要一直忙到后半夜，等人走光了的时候，他把散落在小木床上的浴巾一条条叠好，才回到最靠墙角里的那个铺位前，坐下来，喘上一口气。

这个紧靠西边墙角、挨着一个工具柜的铺位，就是他的。这个铺位一般是不卖钱的。现在，赤身围着一条浴巾的花匠刘全有，就在这个铺位上坐着。

虽然已是多年的朋友，花匠刘全有也并不是白住。这时，他已在铺位上摆好了两个黄纸包，一个纸包里是半斤酱红色的猪头肉，一个纸包里是半斤油炸花生米，还有一个锡壶，两个小酒盅。

下半夜，两个朋友，就这么你一盅、我一盅喝着……无话。蒙蒙眬眬地，刘金鼎夜里起来撒尿，就见刘全有也跟着走出来。他以为父亲也要尿，可父亲没尿。父亲手里端着一茶缸水，走到厕所旁的独轮车前，先是净口，嘴里咕咕噜噜的，把水吐在地上。净口后，再含上水，掀开捂在花筐上的棉被，一口一口地把含了酒气的水喷在花上。父亲说："这样，花会鲜些。"尿毕，刘金鼎回到浴室，见两人继续喝，还是你一盅、我一盅，酒不多了，抿，无话。偶尔，喝酒的父亲会把一粒花生米顺手塞进儿子金鼎的嘴里。这时的刘金鼎睁开眼，看着两人。在他眼里，这时的两个人，就像是两堆灰。

在童年的记忆里，一年只有一次的洗浴是刘金鼎最高级的享受。正是在开封那个"红星浴池"里，他见识了笼罩在热烘烘的、白色雾气里的、赤裸裸的人生。

于是他认定，"罗锅林"的人生，是卑微的。虽然，那时候，他还不认识这两个字，但意思，他已洞晓。

三

花匠刘全有曾经做过一个很奇怪的梦。

梦里，这株梅花长呀长呀，越长越高。梅花原本是先花后叶，可奇怪的是，这株梅花却是先叶后花。三叶、六叶、九叶……片片如羽，叶大如扇。长着长着，突然有一天，开花了，花蕊里竟然长出了一个漂亮的妖冶女人。这个妖冶的女子一跃而下，围着他的床转了一圈又一圈，一声声叫着：老刘，老刘，我要吃米。老刘，老刘，我要吃米。她围着床转了三圈后，突然，眼里放射出两道耀眼的金光，一下子就把他的双眼刺瞎了！

醒来后，他揉了揉眼，竟然还有刺痛感。这一梦把他给惊住了。他披衣下床，来到院子里，走进花房，围着这株古桩腊梅转了一圈又一圈。那把花刀在他手里举了又举，始终没有落下。

一度，刘全有认为这株梅花有妖气，曾想把它废了。可它的确是太珍贵了。他在它身上花的心血太多，舍不得了。

这棵古桩腊梅，的确是花费了他太多的心血。在四川大巴山深处采桩时，虽然在当地也雇了人，但他还是把腰摔坏了，躺在深山的草窝里半天爬不起来。后来他撮土为香，在古树桩前磕了三个头，说：爷，知道您岁数大了，不想走动了。可咱那地界儿阳光好，风水也好。您说您藏在这深山里有谁知道？爷呀，我是想让您天下扬名哪。奇怪的是，自从刘全有愿吁后，再没有出过事故。

古桩挖出来后，还要"晒桩"。桩要晒上三天，去一去湿气，这是怕霉根。在"晒桩"这三日里，那些"胡子"（细小根须）刘全有都一根根地小心梳理好，用土埋上。然后就地在朝阳的山坡上铺一塑料袋，披着一床破被子陪护着。夜晚，星星出齐的时候，湿气就上来了，先不管自己，把带来的塑料布给"桩"围上，等太阳出来时再一一卸去。三日后，"胡子"半干时，先把那条背来的破被子给"桩"裹上，再包上两层塑料布，整个捆扎好，雇人抬下山去。一路上，刘全有嘴里不停地念叨着两个字：小心，小心。

种子则是刘全有跑到浙江那边的天目山深处采撷的。其实，山下就有人卖。这也不单是为了省钱，主要是想选那些野生的、饱满的、母性好的种子。七月，正是天最热的时候，刘全有赤身穿一大裤衩子，头上戴一破草帽，掮一布袋，再背上一瓶水，在山里攀来爬去地采种。一天下来，人被汗水洗了又洗，腌了又腌，那汗渍都晒成了碱，看上去白花花的，还挂一身的"血布鳞"（树枝刮破的口子）。这一东一西，来来回回数千里。一路上苦哈哈的，餐风饮露就不必说了。

梅陵虽然盛产腊梅，却没有现成的野生资源，这里所有的梅花都是从外地采种后嫁接的，只有嫁接后的腊梅，才有可能生长出好的极品梅花。当地人都知道，凡是没有经过嫁接长出来的本地梅，只能叫"狗芽梅"，或者叫臭梅。打个不太恰当的比喻，就像本地女人生的孩子一样，一般都是土头土脑，脸相扁平。而那些从西南大山里买回来的女人，所生的孩子，看上去又白又聪明，一双大眼忽灵灵的。这也许就是杂交优势吧（这是芽口一个小学教师，在村口谝闲话时，指着刘金鼎做比喻时说的话）。

种子采回来后，先要晒干、晾放。尔后，播种前还要"沙藏"三日。"沙藏"是为了催芽儿，让种壳在沙土里慢慢变软，发芽后才能移栽进田里。尔后，头一年是育苗，第二年是"定植"，这一等就是三年，到了三年头上才可以嫁接。这三年刘全有就像侍候孩子一样，每天都要到地里去查看苗情。连上鸡粪都要先支上大锅，烧火炒一炒，怕生了腻虫。

嫁接更是一大关口。苗要千挑万选，优中选优。最早嫁接还是用的传统方法，这叫"接炮捻儿"。在"老桩"上插一芽苗儿，麻布缠上，再用胶泥土糊住切口，尔后用土封上，待新芽儿长出后，小心翼翼地把封土一点点扒开，三个月后就可以"定活"了。这活儿大多是趴在地上干的，弯腰的时候多，抬头的时候少，所以这里的种花人被称为"弓背家"。

待嫁接成活后，再往下就是"留头""定干""造型"这三步了。这三步是最见心思的，也就是进入艺术的境界了。

这棵古桩腊梅最紧要的妙处是：桩枯梅艳、悬枝凌空。"桩"有近三百年造化撑着，正面看，桩身有两个朽枯了的大洞，就像是"山门"一样，或者说是"别有洞天"，上有两株悬枝迎风飞舞，梅花开了的时候，就像是环绕在山门上的蝴蝶在翩翩起舞，那花儿黄灿灿的，像要飞起来似的，一朵朵鲜艳欲滴，清香无比。侧面看，桩根遒劲，一面桩身上刚好破了一块老皮，上有一老虫眼；另一侧桩身则鼓出一块手形疙瘩。远远望去，就像是一边裸露着肚脐眼、一边拈花在手的"双面卧佛"。佛上的朵朵梅花如一道道四射的金光。

"悬枝"造型是最难的。需要多年人工拿捏，一点点地弯造、拉伸、环绕，让它逐步成型。最后一步，当他焚香净手，把这棵古桩梅花"请"进紫砂海盆的时候，他的心也仿佛跟着栽进去了。花匠刘全有十八年的心血，有相当一部分都用在这棵起名为"化蝶"的古桩梅花上了。

在一年一度的花展上，"化蝶"第一次亮相，就轰动了整个梅陵。此后，不断有外地客商上门议价。当年，有开口就给五万的，也有给八万的。有一天，一个日本人居然也找上门来。这个胸前挂着一个照相机的日本人，除了不停地鞠躬，嘴里还不停地念叨："阿里哥多，阿里哥多，估大姨妈死……"可这些日本话刘全有根本听不懂。后来，经翻译提出，他的意思是要用一辆丰田汽车来换这盆梅花。可刘全有摇了摇头，不换。

再后，广东那边，有一家画院校庆，曾提出要用画家的二十幅画来换这盆梅花，刘全有还是摇摇头，不换。

可是，在花匠刘全有的内心深处，有很矛盾的地方。一方面，他舍不得这株古桩梅花；另一方面，他心里又有些害怕。那藏在心里的"怕"是说不出来的，那个梦境一直在他脑海里盘旋着，他还是觉得这花妖，有邪气。夜里，每当他独坐在花前的时候，不知怎的，心里就有一种不祥的感觉油然而生。

是啊，他根本想象不到，这株梅花将会给他带来什么。

四

在副市长刘金鼎的人生道路上，曾经遇到了两个贵人。一个是大贵人，一个是小贵人。按刘金鼎的说法，这个小贵人，就是谢之长。

这个谢之长，绰号"谢大嘴"，是个"花客"。在平原，"客"是一种尊称。上至僚谋、术士、东床、西席；下至亲朋、好友，以至于走街卖浆之流，进了门统称为"客"。但这里所说的"花客"，名义上是协调花卉交易的中间人，实际上就是捐客。但这里的"花客"，是受人尊重的，不含贬义。多年后，"谢大嘴"成了"花世界"集团公司名副其实的谢总，"花客"那一章就翻过去了。

谢之长第一次登门，正是花匠老刘犯愁的时候。他的儿子刘金鼎，刚上初中二年级，被学校开除了。

刘金鼎抱怨说，这事儿不怪他。他的同桌，一个名叫冯二保的学生，父亲是镇上工商所的所长，家里不断地有人送烟。冯二保常把父亲的烟偷出来，带到学校，偷偷地吸。那是冬天，刘金鼎和他的同桌冯二保坐在教室的最后一排，紧挨着教室门口，门板早就烂了，小风溜溜儿的，刺骨。冯二保流着两筒清水鼻涕，缩着脖儿，在课桌下悄悄地用火柴点了一支烟，用两手捂着，他暖手呢。暖了一会儿，他忍不住了，勾下头偷偷地吸了一口，对着门缝儿，一丝一丝慢慢地把烟吐出去。接着，他用胳膊肘碰了碰刘金鼎，悄声说："尝一口。你尝一口。"刘金鼎也勾下头，脑门贴着桌沿儿，看着他。他把烟递到刘金鼎手里，再次压低声音说："尝尝。"

就在这时，班主任崔国祥老师从讲台上冲下来。他旋风一般冲到教室的最后一排，一把抓住刘金鼎拿烟的手，高高地举起来，大声说："同学们，看看，这是什么？——痛心哪！"

在镇上的天堡中学，崔老师的严厉是出了名的。当年，崔老师说的最著名的一句话是："醒醒吧！同学们，改革开放，百废待兴，人才呀，国家正是需要人才的时候，你们怎么能睡得着呢？！全班七十二个同学，哪位想成为臭狗屎的，请举手，我一定把你铲出去！"

讲台上放着一个纸盒子，盒子里放着崔老师没收学生的玻璃弹蛋儿。每每，见哪个学生不注意听讲，崔老师就从盒里拿出一个弹蛋儿，捏在手里，像子弹一样射向四面八方。崔老师弹无虚发，凡在课堂上打瞌睡或走神的学生，常被崔老师从讲台上"发射"的弹蛋儿射中！若是被射中三次，崔老师就大步走来，当着全班同学大声发出一个庄严的"请！"字，把你"请"到教室最后，靠墙而立，谓之"面壁"。

在别的班级里，座位都是按个头高低排列。崔老师则不然，他是按考试成绩排座位的。一学期大小测验十数次，每次测验后，都有一次重新排列座位的过程。就为争这个座位，学生们一个个晨读夜背、噤若寒蝉。每每卷子发下来，靠前一位无比光荣，落后一位则羞愧难当，就像当众宣判你不是个东西。分数排在最后的学生，那就不光是羞愧了，简直是无地自容。因为崔老师会在讲台上大声念出来，比如："刘金鼎同学，测验成绩倒数第二名！请到最后一排、倒数第二个位置就座，门外有厕所，风光无限……"这时，全班同学哄堂大笑，都回过头来，对他行注目礼。

实际上，当年，刘金鼎在崔老师眼里，就是作为"臭狗屎"被铲出校门的。

刘金鼎自然愤愤不平。烟，他并没有吸，是同桌冯二保硬塞到他手里的。可他又不敢当众揭发二保，如果揭发了冯二保，往后的日子就更加难过。所以，他百口莫辩，只好灰溜溜地离开了学校。

花匠刘全有是在儿子被学校开除的第三天才知道的。这三天刘金鼎仍然像往常一样按时背着书包出门，但他一直在镇上漫无目的地游逛。且多次站在卖花圈的小铺前，目视着样品花圈上的"奠"字，暗自哀悼自己的人生。在这个卖花圈的门市前，他脑海里甚至出现过一丝这样的念头：还不如死了呢，就此一了百了。是卖花圈的老者一声断喝，把他给唤醒了。老者说："年轻轻的，看啥看，傻了？！"

最后，还是同班的学生把这个消息透出来的。花匠刘全有脱了鞋举在手里，却没有打下去，只是重重地叹了一声。

这是因为，他知道儿子不会吸烟。他也觉得是老师冤枉了儿子。可是，有什么办法呢？

"花客"谢之长，就是这时候登门的。"谢大嘴"望着刘全有那张愁容满面的苦瓜脸，一口便应承下来。他说："铁手师傅，你交给我吧。不出三天，我一准儿让咱金鼎复课。"

花匠刘全有怔怔地望着"谢大嘴"。他知道谢之长是"花客"，一"嘴"托两家（买家和卖家），神通广大。没想到他还有这本事。如果他能让孩子复课，那是再好不过了。可是……

"谢大嘴"说："铁手师傅，咱过去虽然没打过交道，但我服你。你放心，这事交给我！我就是头拱地，也不能让孩子没学上。小事，不就是两盆花的事么。"

听他这么说，刘全有明白了。他手一指，说："搬。你搬。"

当天，谢之长搬走了两盆花，一盆是"素心腊梅"，一盆是"馨口腊梅"，也都算是珍品了。

刘全有说："够么？不够再搬。"

谢之长说："他们懂啥？放心，一准儿成。"

"谢大嘴"是个热心人，第二天傍晚，他就骑着自行车赶来了，笑嘻嘻地说："铁手师傅，怕你急，我先给你报个信儿。我见了校长，还见了教导主任，都满口承当。明天就让孩子上学。"

谁知，第三天下午，谢之长又骑着他那辆破自行车跑来了。他嘴里呼哧呼哧地喘着粗气，气急败坏地说："这人真是'天下第一拗蛋'！真他妈不是东西。教导主任找他，当场就给'撅'回来了。校长亲自出面，这王八蛋竟然当面质问：这是学校还是烟馆？你是收了礼吧？弄得校长当场下不了台……我操，还有这人！"

花匠刘全有闷闷地望着他，说："真不行，就算了。"

可谢之长不答应了。谢之长说："那不行。凭什么不让孩子上学？别说没吸，就是吸了支烟，又该如何？能犯多大的王法？操，这不是打我的脸么？铁手师傅，你等我消息。我还不信了，我扳不倒他。我现在就去找我表妹夫去。他是县里管教育的副县长，我让他出面……"

刘全有呆呆地望着他，见他的眼风又扫到了花上，就说："搬，你挑着搬。"

这一次，谢之长搬走的是两盆"虎蹄腊梅"。

在刘金鼎被停课的九天时间里，谢之长不辞劳苦地一连跑了八趟。最后一次，他蹲在院子里，冒着一嘴白沫儿，哑着喉咙说："孩儿，咱不在这儿上了。他就是给咱磕一百个响头，咱也不上了！一个镇中，有啥上的？咱去县里上，县一中、三中都是重点，你随便挑……"提起崔国祥崔老师，谢之长破口大骂："那就是个'拗蛋筋'，是个死夹榆木头。中山装上打补丁，硬充大牌儿。飞机上挂尿壶，都臭到天上去了！你看他'傲造'的？不就是会念两句'之乎者也'么？靠，啥东西！我在县里芙蓉大酒店摆了一桌，好酒好烟候着，管教育的副县长去了，局长去了，校长主任都到了，他居然三请不到……"

是啊，天堡中学语文教研组长崔国祥是镇上的名师，据说县一中还想挖他呢，自然是十二分地骄傲。他说："天王老子也不行！这样的学生，谁想教谁教，我不教！"

谢之长说："那王八蛋，不得好死！吃饭时，一桌人都骂他。这样，孩儿，我都说好了，天堡这边不算开除，算是转学，转到县中去上……"

可是，刘金鼎却突然蹦出一句："我不在县里上。"

这一句把谢之长说愣了。谢之长说："孩儿，那你……"

刘金鼎说："我想去洧川上。"

谢之长说："洧川中学？"

刘金鼎说："洧川中学。"

谢之长说："我明白了，孩儿是要个脸气，行。我送佛送到西天，你等着。"

刘全有嘴里喏喏的，想说点儿什么。谢之长说："铁手师傅，不说了，都在心里。我这就跑事儿去。"说着，推上他那辆自行车，跑事儿去了。

"谢大嘴"的确是个能办事的人。三日后，谢之长推着那辆破自行车，亲自把刘金鼎送到了四十里外的洧川中学。此后，谢之长就成了花匠刘全有的花卉代理人。

（一直到二十二年后，曾被同学们称为"天下第一拗蛋"的班主任崔国祥，这个曾担任过天堡中学语文教研组长、"射击水平一流"的崔老师，居然也排在了上访的队列里。那时刘金鼎刚刚当上市政法委副书记，他在"上访接待日"里接待的第七个上访对象就是崔国祥。崔老师抱着一摞上访材料，颤颤巍巍地来到他的面前。崔老师的头发几乎掉光了，头上架着一副缠有胶布的老花镜，原来的骄傲已荡然无存。他刚在椅子上坐下来，就迫不及待地说："不讲理呀！我的房子，说拆就拆……"刘金鼎说："崔老师，你还认识我么？"崔国祥慢慢地仰起脸，有些惊诧地望着他："您，您是……"刘金鼎说："崔老师，我是刘金鼎啊，你不记得了？"崔国祥脸上出现了一丝惶恐，他说："噢，是刘、刘、刘书记呀……"刘金鼎说："崔老师，你放心。这件事，我一定交代下去，让他们严肃处理。"这时，曾经无比骄傲的崔老师，一把抓住他的手，老泪纵横，竟"哇唷"一声，哭起来了。

事后，崔国祥的"拆迁案"仍未得到解决，他至今仍走在上访的路上。）

五

在刘金鼎人生道路上，起过重要作用的大贵人，是四年后出现的。而且，还是谢之长这个小贵人牵出了大贵人。

刘金鼎上大学后，曾经在一本书上读到这样一句话：在这个世界上，无论你想找谁，无论他在什么地方，只要通过六个人，就可以联系上这个人。这是概率。刘金鼎深以为然。其实，说到底，这就是"关系学"。

"谢大嘴"谢之长就有这个本事。他能在很短的时间里，把"不认识"变成"认识"，再由"认识"变成熟人、朋友、"关系户"。这不光是嘴上抹点蜜就可以办到的，也不仅仅是人们俗称的那种"见面熟"，这其实是一种超常的能力。你得有足够的热情和细致，你得有被人连踹三脚爬起来仍然面带微笑的勇气，你得有一而再、再而三、三而不竭的耐心，这里边还包含着"仗义"和"尊重"（特别是那些肚里有点墨水的人，"尊重"是打倒一个人最有效的办法）。在梅陵，这所有丰富的内容都可以简化成一个"跑"字，谢之长就是用这种办法把刘金鼎"跑"进洧川中学的。这些，都是刘金鼎在以后的日子里，慢慢"品"出来的。

那时候，刘金鼎还在四十里外的洧川中学读书呢。童年里，甜面包的气味一直萦绕在刘金鼎的记忆里。所以，他对洧川中学有一种天然的亲近感。一种教育方法可以毁掉一个人，那他就是"臭狗屎"了。另一种教育方法可以成就一个人，那他也许就是未来的市长了。在洧川中学读书的时候，刘金鼎还顾不上思考这些。他只是觉得在这里宽松些，谁也不认识他，精神上没有那么大的压力了。

那是一个巨大的操场。在洧川中学的操场里，刘金鼎跟同学们一样，每天早上五点半起床，在操场上跑三圈，尔后洗漱、吃饭、上课。日子就像一部苏联电影里的台词：面包会有的，一切都会有的。

应该说，刘金鼎身上的这股学习动力是崔国祥老师激发出来的。是啊，有谁甘愿当一泡"臭狗屎"呢？虽然换了学校，但崔国祥老师那轻蔑的目光，仍然在他身后背着。他必须得学出个样子来，以此证明，他不是"臭狗屎"。

在洧川中学读书的日子里，父亲刘全有从来没有看过他，但这里似乎处处都能感觉到父亲的影子。入冬，刘金鼎发现，校长的办公桌旁边，摆着一盆"虎蹄腊梅"。这是一盆红梅，花瓣儿腊汁厚，朵朵呈虎蹄状，晶莹剔透，枝叶状若飞燕。冬日里，这盆古桩腊梅香极了，二三十米外都能闻见馥郁的梅香。

记得有一天，刘金鼎眼风扫见，谢之长带着父亲刘全有匆匆走进校长办公室。此后，就见校长室那株古桩腊梅被连根拔出，晾在了校长室的门外，暴晒三日。后来，听班主任说，校长无比珍爱那株梅花，因浇水太勤，淹死了。后经高人指点，拔出来晒晒根，居然又给救活了。

学校的教导主任见了他，面带微笑，问："金鼎同学，在这里还适应吧？"刘金鼎回道："适应。"教导主任说："好好学习，将来争取'保送'。"他后来发现，教导主任的屋里，摆有两盆菊花，一盆是白菊"玉观音"，一盆是墨菊"满天星"，均为菊中上品。

班主任徐老师，表面上并没给他特殊的照顾。但每次遇上他一个人的时候，都会含蓄地点点头。这个"点头"意味深长。徐老师排座位时，在他身边安排的是女同学王小美。王小美是班里的学习委员，成绩是年级前三名。也是后来他才知道，徐老师的儿子，高中毕业没参加高考，由学校"保送"上了大学，上的是武汉的重点大学。事前，是谢之长陪着徐老师到武汉去的，带的礼物中有两盆古桩腊梅，一盆是"馨口蜡梅"，一盆是"檀香腊梅"，也都是很名贵的品种。

在这里，在相对宽松的学习环境中，刘金鼎的学习成绩有了明显的提高。他由天堡中学的倒数第二名，一跃成为班级第二十七名。班里一共有六十五名学生，他的成绩算是中等偏上，不再是"臭狗屎"了。这跟同桌王小美有极大关系。

王小美初看不是那种特别漂亮的女孩，但是耐看。她人长得白，圆脸儿，眉儿、眼儿都有水儿，鼻尖上常常挂着亮晶晶的汗珠，嘴角上有俩小酒窝儿，浅浅的。夏天里，她穿短衫，两只胳膊露出来，像藕段一样。她身上隐隐地有一股香气，这香气是说不出来的那种，有韵味。再说，她父亲是梅陵的一个副县级干部，家里不缺什么，从小养成的优越感是有的。这样的女孩子，最初给人的印象是冷冷的，不大与陌生人搭腔的那种矜持。但熟悉了之后，或者说一旦信任了你，那热情就变成了一种大度和给予。刘金鼎又是那种白白净净、天庭饱满、讨女孩儿喜欢的相貌。一条板凳两人坐，两人心理上的默契是慢慢"坐"出来的。

最初，两人还是有点"隔"。刘金鼎刚分来的时候，王小美往左边挪动了一点身子，板凳中间空出了半尺的距离，这是有意地疏远。刘金鼎刚刚分来，自然也不敢造次，中间就那么空着。每当下课铃响，屁股离开板凳的时候，谁要是站得稍猛一些，板凳就会翘起来，另一个人就有可能摔着……两人是"屁股"与"屁股"先说上话的。两个人，每每要站起来的时候，一个人的"屁股"会先"通报"一声，也就是往中间挪动一下。于是，另一个人的"屁股"就会意了，也会主动地往中间挪一点，这样，无论谁先站起，两人就不会摔着了。

王小美是班里的学习委员，主要任务是擦黑板，收交、分发作业本，还负责上自习课的时候解答各个学习小组提出的问题，相当于"二老师"。所以，刘金鼎是"近水楼台先得月"。当两人的"屁股"达成默契之后，王小美每每分发作业本时，就会先发其他同学的作业本，把两人的作业本留在最后，一块放在课桌上，交给刘金鼎。尔后，再去讲台上擦黑板……就在王小美擦黑板的时候，刘金鼎会趁机打开两人的作业本，一道一道题进行比对。王小美的作业很整洁，作业本上自然是一个一个的红色的"√"，而刘金鼎的作业本上，有一半是"×"……两人的作业比对后，刘金鼎至少可以知道正确答案是什么了。有的一眼就可以看出错在哪里，有的仍然不明白，这就需要他慢慢悟了。好在他人聪明，悟性还好。正确与错误有了参照，他学习上自然进步快。

两人第一次开口说话，是刘金鼎的数学作业得了满分。那一天，王小美把作业本放在课桌上的时候，看了他一眼，说："你是满分。"刘金鼎说："不会吧？"王小美说："真的。"刘金鼎说："那还不是沾了你的光。"王小美淡淡地说："我又没帮你什么。"刘金鼎说："我看了你的作业本，你都是'对号'，我就知道错在哪儿了。"看刘金鼎很坦白，王小美说："你得洗洗澡了。"刘金鼎闻了闻自己，说："我身上有味？"

第二天早上，跑步归来，就在操场边上，刘金鼎端了两个脸盆，在水管前，当着众人把自己冲洗了一遍。

此后，两人的关系就近了一步。上英语自习课的时候，王小美去讲台上替英语老师写板书，就悄悄地把自己的"随身听"塞给刘金鼎，那上边录有"英语三百句"……那时候，"随身听"很少见，是王小美的爸爸从香港带回来的。"随身听"放在课桌下面的屉斗里，耳朵上塞一"耳塞"，人趴在课桌上，悄悄地听，别人看不出来。

冬日里，女生寝室靠南边的窗台上，多了一盆菊花。那是一盆名为"雪海"的名贵品种，大朵，静白静白的。阳光照在窗玻璃上，那怒放的、雪一般的花团一瓣瓣儿映在玻璃窗上，很像是洁白、飘渺的海市蜃楼，梦一样的。窗台下，就是王小美的铺位。

再后来，就是更为默契的"纸条"对话了：

纸条一：水的分子式是氢二氧一，即"H2O"。

纸条二：第三题怎么就错了呢？

纸条三：y是x的函数，x叫自变量。

纸条四："孔乙己"怎么会是坐着用手走路的？

纸条五：腿断了。

纸条六："桃花潭水深千尺"是李白的。"国破山河在"是杜甫的。

纸条七：汪汪，你的眼圈黑了，又失眠了吧？

纸条八：你才"汪汪"呢。没事，我有"安定"。昨天我爸来了，带的北京"稻香村"的糕点。我给你拿了几块，在屉斗里。

纸条九：食堂里有你爱吃的芥末凉粉，我给你留了一份。

纸条十：注意点，同学们有议论了。

纸条十一：又是胖妞吧？别理她。

纸条十二：邓丽君的"小城故事"真好听……

纸条十三：我喜欢听"北方的狼"。

……

如果不是王小美家里出了事，两人的"纸条"对话可能会走得更远一些。也许走着走着，会发"芽儿"的。

那年春节过后，到校的第二天，女同学还都穿着过年时添置的新衣服，一个个花枝招展。王小美那天穿的是一件款式很新的、束腰的、米黄色的风衣，系着一条雪白的纱巾，人显得优雅大方。只是眼圈儿黑着，看上去反倒有一种忧郁的美。女同学围着她，叽叽喳喳地夸她的风衣样式好……她只是淡淡地说：是么？好么？也没觉得。

往下，就没话了。刘金鼎记得，她当时好像是看了他一眼，那一眼很复杂。可看了没有呢？刘金鼎也吃不准。在座位上，两人落座的时候，屁股上的感觉好像还是一致的。刘金鼎说："年过得好吧？"王小美说："好。"但这个"好"字说得很寡，没有任何感情色彩。好像过了一个年，把一切都过回去了。那两人间的、一步一步相互越走越近的"纸条"对话，好像都不作数了，一切又要从陌生开始了。当时，刘金鼎心里虽有些犯嘀咕，却也没有多想。

第三天早晨，黎明时分，清冷的校园里响起了一片杂乱的脚步声，一时东、一时西，乱糟糟的。只听校长焦急地喊道：人呢？校医，快去找校医！

仿佛有感应似的，准备去操场上跑步的刘金鼎一个箭步从男生寝室里窜出来，直奔王小美住的女生寝室。当他跑到被称为"甲字号"的女生住的平房院时，就见一群女学生和老师们已围在了王小美的寝室门口，她们正叽叽喳喳地议论着什么。

此刻，校医也赶来了。校医挎着一个药箱跌跌撞撞地冲过来，一边跑一边问："谁，谁呀？怎么了？"

胖妞说："王小美，她喝药了！"

校医进屋后，见屋子里乱成了一团麻！有到处翻着找药瓶的，有找遗书的，有企图唤醒王小美的……校医喝道："校长、班主任留下，其余都给我出去！"

过了一会儿，只见班主任徐老师匆匆从寝室里走出来，招招手说："高二（1）班的男同学，过来几个。"

刘金鼎和两个男同学跑进了寝室，就见王小美在床上躺着，仍然穿着那件米黄色的风衣，头发披散着，眼角处好像有泪痕……校医说："快，背到医务室！"

刘金鼎第一个奔到床前，先是抱起王小美，尔后转过身抓着她的一只胳膊，背起就走。此时此刻，他觉得她身上软绵绵的，很轻，甚至有点飘，像风。

喝了药的王小美是两个小时后被一辆救护车接走的。救护车鸣着笛，惊了全校人。事后，学校里临时颁发了一道"紧急通知"，就王小美喝药这件事，通知全校师生不准议论，不传谣，不信谣，凡造谣滋事者将严肃处理云云。各班班主任的口头通知是：王小美同学由于身体原因，休学一年。

可是，在洧川中学，这是一个事件，无论学生，还是老师，都在私下悄悄地传播着各种小道消息。有人说，据可靠消息，王小美的父母春节期间闹离婚，锅都砸了！有人说，王小美的父亲，梅陵副县级干部王天恩，跟县统计局的一个女干部好上了。还有人说，不是统计局，是县委招待所的女服务员，才二十多岁。那时候，关于王小美的小道消息满天飞。据说，王小美因为坚决站在她妈妈一边，不同意父母离婚，才喝药以死相逼的，她喝了一小瓶安眠药。还据说，王小美是因为家里一天到晚闹矛盾，精神上出了些问题，得了焦虑症，才喝药自杀的。等等。

还有，洧川中学的老师和同学们都一致认为：王小美本是上清华、北大的料，可惜了。

在那段时间里，刘金鼎常常独自一人站在巨大的操场上，仰望夜空。王小美的身影时常出现在飘渺的夜空里，她抱着一摞一摞的作业本，在充满着夜气的星空里行走，微微偏着头，很严肃的样子。偶尔，会回眸一笑，说："是么？"王小美常说的这句"是么？"，在他的舌尖上被咂摸了无数次。王小美留下的小纸条，还在他的书本里夹着。他一直留存了很多年。有时候，他会忍不住拿出来看一看，那些娟秀的钢笔字，就像是一个个小糖人儿，在他的眼里舞蹈。这就是初恋么？他也说不清楚。

后来，班里的那个胖妞成了他的同桌，那屁股上的感觉就完全不一样了，偏沉。胖妞也给他写过"纸条"，刘金鼎没有回。他揉巴揉巴，扔在了字纸篓里。

七年后，当他再见到王小美的时候，她已是梅陵县农业局的干部了。听说她结婚不久又离了婚，自己一个人过。王小美跟他见面时，说的第一句话是：我知道，你背过我。

六

四月十六日，这是一个很重要的日子。

就是在这样一个日子里，刘金鼎见到了他生命中的大贵人。

高考前，是刘金鼎情绪最低落的一段日子。虽然他一直很努力，但经过多次模拟测验，他的学习成绩在全校应届毕业的二百四十六名学生（加上复读生）中，一直排在百名之外。因此，同学们曾经给他起过一个绰号："101"。这就是说，他离往年的"一本"录取线，至少还差二十多分。

（多年后，当他当了黄淮市常务副市长的时候，他选的车号就是

"101"。他认为这是一个吉数。还因为,学生时期,他曾读过一本名为《林海雪原》的长篇小说,那里边的团参谋长少剑波,被称为"203首长"。后来又看过一本写林彪的书,林彪在四野时的代号就是"101首长"。其实,他心里最想用的车号是:"001"。可他是副职,不敢。这都是潜意识里的东西。)

他心里清楚,这是他人生命运的一个关键时刻,如果考不上大学,他只有回去跟父亲种花了。一年忙到头,到年三十的晚上,洗一次澡。这是他想都不愿想的。如果考得好,也顶多是个"二本",或上个"大专"什么的,说起来脸上无光。当然,还有个办法。但那是一个"窄门",只有极少数人才能通过的"窄门"。那就是不参加高考,直接"保送"上大学。他知道,班主任徐老师的儿子,学习成绩跟他差不多,就是私下里通过关系,保送上大学的。

在这关键时刻,又是谢之长帮了他。"保送"上大学,需要很多审批程序,教育部门层层都要盖章的。不仅要学校这边推荐,愿意接受的大学还要面试、笔试后审查通过。这一次,谢之长没有大包大揽,他说:"孩儿,关口太多了,有难度。我跑跑试试。"

花匠刘全有蹲在地上,一句话也没有说,只是脸上苦。这些年,刘全有虽名声在外,却没有挣多少钱。

洧川中学这边还好说。这些年,谢之长已经把"路"铺平了。可校方也留了个活口:学校可以推荐,但接收的大学,要学生家长自己去联系。这就是说,如果有大学愿意接受,学校不卡你。如果没有大学主动要你,洧川中学不会公开地张榜推荐。这也是不公开的秘密,是怕学生们知道了,给学校惹麻烦。

"花客"谢之长又一次显示了他的神通。半月后,也就是四月十六日,谢之长跑到学校把刘金鼎叫出来,说:"走,跟我到省城去一趟。"金鼎问:"去哪儿呀?"谢之长说:"'农科大'。我都说好了,去跟校长见个面。"刘金鼎有些迟疑,费了这么多事,就上个"农业科技大学"?谢之长说:"孩儿呀,我头都磕遍了,才找了这么一个愿意接收的地儿。这可是一本哪!出来就是国家干部了。"

看刘金鼎犹犹豫豫的,谢之长说:"孩儿,就这吧,你也别挑了。我知道,你想去北京上。我都打听过了,别说是北大、清华了,就是北理工,没有个二三十万的,你连面儿都见不上。"

那天,刘金鼎跟着谢之长,是坐火车到省城去的。

这也是刘金鼎第一次进大学的门。"农科大"实在是太大了,似乎比县城还要大,红色的楼房一座挨一座,路是弧形的,走着走着就迷路了,也不知转到哪里去了。尤其是图书馆,建得高大雄伟,像迷宫一样,到处都是拱门和台阶,一阶一阶的,好像要到天上去读书。林荫道两旁是高大的法桐,树枝已搭成了拱形的凉棚。校园里处处都是葳蕤的花草,茂密的树木,简直像花园一样。大学生们三三两两走在林荫道上,一个个像昂头的"鹅"。说是"农业科技大学",却没有看到一棵庄稼。校园里居然还通汽车,看上去倒是很"洋气"的一个地方。

进了校园后,刘金鼎心里才有了怯意。是啊,虽然名为"农科大",但它毕竟是省城的高等学府,是国家的重点大学。刘金鼎跟在谢之长的后边,晕儿呱叽的、转来转去的、走了差不多有三里多地的光景,才拐进了校园深处的一处平房院。谢之长擦了把汗,说:"就这儿。"

推开门的时候,刘金鼎终于看到庄稼了。院子很大,院里有一块绿油油的麦田,麦子已抽穗了,大约有三分地的样子。一个小老头(也许并不老)正半跪在麦田里,手里拿着一个放大镜、一把小尺,嘴里念念叨叨的,正在测量着什么。旁边,还放着一把小锄。

对这个"老者",金鼎也只是瞄了一眼,没有多想。然而,让刘金鼎惊讶的是,就在这时,谢之长快步走到麦田边上,弯下身子,亲热地叫道:"舅,忙着呢?"

刘金鼎立时傻眼了。他看看谢之长，又看看那"老者"……

那跪在麦田里的"老者"抬起头，看看谢之长，又看了看站在一旁的刘金鼎，像是极力在回忆着什么。

谢之长倒是不卑不亢的。谢之长说："老舅，我姓谢，谢之长，梅陵的。上次来，咱叙过家谱的。我娘跟……"

没想到，这位"老者"拍了拍脑壳，居然哈哈大笑，说："哎呀，之长，是之长啊。从老家来的吧。你看我这记性！"

谢之长指着刘金鼎说："这就是咱外甥，刘金鼎。我给你说过的。"接着又对金鼎说："这是农大的校长，你该叫舅姥爷的。"

一听是老乡，校长亲热极了。他站起身来，掸了掸身上的土，"噢噢"了两声，说："快快，上屋，上屋坐。"听口音，完全是一口梅陵方言。

可是，当两人提着礼物走到屋门口时，谢之长悄悄地拽了刘金鼎一下，低声说："换鞋，换鞋。"

校长大约听到了，摆摆手说："不用，不用。老家来人，没这个讲究。"可是，话虽然这样说，他自己倒是先把穿在脚上的布鞋给换掉了。于是，谢之长和刘金鼎也乖乖地跟着换上摆在门口的拖鞋。

进了门才发现，这个看上去和一个老农民没有多大差别的农大校长（后来才知道，那时，他其实是副校长），家里是那么干净。干净得让人惊讶！处处都擦得发着亮光，一尘不染。由此，不由得叫人想问：这家会有一个什么样的女主人呢？

当他们在沙发上坐下来的时候，校长突然沉下脸来，说："之长，老家来人，是不准带礼物的。你不知道么？"

谢之长忙说："知道。外甥看老舅，咋也不能空着手啊。"

校长说："那也不行。你还是提走吧。"

谢之长赔着小心说："这么远的路，拿都拿来了，下不为例。"

校长摆了一下手，说："不行，必须带走。"

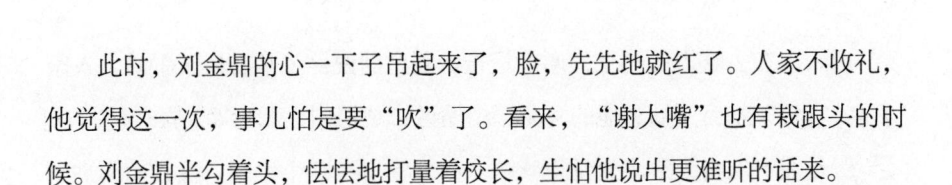

此时，刘金鼎的心一下子吊起来了，脸，先先地就红了。人家不收礼，他觉得这一次，事儿怕是要"吹"了。看来，"谢大嘴"也有栽跟头的时候。刘金鼎半勾着头，怯怯地打量着校长，生怕他说出更难听的话来。

细看，校长也就四十来岁的样子，虽然鬓角处有白发，但头发梳理得一丝不乱。一张古铜色的脸像丘陵一样，却也棱角分明，三道抬头纹呈沟状，似有老日头晒出的底子。牙根上有陈年黑渍，那一定是吸烟过多的缘故。这人个儿虽不高，但气宇轩昂，两眼放射出逼人的光芒。他穿一件对襟的、手工缝制的、有双排盘式布扣的白棉布上衣，下边是牛仔裤，脚下是一双圆口布鞋（脱在门外的那双是旧的，这是一双新的）。如果单从面相上看，他的底版就是一个地地道道的农民。特别是口音，是梅陵老东乡特有的，四、十不分，那是含在骨头缝儿里的东西。

也许，见刘金鼎浅浅地坐在沙发的边沿上，欠着个屁股，神色不安的样子，让他陡然生出了怜爱之心。校长突然指着刘金鼎说："多好的孩子呀。之长，咱老家的孩子，你别给带坏了。"

谢之长说："也就是看看老舅。让金鼎认认他舅姥爷的门儿，没拿啥。"

校长沉着脸，想了想，又摆了一下手，说："酒，咱中午把它喝了！烟就不说了。记住，没有下次了。"

谢之长说："中午就不在这儿吃饭了吧？你忙。"

校长喝道："胡说！老家来人了，我连顿饭都管不起么？"

谢之长说："也不是。你太忙……"

校长说："不是要说孩子上学的事么？就在这儿吃。敢走，下次就不要来了。"

气氛缓和下来了，刘金鼎暗暗地松了一口气。

校长虽执意要请老乡吃饭，可他看了一下表，却说："抱歉，内人不喜欢热闹。走，咱去外边吃。"

后来，在去吃饭的路上，谢之长告诉刘金鼎说："别看校长平易，人家可是大官！"尔后又贴近他的耳朵，悄悄说："惧内，怕老婆。"

饭是在"农科大"小食堂里吃的。小食堂里有几个包间，校长随便挑了一个，领着他们走进去。尔后，由校长请客，点了四个菜一个汤。很简单：一个油炸花生米，一个五香猪蹄，一个鱼香肉丝，一个葱爆羊肉，还有一个酸辣鸡蛋汤，主食是两碗米饭外加一碗面。校长说，他还是喜欢吃面，筋道。待菜上齐的时候，校长举起筷子，说："都别拘束，开吃。"接着，他又补充说，"之长，把酒打开，喝了它。不过，内人有交代，我酒量不大，不能超过二两。"

然而，当酒喝起来的时候，就不是二两的问题了。谢之长很会敬酒，他敬的每一杯都是有理由的……喝着喝着，校长的话匣子打开了。校长说："我在美国哥伦比亚大学读书的时候，你知道我吃什么？每天一个'汉堡'，就一个'汉堡'。饿得我前心贴后背。没办法，每天囚在实验室里，饿极了的时候，我偷吃过实验室里育的麦苗……"

喝到一定的时候，校长醉眼惺忪，突然指着刘金鼎说："我就一个女儿。我要有你这样一个儿子就好了。"

这时，谢之长不失时机地说："这就是自家孩子，认你门下吧。回头让他多来看你，有啥事，你就吩咐他。"

此刻，刘金鼎赶忙站起，说："不能让校长再喝了。"说着，他先是走到包间的门边，从盆架上取了一条毛巾，又从热水瓶里倒了一些热水，拧出一条热毛巾，叠成方块，双手捧着递给了校长。待校长擦了把脸，他又接过毛巾，退回身子，再一次来到校长身前，双手递给他一根牙签。这一切他都是悄没声做的。

校长说："金鼎是吧？"

刘金鼎说："小时候，我爹托人给我掐过八字，说我五行缺金，给我起名刘金定。这刘金鼎，是后来我自己改的。"

校长说:"哦,金鼎,重器呀,好,我记住了。"

七

这个日后被刘金鼎称作"大贵人"的,还真不是一般人物。

刘金鼎第一次见他的时候,他已经有了很多"闪光"的头衔:留美博士,"农科大"副校长,首席小麦专家,农业部专家组顾问,国家"863"计划评委,等等。四年后,刘金鼎大学毕业的时候,他已是主管农业的副省长了。那年他四十七岁。

据说,由于他口碑好,又是国内难得的专家型"人才",有人预言,他还会往上走。

这人叫李德林,梅陵人氏。每每打电话的时候,都自称老李。

刘金鼎自从遇上老李之后,命运发生了很大的变化。他认为,他人生的每一步,与李德林都是有关系的。所以,当刘金鼎当上黄淮市的常务副市长时,他不再称李德林为"校长"了,改称"老师",恭恭敬敬的。

"老师"并没有教过他。"老师"是搞"基因工程"的,而他在"农科大"读的是"农机系"。他只是在阶梯教室里听过老师的大课,讲的是"遗传基因",他没听懂。

说实话,刘金鼎不喜欢"农机",他压根儿也没想读这个"农业科技大学"。可他是"保送"的,没有选择的余地。当年,当他第二次见到李德林的时候,李德林曾经问过他:"想读什么专业?"他嗫嚅着,他不知道读什么好。李德林手一挥说:"读'农机'吧,国家很需要这方面的人才。"

"农科大"这四年,他可以说是一天天熬过来的。功课方面,由于他人聪明,虽然不喜欢,也都还过得去。在这四年里,他倒是读了很多小说。比如《林海雪原》里那个"小白茹",那暖暖昧昧的情愫是他非常喜欢的,有一段时间几乎成了他的"梦中情人";还有那个被小白茹追求的"203首长",他特喜欢这个叫法,"203",多神气呀!比如看《查泰莱夫人的情人》,他甚至在文字里闻到了女人的香气。当年,这还是一本禁书,是同学们之间相互传着看的,让他看得欲火中烧,半夜在操场上跑了好几圈。比如《九三年》,一个微不足道的失误,造成了巨大的失败。可当失败来临的时候,那个老侯爵,立在战船的一角,炮弹在身边滚来滚去,那种面对失败时的镇静,都给他留下了很深刻的印象。真是个老贵族啊!比如《蓬皮杜传》,一个法国的中学教师,就因为口才好,后来居然成了总统……一直到多年后,他才明白,上大学时,他读的不是"农机",他读的是"人生"。

那时候,他倒是很想轰轰烈烈地谈一场恋爱,可"农机系"没有一个漂亮姑娘。也许是读小说把他的"标尺"读高了,在他眼里,"农机系"的那些女大学生,一个个都长得歪瓜裂枣的。偶尔,他会想起王小美,想起洧川中学那些相互递"纸条"的日子,很美妙呀。可是,他打听不到王小美的消息。

谢之长倒是来过"农科大"几次,他是想托校长给帮着联系些花卉生意,可每次都被校长给"撅"回去了。校长一口回绝,毫不客气地说:"你把我当什么人了?这里是大学!"私下里,谢之长曾对刘金鼎发牢骚:"这个老李,当这么大的官,一点忙也不帮。"

不过,他还是特意嘱咐金鼎,要多去老李那儿"走走",眼皮子活一点,勤快一点,将来毕业时,争取能分一个好去处。

可是,作为一名大学生,刘金鼎很难见到老李。校长太忙了。他曾到校园后边那个幽静的平房院里去过几次,见过校长夫人几面,可每一次都被很不客气地"请"出来了。

是的,校长夫人从没给过他好脸色。在刘金鼎眼里,那几乎就是一个冷面美人。第一次去的时候,是个星期天。那天上午,刘金鼎买了一提水果,提在手里在院门外踱了好几圈,才大着胆子敲了校长的家门。

门开了的时候,站在门口的是一个盘着高髻的、高挑端庄的女人。她穿着一袭长裙,秀丽白净的脸庞上,眉头微微地挑着,汪着一双大大的、拒人于千里之外的眼睛,淡淡地说:"您找谁?"

这一刻,刘金鼎被她的冷艳惊住了。他不敢说自己是"外甥",甚至忘了说自己是校长的"老乡",只说:"校长,在……家么?"

校长夫人仍是淡淡地说:"不在。"

刘金鼎很尴尬地站在那里,一时竟忘了往下该说些什么。他无力地举了一下手里提着的水果,嗫嗫地说:"我来……"

校长夫人并不看他手里提的东西,只说:"人不在,请回吧。"说完,即刻把门关上了。

第一次吃了"闭门羹"之后,刘金鼎在院门外站了很久。他脑壳里嗡嗡的,好半天才回过神来。他马上想到了谢之长,如果是"谢大嘴"来了,会被拒之门外么?肯定不会。谢之长就有这个本事,他几乎能敲开所有的门。

就此,刘金鼎发现,做人,脸皮还是要厚一些。第二次登门,刘金鼎径直进了院子,他在院子里拿起一把扫帚,不吭不哈地扫起地来。等他把院子里的落叶打扫干净的时候,屋门开了,校长夫人从屋子里走出来。

校长夫人大约刚刚洗了头,长发飘逸,清香无比。那说不出名堂的香气一丝一丝地在空气中发散,瞬间便醉了整个院子。她穿一身雪白的真丝绣衣,亭亭地站在门口的台阶上。这一次,校长夫人仍然是很不客气,问:"谁让你进来的?"

他有点慌。脱口说:"我……我舅。"

校长夫人说:"谁是你舅?"

他说:"谢……谢之长。"

校长夫人说:"谁是谢之长?不认识。"

他说:"老家那边,梅陵的,是亲戚……"说着,他头上冒汗了。

校长夫人说:"随便来个人,就说是老乡。七大妗子八大姨的,也不打招呼……出去。"

这个"出去",比上一次那个"请"要显得平和一些。刘金鼎放下手里的扫帚,怏怏地走出去了。

不知为什么,在内心深处,刘金鼎竟然暗暗地喜欢上了这种"不客气"。这种不讲一点情面的态度与校长夫人的冷艳是对等的。在他眼里,像这样一个高贵、美丽、优雅的女人,就该用这样的语气说话。她说话的声音,她身上散发出来的香气,让他无比陶醉。这个"出去"比"你好"显得更有韵味。

有一段时间,在想象中,刘金鼎有些神魂颠倒。他居然痴迷于校长夫人的冷艳。在操场上跑步的时候,他眼前常常出现校长夫人的影子。那是一种成熟的、有万般韵致的、高高在上的、个性特征极为鲜明的美丽。这种美,就像是无意间的挑逗,显得更为性感、招人。尤其是那句"出去",就像是他和同学一起偶尔吃过一次的"日本芥末",有一种通透的、蹿心的辣!这种非比寻常的辣气,让他在舌尖上咂摸了许久。有一次,在睡梦中,他曾大胆地抚摸过校长夫人那高耸的乳房,凉丝丝的、葡萄一般的圆润。不过,醒来后,他吓出了一身冷汗。

他甚至觉得,校长跟夫人根本不是一类人,两人很不般配。一个看上去比农民还"农民"的小老头,居然娶了这样一个美丽的女人,老天真是太不公正了。当然,当然了,校长如果不是留美博士,没有那么多闪光的"头衔",夫人会看上他么?这也难说呀。虽然不敢造次,但"想"总是可以想的,是吧?

接下去的一段时间里,鬼使神差地,他每个星期天都去给校长扫一次院子。这时候,他就不单是想见到校长了,心里很复杂。他曾经听到过拉窗帘的声音,听到过窸窸窣窣的响动,还有"点式"的脚步声,一嘚一嘚的,叫人悬想。可校长夫人并没有出来,也没有再赶他走。他也知趣,扫了就走,也不说什么。

有一次，校长夫人突然从屋子里走出来，看了他一眼，说："听老李说，你是'农机系'的？"

刘金鼎赶忙回道："是。"

校长夫人说："老家是梅陵的？"

刘金鼎说："是。"

校长夫人说："别扫了。去办公室找他吧。"

这一次，夫人对他和气多了。可校长夫人从没"请"他到房间里去过，一次也没有。

那是临近毕业的时候，刘金鼎在办公室见到了李德林。李德林仍然是一点架子也没有，对他仍然很热情。李德林说："小老乡，坐。抽烟么？来一支。"

刘金鼎说："不会。"

这时，李德林显得有些心神不宁。他拿起火柴匣，又放下了，说："你年轻，不吸好。"过了片刻，他问："毕业了？"

刘金鼎说："毕业了。"

李德林摇了摇头，喃喃地自语道："是啊，我也要走了。"他的语气里竟然带一点忧伤。

往下，他突然问："你说，走了好么？"

刘金鼎知道，前一段，学校里都在私下悄悄地议论，说李副校长已经内定为副省长人选了。看来，这是真的了。刘金鼎说："好，太好了，当然是好事了。"

李德林说："好事？"

刘金鼎说："好事。咱梅陵老家那边，出一大官，不知有多高兴哪！往后，您就是省长了。"

李德林说："未必。"说这话的时候，他显得有些迟疑，忧心忡忡的。说着，他"嚓"地一下划着了火柴，把烟点上，吸了几口。

也许，李德林觉得他是家乡人，差着级别，也差着辈分，不妨事，就把话说得更近了些。李德林说："小老乡，给你掏心窝子说，我其实就是个育种的。种种小麦，给学生们上几堂课，尚可。干别的，实在非我本意。"

刘金鼎说："您是国家级专家，一个副省长，有啥不能干的？我看，当省长也是早晚的事。"

李德林摇摇头，笑了，说："年轻人，口气不小啊！你倒说得轻巧。这一步迈出去，也许就回不来了。"

刘金鼎愣了一下，不知往下该怎么说了。既然都当省长了，还回来干什么？列班"庙堂之高"，那当然是要一直往上走的。

李德林把烟掐了，说："小老乡，你知道么，当这个副省长，内人坚决反对。"

往下，李德林又自言自语地说："她是希望我能种出一个'哥德巴赫猜想'……这是不是'天方夜谭'？"

说到"校长夫人"，刘金鼎不敢乱插嘴了，可他也说了一句很重的话。他说："家乡人民都希望您当这个省长。"

李德林说："不说我了……头疼，说说你吧。毕业了，有啥打算？"

刘金鼎热切地望着他，却不开口……

李德林说："想留校，是吧？"

刘金鼎仍不开口，只说："我听校长的。"

李德林在办公室里来回走了几步，说："留校么，也不是不可以。可你是学'农机'的，还是到基层去吧。到基层锻炼几年，对你有好处。"

刘金鼎虽然一百个不愿意，但他仍然说："我听校长的。"

李德林说："这样，我给你写个条儿，你拿上，回梅陵吧。"

当李德林说写个"条儿"时，他自己都没意识到，他已经在用副省长的语气说话了。

手里拿着校长写的亲笔信，走出办公室的时候，刘金鼎万分沮丧。他是极不愿意回梅陵的。上了四年大学,又倒回去了。这算什么呢?他甚至有一点怨恨,心说,您老人家都快要当省长了,怎么就不能在省城给我个合适的地方呢?可他无论如何也想不到,这张"条儿",居然有很神奇的效用。等过了一些日子,他才明白,下基层,这对他来说,是很重要的一步。

走在校园的林荫道上,刘金鼎又一次想起了校长夫人,那个"冷美人"。他知道,那个院子,那个门,他再也进不去了。可他实在是有些好奇,这是怎样的一个女人?她跟校长是完全不同的、两个世界里的人。他想,这样的两个人,怎么会在一个屋檐下生活呢?

也是快要离开学校的时候,他才知道,她姓罗,名叫秋旖,是教授的女儿,书香门第,有洁癖(不过,刘金鼎倒真是猜对了。就在李德林当省长不久,两个人居然离婚了。两人之间,没有吵,也没有闹,不吭不哈地,协议离婚)。

别了,农科大。

别了,秋旖。

八

那年七月,刘金鼎背着铺盖回到了梅陵。

回家后,他一连睡了三天,心里沮丧透了。是啊,读了四年大学,又背着铺盖卷回来了。他甚至都觉得没脸见人。

花匠刘全有见儿子回来了,心里自然高兴。可儿子闷闷的,并没有给他多说什么。这些年,常年跟花草打交道,他的腰弯得厉害,人越来越老,话也越来越少了。儿子回来,他就问了一句话:"城里,还好?"刘金鼎觉得他观念太落后,哼了一声,没理他。刘全有见儿子不吃不喝,一直在床上躺着,心里发急,却又不知如何是好。他去儿子的房里遛过几圈,摸摸头,见他不发烧，就又退回去了。

一天夜里，刘全有蹲在儿子的床头，默默地说："还有几盆好花，你想送谁，就送吧。"

刘金鼎是回到梅陵的第十天，才把"派遣证"交到人事局的。他想，我好歹也是大学毕业，至少也该把我留在县城吧？在县里，有两个较合适的对口单位，好一点是农业局，差一点的农技站。能去农业局那是再好不过了。不行，就农技站呗。本来，他还可以托"谢大嘴"，让他再给跑跑。可求人次数太多，不好张嘴了。老李给写的"条儿"，他也没有交出去。他想等等再说。

谁知道，一个月后，分配方案下来了。他分到了全县最偏远的庙台乡农技站。他找人问过，庙台乡农技站就三个人，一个站长，两个技术员，工资都发不下来，还被人称作"卖种子"的（卖了种子才发工资）。他去了，将是第四个"卖种子"的。这时候，他后悔了。他后悔没有早一点把"条儿"交出去。

当时，刘金鼎没有交出副省长写的"条儿"，也是有原因的，因为他偷看了内容。在信上，老李的意思，就是希望把他派到基层去。这可好，没有"条儿"，他就已经到最"基层"了。

于是，刘金鼎大着胆子，找到了县政府办公室。县政府办公室主任姓唐，人也面善，看上去甜丝丝的。当天他值班，唐主任问："你找谁？"刘金鼎说："我找薛县长。"唐主任笑了，说："你知道县长有多忙么？啥事吧？"刘金鼎说："我给他送一封信。"唐主任说："如果是上访，右拐，去信访局。"刘金鼎说："不是上访。我送一封省长写给他的亲笔信。李省长说，让我当面交给他。"听了这句话，唐主任站起来了，说："你请坐。"说完，先是走到一旁，给他倒了一杯水，放在他面前的桌上。尔后，匆匆走出去了。

过了一会儿，唐主任匆匆走回来，说："你跟我来。"

老李写的"条儿",就是这样交出去的。半月后,不可思议的是,新的分配方案下来了。刘金鼎被分到了县农技站,任副站长。

刘金鼎并不清楚,这次重新分配,有阴差阳错的成分。那天,他面见薛县长后,就把"信"留下了。薛县长反反复复看了这位老同学的信,见信纸上龙飞凤舞的,也就寥寥几行字,没说什么。可不一样的是,这位当年的高中同学,现在是主管农业的副省长了。

于是,刘金鼎走后,薛县长把唐主任叫到了他的办公室,拿起信在手里扬了扬,往桌上一拍,说:"这,啥意思?"

唐主任走到办公桌前,拿起信看了看,说:"这,不是说,要他到基层锻炼么?"

薛县长说:"是啊,对啊,不是已经研究过了么?派他去那个……那个啥……啊?"

唐主任说:"庙台乡农技站。"

薛县长说:"对呀。这不是'基层'么?还要咋样?"

唐主任说:"这个'基层',是不是……太……'基层'了?人家不愿意去?"

薛县长说:"操,这都已经研究过了,还要咋办?"

唐主任小心翼翼地分析说:"薛县长,这里边有几个'意思'你要考虑进去。一,李德林现在是主管农业的副省长,他手头掌握着两千万的机动资金。给谁不给谁,他说了算。二,咱是农业大县。县里刚刚上报的一个大项目,最后是要主管省长批的。三,据我所知,省长是不轻易给人写'条子'的。他既然写了,那就是说……"

薛县长拍拍脑袋,说:"是啊,是啊。虽说是老同学,可人家现在是副省长了。要不,我打个电话问问?"

唐主任又是小心翼翼地说:"这,不妥吧?"

薛县长刚要拿电话,手停住了,迟疑了一下,说:"不妥?"

唐主任说:"不妥。你要打电话问了,他肯定会说,我看他是个苗子,就是要他去基层锻炼,没有别的意思。你怎么说?"

薛县长挠挠头,说:"扯淡。很朴实一个人,怎么也绕来绕去的?"

唐主任说:"也许……是吧?文字的东西,必须谨慎。"

薛县长突然说:"不对。副省长的信,会盖上个人长条'方章',这是规矩。"

唐主任说:"我看了日期,这是他被任命副省长前三天写的……"

薛县长说:"那就不是省长的意思了,对吧?"

唐主任提醒说:"正因为是任命前写的,更要……"往下,他不说了。

最后,薛县长说:"这样,我在信上批个字,交给人事局,让他们重新研究吧。"

事情就是这样。一封信,经绰号叫"糖人"的、县政府办公室主任唐明生这么一分析,分析出了很复杂的内涵。

在梅陵县,谁都知道办公室主任唐明生是个好人,为人低调、谦和、谨慎,从不越雷池一步。但他的精明、干练、细心、周到,又深得领导们的信赖,凡是交给"糖人"办的事,就没有办不好的。

那时候刘金鼎还不认识唐明生。他只知道"条儿"交上去之后,事情有了奇妙的变化。县里本是要把他发配到庙台乡农技站的,转眼之间,他却成了县农技站的副站长。这不是做梦吧?那么,只能说,省长的"条子"起作用了。

后来,刘金鼎跟唐明生成了好朋友。再后来,他又成了唐明生的上级。但他对唐明生的评价仍然是:好人一个。

对于刘金鼎来说,奇迹是接二连三发生的。办完所有的手续,他是国庆节的前一天才报到的。他报到的那一天,农技站的老站长发牢骚说:"球,我这儿都仨副站长了,又派一个。"刘金鼎问老站长:"我分管什么?"老站长文不对题地说:"先说,没啥球福利,一人一把藤椅。"然而,六个月后，农技站分给他的那把藤椅，他觉得有点凉，加了一个海绵垫子，可屁股还没坐热呢，一纸任命下来，他又成了官庄乡的副乡长了。农技站只是个股级单位，副站长也就是副股级，当了副乡长，就是副科级了。在梅陵，副科以上才是官员，这说明他正式进入官场了。

宣布任命的时候，已是县委办公室主任的唐明生特意告诉他，清明节，李省长回来省亲，提到你了。就这一句。

唐明生是个很谨慎的人，话点到为止，没有告诉他的，还有很多。其实，在梅陵，有一个不成文的规定，凡上边来人，无论是哪个"口"的，只要是副厅以上的领导，必须在第一时间里"报备"。所谓"报备"，就是在第一时间里，通知县委书记和县长，并随时做好接待准备。由于以前出现过这样的失误：省财政厅一个刚刚提拔的副厅长路过梅陵，车被交警队扣了，还罚了款，气得那位副厅长大骂，借故延迟了一笔原本要下拨的款项。后来这事被县委书记知道了，大发雷霆！把县委办公室主任训了一顿，就此调离。此后，凡上边来人，就有了这个规定。可这个规定是很难执行的，谁知道上边什么时候来人？公事还好说，那会通知地方的。可私事呢，就难说了。倒是唐明生想出了一个办法。他托人在省委、省政府，加上省委组织部三个单位的办公厅搭了一条"热线"，也可以说是"信息员"之类，每年都去看望人家，送上所谓的"咨询费"。这样一来，只要上边来人，无论公事私事，就可以第一时间里做准备了。

清明节那天，李德林回梅陵祭祖，本来是没人知道的。他没告诉任何人，只有司机知道。因为报销的原因，司机告诉了司机班的班长，班长报告了分管的副处长。就此，当李德林的车下了高速路，刚进入梅陵县境，他吓了一跳！

在梅陵与文昌县的交界处，浩浩荡荡地，一拉溜排着十几辆轿车。轿车前站着一排人……还有两个穿制服裙的姑娘，在冷风里站着，手里捧着鲜花。

过去，每到清明节的时候，他也回来上坟。可回来就回来了，都是一个人来，一个人回。偶尔，他也会给县里的老同学打个招呼，在县城里吃顿饭什么的。可这一次不一样，这次他有了副省长的身份，于是，县里四大班子的领导都来了，居然还迎出县界。

车刚停稳，县里的领导就围上来了。他们在车前站成一排，有拉车门的，有捧鲜花的……李德林气呼呼地从车上走下来，说："老薛，你这是干什么？大马金刀的，折我的寿。"

原县长、新任的县委书记薛之恒仗着跟他是老同学，打着哈哈说："省长大人，你回来了，也不言一声，还怪我们。这不是欺负人么。"

李德林虎着脸说："我这是私事，不多停。回家上个坟，看看老爹。你搞这么招摇，不像话！"接着，他一抱拳，说："你们都回去吧，谢了。给我点自由。"

薛之恒说："首先，我要声明：我们不是来接省长的。我们是来接专家的，国家级小麦专家。我记得，你还是咱县农科所的顾问呢。你没辞吧？"

李德林说："我再强调一遍，我是办私事。你这样搞，我以后还能回来么？"

薛之恒说："知道是私事，也知道你忙。没想多留你，可你总得擦把脸，吃个便饭吧？"

李德林无奈，说："这样，下碗面，吃了就走。"

薛之恒说："咱家乡的酒，你给扬扬名，多少喝点吧。"

李德林说："我回来是给先人上坟的，喝得红头涨脸的，好看么？下次，下次吧。"

薛之恒说："一滴都不喝？"

李德林说："一滴都不喝。"

薛之恒说："好，听你的，这行了吧？"

午饭是在县委小招待所吃的。说是便饭，依旧很丰盛。海参鱿鱼一样不少，空运的大龙虾都上了……李德林说："这是干啥？说好吃碗面，还搞这么复杂？"薛之恒说："面一会儿就上。无酒不成席，便饭。"两人过去毕竟是老同学，李德林虽然不愿意张扬，也拉不下脸来，驳这位老同学的面子。两人说说家乡，说说同窗……就这么话赶话地说着，李德林随口问道："我有个叫刘金鼎的学生，找过你么？"薛之恒说："找过。已经安排了。"李德林说："这孩子，咋样啊？"薛之恒随口说："不错，是个苗子。"这时奉陪末座的办公室主任唐明生插话说："薛书记把他安排在县农技站了，现在是农技站的副站长。"李德林说："这么年轻，蹲在县里干什么？不是说让他下基层么？"薛之恒说："是啊，很年轻，有朝气。"李德林手一挥，说："年轻人，还是到基层去，好好锻炼。"其实，他也就那么随口一说。

饭后，李德林再一次强调说："各位留步，就此别过，给我点自由。"

薛之恒说："这样行不行？就我一个人，陪你回去看看老人。"

李德林说："你要还这样，我现在就回城去。"

薛之恒说："好，那好，你说了算。这样，都回去吧，给李省长自由。"

那天，李德林的确是一个人回乡的，他没让任何人陪他。离村一里远，他就让车停下了。尔后，他一个人步行回村。他上下左右的衣兜里装了六包烟，一到村口，他就三叔、二大爷地叫着，挨个儿给人打招呼，挨个儿敬烟……一直到烟散完的时候，他才回家。

不久，梅陵全县都传遍了：说是老李回来了，人家都当省长了，还跟过去一样。这个"布衣省长"口碑更加地好了。

李德林走后第二天，薛之恒带着办公室主任唐明生，专程去看望了李德林的父亲。在车上，薛之恒又提到了刘金鼎。他说："这个老李，人都给他安排了，怎么又说要下基层。啥关系？啥意思？"

唐明生说："是啊，安排得好好的，又老话重提……不过，咱县那个大项目，李省长给批了一千万。"

薛之恒说："还不满意？不会吧。我这老同学，没那么多心眼。"

唐明生说："薛书记，有个事，正要向你汇报呢。最近，上头不断地下文件，要求干部年轻化、知识化。咱县的中层以上，干部偏老，平均年龄五十二点五岁，是不是动一动……"

薛之恒挠了挠头，说："是啊，偏老，会上说吧。把这个啥子……刘金鼎，也给考虑进去，年轻嘛。"

也许，这又是一次阴差阳错。可李德林在饭桌上提到了刘金鼎，这是事实。后来，刘金鼎很快被提拔为副乡长，这也是事实。

校长回来省亲，刘金鼎并不知道。对于刘金鼎来说，唐明生捎给他的那句话，让他激动不已。这说明，校长还一直记着他呢。刘金鼎回梅陵不到一年的时间，连续提拔。这种恩情，刘金鼎觉得，他是不能忘的。

谢之长也跑来对他说："听说你当乡长了？县里人都知道，省长一句话的事儿。你得去看看老李，这是大恩哪！"

于是，趁着星期天，刘金鼎专程跑了一趟省城。

李德林仍住在"农科大"后边的那个院子里。进门的时候，刘金鼎四下看看，见门口没放拖鞋，就问："要换鞋么？"李德林趿着一双破布鞋，边走边说："换啥？不换！毛病。"

李德林当了副省长后，屋子里反而没有以前干净了。茶几上的烟灰缸塞得满满的，茶几旁还摆了一个垃圾桶，里边塞满了方便面盒子……沙发上还扔着一个枕头，显得很乱。这在过去，是不可想象的。刘金鼎顿时想起，哦，校长离婚了。

虽说是副省长了，李德林依然很家常，他说："坐吧，随便坐。"

刘金鼎说："校长，你也该雇个人了。"

李德林随口说："有，小时工。"

刘金鼎这次来，给李德林带了四条中华烟，用报纸包着，进门后悄悄地放在了沙发角上。可他却说："校长，想你了，来看看你。我可啥也没拿呀。"

李德林说："没拿就对了。你不在下边好好干，跑来干什么？"

刘金鼎说："没事，没啥事。校长待我像自家的孩子一样，就是想来看看你。另外，我有个小小的要求。"

李德林说："你说。"

刘金鼎说："我想陪校长吃顿饭，地方你定。"

李德林说："吃饭是吧？钱带了么？"

刘金鼎说："带了。"

李德林说："地方我定？"

刘金鼎说："校长说去哪儿，咱就去哪儿。"

李德林看了一下表，说："那好，跟我走吧。"

那是秋天，临出门的时候，李德林特意戴上了一顶鸭舌帽。他把帽檐拉得低低的，头前先走了。

出了门，刘金鼎望着他，迟疑着说："不用车？"

李德林说："不用。"接着又说，"走后边。"

两人一前一后地出了"农科大"后边的一个偏门，顺着街道往前走。远远望去，没人能认出这个戴鸭舌帽的是一位副省长，那就是一个小老头。

刘金鼎跟着他不紧不慢地在街上走着，先后拐过了四条街口，尔后拐进了一个相对窄一些的街道，他看了路牌，这叫顺城街。在顺城街一家烩面馆的门前，李德林站住了，说："就这儿。"

刘金鼎愣愣地站在门前，这是一个只有两间门脸儿的小饭馆，看上去很脏，乱糟糟的。他迟疑着说："就这儿？这、这地方……"

李德林说："就这儿。这儿的烩面最好吃。大马勺下的，一勺一碗。我占座。你排队去吧。"

是的，这个烩面馆里的烩面的确是用大马勺下的，用的是羊肉原汤，一马勺下一大碗，放上很重的辣子，吃得人满头大汗。这地方不大，所以总是排很长的队。待刘金鼎排完队，领到了取烩面的木牌，就见李德林已找到位置了。并且，他已要了两个小菜：一碟花生米，一碟酱牛肉，还有两个"小二"（二两装的北京二锅头）。

烩面端上来的时候，李德林说："尝尝。怎么样？筋道吧。"

刘金鼎尝了一口，说："好吃。"

李德林说："这个事，你可不能给我说出去。这是咱俩间的秘密。"

刘金鼎说："不说，我不说。"

面快吃完的时候，见李德林出汗了，刘金鼎忙站起来，先是递上纸巾，再递上牙签，说："校长，我多嘴说一句，该找个人了。"

李德林说："再说，再说吧。"

本来，为请李德林吃饭，刘金鼎专门带了三千块钱，还怕不够。可这顿饭，他只花了十块钱，两碗烩面的钱。两个小菜和酒钱，是李德林先结的。不过，刘金鼎心里很高兴，他终于跟省长有了秘密。

这次，从省城回到梅陵，刘金鼎特意回了一趟家。他跑到花房，对父亲刘全有说："那盆'倒挂金钟'，你可不能卖，无论给多少钱都不卖，给我留着。"

刘全有望着儿子，说："这花认主，一般人可降不住。你知道有多少人……"

刘金鼎说："不管他是谁，一律不卖。等省长进北京时，我给他送去。"

此后，每隔一段时间，他都专程去省城一趟，陪李德林去顺城街吃烩面。

九

刘金鼎与李德林的感情，是吃烩面"吃"出来的。

两人一块吃烩面的时候，李德林会讲到下边各地市、县份的一些事情，说一些官员的名字和个性特点，也都是漫无边际地聊。比如，哪个市的市长，昨天来了，说了一件什么事。哪个县的书记，有个什么爱好之类……刘金鼎就听着，也不多插言，吃完了给他递上一根牙签。在与李德林交往的这些日子里，刘金鼎每过一段，就跑来一趟，说是馋烩面了。可吃着吃着，他由乡里调到了县里，先是给唐明生打下手，当办公室副主任。吃着吃着，他又由县里调到黄淮市，虽然仍任办公室副主任，却已是副处级了。所以，在刘金鼎眼里，李德林就是他命里的大贵之人，是恩公。

刘金鼎自己承认，他的每一次"进步"都多多少少地与李德林有些关联。当然，他的机遇也好。刘金鼎虽说是"农机系"毕业，可他在大学时读的大多是文学作品，文字功夫还是不错的。在办公室工作有两条要害：一条是文字功夫要好，第二是眼皮要活。他这两条都占了。那时社会上普通提倡"年轻化""知识化"。这么一"化"，就把他给"化"进去了。在不足十年的光景里，他一升再升，后来已是当地最年轻的正处级干部了。同时他还敏锐地感觉到，恩人的前程是不可估量的，说不定什么时候就升到北京去了，他得紧紧地抓住。

当然，恩人也有翻脸无情的时候，那是让刘金鼎当众出丑、脸面尽失的一件事。经过了这件事之后，有一段时间，他收敛多了。

那一年，刘金鼎刚刚从市政府副秘书长转任市政法委副书记。从秘书长的角度说，那也不过是市政府秘书班子里的一员，"大秘"而已。政法委副书记就不一样了（因为政法委书记是市委副书记兼的），那他这个副书记就是分管公、检、法的主管领导了。刘金鼎新官上任，很有点踌躇满志的意思。说句不好听的话，就是有点张狂了。

当年的五月十九日，梅陵县突发一场大火。八百亩已经成熟、马上就要收割的麦子一夜间化为灰烬！就是这个突发事件，让他颜面尽失，当众受了一顿训斥。

那天夜里有风，风助火势，大火整整烧了一夜。据说，夜半时分，火光映红了半个夜空，狼烟飘到了几公里之外的上空，就像是扯起了一帆荡荡的黑旗……好在附近的村民拥出来，及时隔绝了火头，不然的话，附近近万亩小麦都将会化为灰烬！

刘金鼎是凌晨时分接到电话的。电话一个是来自上边，一个是来自下边。来自下边的是市公安局的值班报告；来自上边的是分管农业的副省长李德林。李德林听到消息后亲自打电话找刘金鼎了解情况，并说他马上要赶过来。刘金鼎自然不敢怠慢，可他接了电话后并没有急着赶往现场，而是匆忙带车来到了高速路口，等着迎接李副省长的到来。

所以，等刘金鼎陪着李德林赶到现场时，天已大亮了。这时候，一块巨大的麦田已是满地黑灰。麦灰像黑色的蝴蝶一样在麦田上空飘浮着，还未熄灭的零星火苗仍扯着一道道狼烟……在这块麦田周围的东西路上，是匆匆赶来的消防车和各级领导的车辆。站在地头上的领导们，也都是一个个满脸黑灰，表情肃穆，很难认出谁是谁了。

李德林从车上下来后，什么也没说，就默默地往地头上一蹲，手里抓着一把黑灰。

那天，赶巧的是，黄淮市的书记、市长带着整个班子成员都在外地开会，一时赶不回来。于是，刘金鼎觉得这是他该说话的时候了。他一招手，用叱责的语气大声喊道："过来，都过来！没看见省长到了么？！"

于是，市、县、乡的官员们都转过脸来。尔后，你看我，我看你，默默地拥过来了。

刘金鼎用主管领导的口吻说："市局的，到了没有？"

站在人群中的赫连东山赶忙说："到了。"

刘金鼎看了他一眼，不满地责问道："万局呢，万局长怎么没来？"

赫连东山回道："万局在外地出差，命我第一时间赶到。"

刘金鼎又问："县局呢，县局谁来了？"

一脸黑灰的县公安局马局长上前一步，说："到。"

此时，县委书记薛之恒也在人群中站着，也是一脸黑灰，可他一声不吭。

刘金鼎用指头点着他们，声色俱厉："我告诉你们，出了这么大的事，是要追究责任的。查一查，是不是有人搞破坏？！市局、县局都来人了，我要你们三天破案！该抓的抓，该上手段上手段。老赫！赫连东山，你是叫赫连东山吧？这个案子由你们市局牵头……"

众人默然。赫连东山站在人群里，不知该如何回答。

这时候，李德林仍蹲在那里，一声不吭。

就在这时，刘金鼎说："现在，请李省长作重要指示……"

没想到，李德林忽一下站起来，指着刘金鼎说："嚓嚓嚓、嚓嚓嚓，我听你嚓嚓半天了，嚓嚓了个啥？你的预防措施呢？补救措施呢？什么叫限三天破案？三天怎么破？胡球说！你的感情呢？民以食为天，还有没有一点感情？！"

李德林手里举着一把黑灰，说："粮食呀，这都是粮食呀！一夜之间化成灰了，你们不心痛吗？！……"当他说到这里的时候，嘴唇哆嗦着，眼里含着泪花。

眼前是一片烧过的、黑色的麦田。麦田里的黑灰在微风中打着旋儿，像焚烧后的纸钱一样飞向天空。李德林抓着的那把黑灰在他手里摊着，纷纷散落在地上。李德林说："看看吧，这是庄稼人一年的收成，不容易呀！麦忙天，消防是大事，万万不能懈怠！……"

市、县两级的官员们一个个都默默地肃立在那里，像是被他的话打动了。赫连东山是代表市局来的，他是第一次当面听李德林讲话。他望着这个小个子省长，心里的敬佩之情油然而生。他觉得李德林这人不错，是个好官。

刘金鼎像是挨了当头一棒！他是有生以来第一次受李德林当面训斥，而且是当着这么多人,他的脸一下子变成了酱紫色。人像是傻了一样,恨不能找个地缝儿钻进去。

李德林最后说:"老薛,你是县委书记,你讲。"

到了这时候,薛之恒才从人群里站出来,说:"李省长讲得很好。同志们,这是个深刻教训哪!我们每个人……"

事后,李德林对刘金鼎说:"正因为你是我的学生,我得对你要求严一点。以后不要不懂装懂,胡咧咧。"

刘金鼎呢,虽然挨了训,但他知道,"门生"是不该恨老师的,况且老师也是为他好,自然就收敛多了。

后来,他跟老师越走越近,慢慢就……直到那一天。

第二章

平原客

离婚后的李德林有一段是很孤独的。他的学生刘金鼎，差不多每隔一段时间，就专门跑来，陪他去吃一次烩面。此时，刘金鼎已经是黄淮市的办公室的副主任了。对刘金鼎来说，每吃一次烩面，都是有收获的。一年不到，刘金鼎就当了主任了。

一

　　李德林做梦也想不到，他生命中会有三个女人。

　　更让他想不到的是，他会娶上罗秋旖这样的女人。

　　事过多年，那条围巾至今还在衣柜里挂着，这是他们两人当年的定情信物。

　　那是一条白色的、细羊毛的长条围巾。这种纯羊绒的细毛线新疆才有，是罗秋旖去新疆看胡杨林时捎带着买回来的。

　　围巾是罗秋旖亲手织的。据罗秋旖说，她织这条围巾用了一个多月的时间。围巾很长，洁白，柔软，挂在脖子上，就像是"哈达"一样。不过，围巾的两端，各绣了一朵微型的红色枫叶。罗秋旖说，这是她的记号。

　　那还是李德林读研究生的时候。初春时节，他正在"实验田"里查看苗情，罗秋旖来了。罗秋旖专程从省城赶到梅陵，来到了他那块"实验田"的地头上，把这条围巾挂在了李德林的脖子上。

　　那时，麦苗正在返青，雪还未化净。罗秋旖穿了一件玫瑰红的高领毛衣，外罩一件飘逸的风雪大衣，远远地从阳光里走来。站在田野里的罗秋旖就像是一幅油画，看上去高贵、窈窕，美丽极了。他傻傻地望着她，直到她把那条围巾挂在他的脖子里。她说:"我刚刚看了徐迟的《哥德巴赫猜想》,写得太好了。"而他,那时并没有看过什么《哥德巴赫猜想》,也不知道徐迟是谁,只是愣愣地。后来他才知道,那是一篇报告文学,写的是一个名叫陈景润的数学家的事迹。

这就像是从天边飞来的爱情,很突兀。那天,李德林一直晕晕乎乎的,也不知自己都说了些什么,只记得她还给他带了一个热水袋。罗秋旖说:"听说你胃不好,夜里暖一暖。"

县农科所的老所长借故把李德林拉到一旁,说:"小子,咋回事?艳福不浅哪!仙女都搞到手了。呀呀呀,抓紧吧,抓紧。"

第一次来,罗秋旖只在农科所待了半天。当天下午,罗秋旖要走了,李德林送她到汽车站。那时候,梅陵汽车站乱哄哄的,人们像羊群一样来来回回地追着汽车跑。李德林陪她进站后,大约是怕碰上熟人,有意跟她保持一点距离。谁知,罗秋旖却故意紧走几步,上前挽住了他的胳膊,惹了很多人看。李德林说:"别。这是县城,咱别。"罗秋旖高高地昂着头,说:"我都不怕,你怕什么?"临上车前,当着众人,罗秋旖贴在他的耳朵边上说了一句英语:I love you。

那天晚上,一个女人的香气把他的耳朵烧热了,热得他一晚上都没睡着觉。他一次又一次地问自己:这不是做梦吧?那条围巾,他叠得整整齐齐地放在枕边上,不时地用手去摸一摸,真软。

可七年后,两人分手了。凡是罗秋旖的东西,她都带走了。带走的,还有六岁的女儿。

留下的,只有这条围巾,因为,他已经围过了。

二

李德林与罗秋旖的这段姻缘，是他的导师吴教授牵的线。

早年，他最大的梦想是吃上白馍。那时候，作为一个农民的儿子，能顿顿吃上白面馍，是他的最大心愿。后来，当他有了抱负和理想的时候，他的梦想是：实现千百年来的民间传说，让一棵麦子上结十二个穗（这是梅陵民间一代一代传下来的神话），让全国人都吃上白馍。说实话，他是童年里吃红薯面窝窝吃怕了。所以，恢复高考后，他报考农学院是自觉自愿的。

当年，李德林是省农学院（后来才改名为"农业科技大学"，简称"农科大"）最吃苦的学生。除了睡觉、吃饭，他一天的大部分时间都待在教室或是图书馆里，很少像其他同学那样去逛街或是跳舞。那时社会上刚刚兴起"舞风"，很多同学连走路都念着"一二三四一、二二三四一……"李德林却从未进过舞场。不，他是去过一次的。五四青年节那天晚上，他被同学们强拉硬拽地去了一次，同学们都在音乐伴奏下翩翩起舞，可他，却一直坐在角落里，伴着一堆同学们吃剩的瓜子皮，就那么单坐着。没有人请他跳，他也没好意思站起来请女同学跳。熬到了九点钟的时候，他逃走了。

这不仅仅因为他内向，虽然他不愿意承认，可在内心深处，他确有自惭形秽的地方。他个子矮，面黑，抬头纹过重，还长着一张倭瓜脸。跟别人比起来，他总觉得自己就像是一个"丑小鸭"。所以，在班里，他很少参加集体活动。

可他却是吴教授最得意的学生。在整个农学系，他的成绩最好。特别是，大三的时候，他是当年农学院唯一在美国《土壤学会期刊》上发表论文的学生。同时又有两篇论文经国际上知名的《期刊引用报告》检索。这样一来，他算是为整个农学院争了光。当年，不仅仅是刚当了副校长的吴教授特别器重他，跳级直保他为自己的研究生，连美国哥伦比亚大学都向他"招手"了。

是的，同学们都很惊讶，这样的一个人，又没啥关系，他怎么会在国际知名期刊上发表文章呢？可没人知道的是，几乎每个假期，他都是在梅陵县农科所度过的。他凭借着一个远房老舅的关照，成了县农科所的一名借用人员（管吃饭，不发工资）。当然，这也得力于吴教授的看重。吴教授亲自给梅陵县农科所的老所长打电话，让农科所特批给他二分地，做小麦品种研究用。

吴教授是一个极有特点的人，性格直爽，快人快语。他名叫吴天铎，是国内知名的玉米专家。笔名却叫作"吴用"，借"百无一用是书生"的意思。"文革"中，他被学生揪斗，就是因为这个叫"吴用"的笔名惹的祸，说他是"投降派"。后来，农学院与林学院合并，他被下放到了淮阳。在淮阳，他跟林学院的罗怀瑾教授分到了一个"牛棚"里，同吃同住同劳动。回城后，两人成了好朋友，每星期聚一次，下三盘围棋。而罗秋旖，正是罗怀瑾的独生女儿。

每次老友聚会，吴教授总会说一些学校里的事情。提起这届学生，他总是摇头，说："太差，基础太差。"可说着说着，他就会提到他的得意门生李德林。每当他说到李德林的时候，总是赞不绝口："凤毛麟角呀！"

说到得意处，他棋也不下了，直着喉咙大声说："查查，查遍全国四十九所农业大学，有几个能在美国发表论文的？又有几人的文章能登在《土壤学会期刊》上？这可是世界级的权威期刊哪！"

说者无心，听者有意。前去奉茶的罗秋旖已不止一次地听到吴教授夸他的学生。在她没见到李德林之前，这个名字已在她的耳朵里磨出茧来了。有一次，当罗秋旖前去奉茶的时候，吴教授故意说："小秋啊，你以后嫁人，就要嫁一个这样的科学家。"一下子把罗秋旖的脸说红了。

那是一个读书的时代。那个时代，姑娘们都是活"精神"的。像罗秋旖这样的女子，出身于书香门第，她们心中的理想伴侣，或者说她们寻找爱情的"标尺",大多都活在书本里。

当年,徐迟的《哥德巴赫猜想》最早发表在第一期的《人民文学》上,又经《人民日报》《光明日报》等先后转载,立时引起了全国的轰动。于是,数学领域里那个所谓的"1+2",成了全国人民议论的话题。可到底什么是"1+2",没人能说清楚。连写文章的人都没说清楚。这就像是一个迷宫,或者说是一句咒语,谁破译了它,谁就是"神"了。于是,姑娘们一个个疯了一样地打听文章的主角陈景润,成千上万封情书飞到了北京……这可是一个摘取了"皇冠上的明珠"的人哪!

罗秋旖就是在这时候,在《光明日报》上读到《哥德巴赫猜想》的。"猜想"把一个女子的春心烧热了,烧化了。罗秋旖把刊登"猜想"那份《光明日报》放在枕边上,读了很多遍,还禁不住在寝室里大声朗诵,每读一次都激动得热泪盈眶……北京太遥远了,"猜想"里的陈景润太神秘了,都给人以够不着的感觉。可她身边就有这么一个研究小麦的"准"科学家,或者是未来的科学家。为什么"不"呢?

应该说,是"猜想"使两个人走在了一起。罗秋旖第二次去看李德林,正是小麦扬花的时节。那时候李德林正在培育一种名为"梅陵七号"的小麦杂交品种。李德林先后培育过"梅陵"一到七号(有抗倒伏的、有抗病虫害的、有提高籽粒重的等)不同的品种。后来,他又开始培育"黄淮一号","黄淮一号"是双穗小麦,据说产量可以提高一倍以上。可就在他将要培育出"黄淮一号"的时候,出事了。这是后话。

罗秋旖第二次来梅陵,提着一兜水果,也提着自己那颗忐忑已久、终于定下来的心。她是奔着"猜想"来的,她终于有了自己的"猜想"。一个中文系的女大学生,一旦有了自己的"猜想",是可以不顾一切的。其实,最初,她并没有看中李德林。当年,她身边的追求者太多了……李德林个子矮不说,还长着一张倭瓜脸,看上去木疙瘩一样。但是,李德林那双眼睛,加上《哥德巴赫猜想》的作用,最终还是打动了她。

那是四月下旬的一个星期天，天已渐渐热了，罗秋旖穿着一身街面上刚刚流行的裙装，上身是月白色短袖衣，下身是海蓝色的带黑色小圆点的裙裤，披肩长发，看上去款款的、弹弹的，鸢尾花一样，既活泼又性感。

老所长去叫李德林的时候，拍拍他说："快快，省城那女子，又来了。我看成了。"

两人见面的时候，李德林刚从麦田里回来，还光着脚，居然不敢看她，勾着头说："来了？"

罗秋旖倒是大大方方地说："今天是星期天，来看看你。"

那天，阳光很好，温度也适合，正是给杂交小麦授粉的最佳时候。

李德林说："那你，我……我得去'授粉'了。"

罗秋旖觉得这一切都很神秘。她很好奇，说："我想去看看，可以么？"

李德林说："其实，也没啥看的。"

此时，罗秋旖像个小女孩似的扭了一下腰，说："让我看看嘛，我就想看看。我还可以帮你嘛。"

罗秋旖扭腰的动作可爱极了，李德林心里颤了一下，说："行，行啊。那走吧。"

走在去麦田的路上，罗秋旖问："怎么'杂交'呢？你给我讲讲。"

李德林说："小麦是自花授粉作物，异父率极低，所以只能人工授粉杂交……"

罗秋旖脸红扑扑的，问："花粉，怎么'交'呢？"

李德林说："先要'去雄'。"

罗秋旖问："哪个'xiong'？"

李德林说："是雌雄的雄。"

罗秋旖的脸更红了，问："怎么、去……'雄'？"此时此刻，她居然一下子想到了"太监"。

李德林说:"每株小麦的花器,都有三个雄蕊、一个雌蕊。先去掉雄蕊。尔后,套上纸袋,挂上标牌,隔离起来。一至三天内授粉,当然是要选取最好的父本……"

罗秋旖问:"只要开花,什么时候都可以授粉么?"

李德林说:"花性最活的时候,只有二十分钟。"说到"花性"时,李德林不由得看了罗秋旖一眼。

罗秋旖突然转了话题:"我听人说,你说过,你要让全国人民都吃上白馍?"

李德林有点不好意思了,说:"只能说是……愿望吧,是愿望。小时候,太穷了……"

罗秋旖兴奋地说:"这想法太好了!简直,太伟大了。"

李德林忙说:"小时候,就想吃个白馍……别的,没想过,不敢想。"

罗秋旖一时激动起来,她身子转了个圈,说:"听说,南方有个袁隆平,是'水稻之父'。将来,你可以做个'小麦之父'!"

李德林脸色都变了,连声说:"那可不敢,不敢。可不敢跟人家比,我比人家差远了。"

此时此刻,罗秋旖完全沉浸在自己的想象之中。她的爱人将成为中国的"小麦之父",这有多好!她深情地望着李德林,大声说:"为什么不?要做就做最好的。就做'小麦之父'!你就是中国未来的'小麦之父'!为什么不敢大胆承认呢?"

李德林没有回话,他甚至把头都低下去了。罗秋旖觉得他这是谦虚,他太谦虚了。这也正是她喜欢的。

走进麦田,当罗秋旖帮李德林给杂交小麦授粉的时候,一会儿递镊子,一会儿递授粉器,两人的手不时地碰在一起,触电一样的,竟都有些说不出口的激动。

那天,田野里只有他们两个人。阳光灿烂,天上飘着悠悠的白云,小麦正在扬花，空气里弥漫着一种甜丝丝的阴阳交合的气息。她说："你喜欢我么？"他说："嗯。"她说："我的裙子好看么？"他说："嗯。"她说："好看就是好看，不好看就是不好看。你嗯什么？"他说："好。好看。"

这天晚上，罗秋旖没有走，她在农科所住下了。李德林自然不敢造次，他把她安排在一个请假的女工宿舍里。知道她是教授的女儿，很讲究的，还特意去给她买了新的洗脸盆、香皂、毛巾之类。可是，九点钟的时候，她跑过来了，红着脸说："我不在那屋住了，床上有味。"

李德林愣愣地望着她，不知该说什么。她往椅子上一坐，低声说："要不，咱聊聊天，我就在你这儿凑合一晚上算了。"

李德林扭头看了一眼，那是一张很窄的单人床……他心里怦怦地跳着。

罗秋旖说："夜，多静啊。"

李德林说："是静。"

罗秋旖说："听，夜是有心的，小虫在鸣，心儿在跳，数一数星星，星星数着心跳……知道这是谁的诗么？"

李德林说："不知道。"

罗秋旖说："我的。"

李德林说："好。"

罗秋旖说："真的，好么？"

李德林说："真好。"

罗秋旖说："你老家就是这里的么？"

李德林说："是，离县城十八里地。"

罗秋旖问："家里，还有什么人？"

李德林说："母亲不在了，还有父亲。"

罗秋旖问："老人家好么？"

李德林说："还好。就是，腿不太好。"

罗秋旖说："怎么不治呢？我给找个医生，去省城治一治。"

李德林说:"老寒腿。年数大了,不好治了。"

罗秋篙说:"那你,常回去么?"

李德林摇摇头,说:"也不常回去。逢年过节啥的,回去看看。"

往下,聊着聊着,罗秋篙大约是有些累了,身子一歪,靠在了他的肩膀上,柔声说:"你洗了么?去洗洗吧。"

后来,两个人移坐在了床沿儿上,罗秋篙又一次主动地贴近他,柔声说:"抱抱我。只允许,抱一抱。"

李德林先是像笨熊一样圈住了罗秋篙,心里还是有些怯怯的,不太敢。反倒是罗秋篙大大方方地贴上来,两个人这才抱在了一起……两人都还矜持,就那么抱了一会儿,又分开了。罗秋篙稍稍整理了一下衣服,说:"我给你背一段诗吧。"说着,就朗诵起俄罗斯诗人普希金的诗来:

  我记得那美丽的一瞬,
  在我面前出现了你。
  有如昙花一现的幻想,
  有如纯洁美丽的天仙。
  我的心在狂喜中跳跃,
  心中的一切又重新苏醒。
  有了倾心的人,有了灵感,
  有了生命,也有了爱情。

背完后,她说:"喜欢么?"

李德林说:"好。真好。"

往下,罗秋篙说:"你忙了一天了,你睡床。我靠一会儿。"

李德林说:"你睡床,你睡。我再找个地方。"

罗秋篙说:"这么晚了,别去打扰人家了。就……靠一靠吧。"

后来，两人就那么相互靠着、偎着，迷迷糊糊地歪在了床上……那天夜里，在那张窄小的单人床上，李德林半拥着罗秋荻，就像是捧着一枚"仙果"。他心里说：真好。

　　后半夜，万籁俱寂，只有小虫儿在鸣叫。当罗秋荻枕着他的一只胳膊睡熟之后，他还是没有一点儿睡意。月光从窗外照进来，就像是一面水做的镜子。凭着月光，李德林轻轻地掀开被子，侧过身子，闻着她秀发的香气、她的呼吸，从上到下，一点儿一点儿地偷看罗秋荻那雪白的脸庞、脖颈，起伏的胸乳，浑圆的臀部，还有修长的腿……他禁不住一遍遍地阅读，竟有一种醉生梦死的感觉。

　　两人结婚后，李德林曾经不自信地问过罗秋荻，她怎么会喜欢上他呢？他不过是个农家孩子，到底喜欢他哪一点儿？罗秋荻想了想，很认真地说："眼神儿，有光。"

　　其实，她喜欢的，不仅仅是"眼神儿"。

三

　　罗秋荻跟李德林的矛盾是从婚礼那天开始的。

　　罗秋荻与李德林的婚礼虽然简单，却举行过两次。一次在省城，一次在乡下。

　　那时李德林研究生刚毕业留校不久，罗秋荻也刚刚大学毕业分到省直的一个单位工作，两人都还没有分房。恰好这时候，林学院的罗教授新分了一套大些的住房，就把原来的房子简单装修了一下，留给罗秋荻。布置新房所需的一切，也都是罗家拿的钱。

　　省城的那次婚礼，是罗家出面举办的。由于是娘家人出面，一切都按罗秋荻的意思（罗家就这一个女儿），范围很小，只邀请了几个亲朋好友还有作为证婚人的吴教授。在饭店里请了一桌饭,简简单单的。两人就此搬到了一起,这婚就算结了。

可是,两人在省城结婚后,李德林一直闷闷不乐。房是罗家的,结婚的所有费用,也都是女方出的。虽然他知道罗秋旖是好意,但他作为男人,心里很不舒服。

一天晚上,罗秋旖问:"你怎么了?"

李德林说:"没咋。"

罗秋旖说:"没怎么?你拉着个脸。说话呀?"

李德林闷了一会儿,说:"咱都结婚了。总得……给家里说一声吧?"

罗秋旖很诧异地问:"不是让你给家里打电话,请父亲来参加婚礼么?"

李德林说:"父亲岁数大了,腿也不好,再说……"

罗秋旖说:"那你的意思呢?"

李德林眼巴巴地望着她:"秋旖,跟我回去一趟吧。"

罗秋旖说:"回乡下?有……这个必要么?"

李德林固执地说:"有必要。我得给家里说一声。"

罗秋旖说:"你不是打过电话了么?"

李德林仍坚持说:"我得说一声。"

其实,罗秋旖不明白,李德林嘴里的"说一声",跟她所理解的"说一声"是不一样的。

不知怎的,罗秋旖突然就火了,说:"你站起来。一个学者,蹲在地上,像什么样子?"

两人接触时间长了,罗秋旖发现,他有一个很坏的习惯:思考问题的时候,喜欢蹲在地上。

李德林怏怏地站起身来,突然说:"你不会是嫌我家穷吧?"

罗秋旖怔了一下,上前一把抱住他,说:"亲爱的,你怎么能这样想呢？我嫁的是一个'小麦之父'。我怎么会嫌你穷呢？不就是回乡一趟么？我跟你回去。"

李德林突然掉泪了。他流着泪说："这次，如果你不跟我回去，我以后也就没脸回去了。"

罗秋旖睁大眼睛："呀，有这么严重？"

李德林说："你不知道，我欠着乡人的情。我上大学的时候，老村长树山伯在村里敲了钟，集合全村的父老乡亲，当众宣布说：德林是咱村的第一个大学生，人小力薄的，出门在外，咱得帮衬他一下。头一条：他名下的地，队里不能收回去，得给他留着，收多收少是个补贴。哪一天，他要是在城里混不下去，回来了，地还是他的。第二条：家家户户，多多少少的，给添个路费……现在我读了研，也结婚了。如果不回去告知一声，他们会认为，我看不起他们了。"

罗秋旖大大方方地说："你早说呀，你为什么不早说？咱回去，多买些礼物。这行了吧？"

李德林知道她有洁癖，诺诺地说："我怕你……不习惯。"

罗秋旖说："放心吧，不会给你丢脸的。"

那是刚过年不久，他们夫妻二人，提着大包小包的礼物，高高兴兴地回村了。

冬末初春时节，空气干冷清爽，田里的麦苗经一冬的孕育，看上去绿油油的。两人走在黄淮故道上，罗秋旖一路都很兴奋，指东问西的，反倒觉得回乡一趟，就像出门旅游似的，长了不少见识。她说："哎，喜鹊。你看，那是喜鹊么？"

到了村口的时候，先是挂在村口老柿树上的两挂巨鞭炸响了！噼里啪啦的，顿时硝烟四起。紧接着，村里有一大群人涌出来，男男女女的，一下子就把他们围在了中间。人们咋咋呼呼地喊道："回来了！都回来了！德林回来了，新媳妇也回来了！快快，接住，接住……咦，老天，这城里人就是白,咋跟仙女一样?!"

顿时,李德林被乡人围在了中间。他挨个给人打招呼,如鱼得水地应酬着,按辈分给人敬烟……罗秋旖也被村里的女人簇拥着、夸赞着……人们七嘴八舌地说着奉承话,夸得她头都晕了。到处都是喊喊喳喳的声音,也不知该接谁的话头了。

就在这时,一个流着鼻涕的半大孩子从女人的胳肢窝儿下钻进来,一手夹腰,指着罗秋旖说:"喊爷,我是你爷。"罗秋旖愣愣地望着他,这时李德林赶忙过来解围,说:"爷,小二爷,别闹了。"一个胖女人兜头给了那孩子一巴掌,笑着说:"萝卜不大,在'辈儿'上长着。光记着让喊爷,红包呢?滚一边去。"

"哄"一声,众人都笑了。

当他们二人被簇拥着,快走到家门口时,只见一个脸抹得像妖怪似的老头,一瘸一拐地被众人推出来。李德林紧走几步,上前叫道:"爹。"尔后,转过头对罗秋旖说:"这就是咱爹。"

罗秋旖一下子呆掉了。只见那小个老者脸上横一道斜一道抹得油咪麻花的,全是锅灰和黄、红颜色。头上顶着个小孩子才戴的虎头风帽,脖子里还挂着一串子大蒜、辣椒和红枣,就像是刚从马戏班里跳出来的小丑。一群汉子们抓着他的两只胳膊,推推搡搡的,就像押一个犯人。可他竟然还一脸的傻笑,看上去丑陋极了。罗秋旖靠近李德林,低声说:"怎么能这样?这不欺负人么,太不像话了。"李德林也低声说:"乡俗,这是乡俗。你别在意。"那瘸老头用近乎巴结的眼光望着罗秋旖,说:"回来了,上家,上家吧。"

再往前走,院门口放着一个火盆,几个女人叫道:"快,跨火盆,从火盆上跨过去。"

罗秋旖心里别扭死了,很不舒服。她想,都什么年代了,还搞这一套?她不想跨,可她被几个女人强行拽着,那几个中年女人力大无比,硬按着她从火盆上跨过去了。

　　院子的一角早已支起了大锅，大锅里煮的肉咕嘟嘟地冒着泡儿。旁边是一个堆满菜肴的大木案子，案子上响着切菜刀的梆梆声。切肉的女人一边切，一边顺手往嘴里塞着肉片。馍头一筐一筐摆在案子上，有小孩子一趟一趟地抱着馍头跑来跑去。初春，天虽然仍然很冷，院子里却热气腾腾的，到处是人。在挂满了红色的"囍"字的院子里，摆满了大大小小的木制方桌、条凳……进屋后，罗秋旖气还没喘匀呢，就有人拥进来了。七姑八姨的，一片嚷嚷声，吵得她耳朵眼儿疼。罗秋旖并不清楚，自李德林从城里打回电话后，为他们的婚宴，村里人已忙活三天了。

　　中午时分，酒宴开始了。村长树山伯首先致辞，他举着酒杯说："都别瞎嚓嚓了，我说两句。咱德林娃子，如今是那个啥……'说士'了。"旁边有青年人提醒说，"硕士，是硕士。"村长眼一瞪："滚一边去，我知道，大学问！文章都写到美国去了！你听听，多大的学问呢，啊？！今儿个，他带着媳妇回来了。人家可是省里教授家的闺女，大学问家的闺女，多俊俏啊，一掐一兜水呀！嫁到咱小李庄来了，咱可不能亏待人家！总之一句话，咱虽不能大宴三天，也得开个流水席，喜庆事儿嘛，酒管够，得好好热闹热闹！吃好喝好，不说了——开吃！"

　　从上午十点多进村，一直到傍晚时分，罗秋旖除了跟着李德林在院子里敬了两次酒之外，就再没出门。她连水都没喝一口，一直在屋子里坐着。村人给她端了饭，可她见有苍蝇趴在碗沿儿上（过了一冬，居然还有蝇子），恶心，没吃。院子里开的是流水席，从中午到晚上，一拨人走了，一拨人又来了，猜拳划枚声一直不断……李德林不时被人叫出去，敬了这一拨，又敬那一拨人，喝得两眼发直。屋里屋外挤满了看新媳妇的女人和孩子，一直闹哄哄的。

　　一直闹腾到晚上九点钟的时候，只见一群汉子涌进屋子里来，他们一个个满嘴酒气，嚷嚷说："嫂，嫂子，走，走，入洞房，入洞房。"

原来，李德林的家里摆着流水席，太乱了。树山伯把自己家的二楼腾了出来，让这对新人晚上当新房住。二楼新房里，床已铺好了，被褥全是新的，大红缎面的。李德林和罗秋旖被汉子们拥着来到村长家，上了二楼，两人刚刚坐下，只听楼下有人喊："德林，快快，乡里来人了！"就此，李德林又被村长叫去陪酒了。

就在这当儿，汉子们一起涌上来，又嚷嚷着让罗秋旖点烟。罗秋旖强忍着没有发作，耐着性子站起身，一个个给他们点烟……可点着后，就给吹灭了，一连三次，气得罗秋旖再也不点了。可汉子们缠着她，不依不饶，推推搡搡的，非让她重点。推搡之间，只听"啪"的一声，不知是谁，把灯给拉灭了。紧接着，不晓得是谁先动手，也不知有多少双手，从四面八方一起伸到了罗秋旖的身上！有摸乳房的、有捏屁股的、有拧大腿的，有趴在地上舔她脚脖儿的，还有冲上来抱着她亲嘴的，臭烘烘的哈喇子流了罗秋旖一脸……罗秋旖忍的时间太长了，她一下子崩溃了！此时此刻，她"哇噢"的一声大叫起来，那叫声十分瘆人，又抓又打，就像是疯了一样！那些个脏手，一个个缩回去了。只听罗秋旖大声喝道："滚，滚出去！"

黑暗中，嗞溜儿嗞溜儿地，那些黑影儿像老鼠一样，一个个窜出去了。

这天夜里，罗秋旖再没有开灯，她在黑暗中一直坐到了天明。直到天快亮的时候，才有人把醉得不省人事的李德林给架回来，放在了床上，慌忙退出去了。

鸡叫了，天明了。

一肚子愤怒的罗秋旖，像个火药桶子似的，她忽一下把李德林从床上掀下来，抱着那床满是酒味和呕吐物的缎子被褥从二楼的窗口扔了下去！尔后，她独自一个人走下楼，谁也不理，快步朝村外走去。

顿时，村里有人高喊："新媳妇跑了！新媳妇跑了！……"

一直到半上午的时候，李德林酒醒之后，才发现罗秋旖已经走了。他被村里七姑八姨的亲戚们围住，指着他的鼻子，数叨了好一阵儿："回去问问你媳妇,一村人整整忙活了三天,有啥对不起她的?!……"弄得他很没有面子。只好赶忙找一借口,快快地回城了。

就此,两人回到省城后,谁也不理谁,冷战了一个月。

回城后的那天晚上,罗秋旖一个人躲在卫生间里,站在淋浴喷头下,一连冲洗了十几遍!却仍然不解气,她穿着浴衣披头散发地从卫生间里跑出来,到卧室里乱翻了一阵,找出纸和笔,匆匆写了一份离婚协议书,"啪"一下放在李德林的面前,说:"签字,咱们离婚!"

李德林坐在沙发上,两手捧着头,一句话也不说。

罗秋旖无比愤怒地说:"这就是你所说的,朴实、善良么?——愚昧!野蛮!流氓!下贱!无耻!"说着说着,她"哇"的一声,恶心得差点呕出来,又快步冲进卫生间冲洗去了。

此后,整整一个月,他们家里都是哗哗的水声……

最后,还是李德林首先宣布"投降"的。因为他看到了罗秋旖身上的掐痕。虽然罗秋旖已冲洗了无数遍了。可半个月后,她身上还是青一块、紫一块的,到处是伤。

四

李德林是在厅里的沙发上睡了一个月后,才"投降"的。

他也是个很偏执的人。心里有委屈,可他不说。因乡人的粗野行为,他曾再三地给罗秋旖赔礼道歉。后来,两人虽然表面上和好了,可心里还是疙疙瘩瘩的,再不像往常那样了。

过了一段时间,慢慢地,两人都有了试图和好的意愿。在这方面,罗秋旖倒显得更主动些。一天晚上,是她主动把沙发上的枕头重新放回卧室的……临近双节(八月十五、国庆节)的时候,下班后,两人在林荫道上走着走着，望着夜空，李德林自言自语地说："快过节了。"罗秋旖跟着说："是啊，快八月十五了……"接着，她突然说，"这样，把父亲接过来吧。"李德林怔怔地，说："你爸？还是我爹？"罗秋旖说："傻样儿，我爸还用接么？"李德林眼里一湿，迟疑了一下，说："算了，算了吧。我回去一趟就是了。"罗秋旖不解地望着他，说："怎么了？"李德林说："没咋。"罗秋旖说："你怎么说话吞吞吐吐的，不好，很不好。"李德林说："我是说……真要接么？"罗秋旖说："我是一个不讲道理的人么？要过节了。八月十五，家家都团团圆圆的，当然要把老人接过来了。"李德林马上讨好说："还是你大气。"

那时他们住的是一套两室一厅的旧房。为了迎接父亲，在罗秋旖的主导下，两人第一次有了更为密切的配合。他们一起把原作为书房的次卧腾出来，打扫干净，专门买了张单人床和新的被褥。心细的罗秋旖还专门在床前放上了新买的痰盂。

父亲来了。老爹战战兢兢地走进了家门。老爹不知该怎样讨好这个省城的儿媳妇，一进门脸上就带着巴结的笑，点着头说："那边家里老人好吧？那啥，都好吧？"还背来了花生、大枣、小米和南瓜，沉甸甸的两布袋。可老爹只在省城住了三天。

刚来的那天晚上，也许是路上迎了风，老爹咳嗽了一夜。老爹有哮喘的老病，他的咳嗽声就像是拉风箱一样，呼呼隆隆地响了一整夜！罗秋旖整晚上都大睁着两眼，听着老爷子拉风箱一般的咳嗽声，一夜都没合眼。可她忍了。第二天早上，老爷子在马桶上蹲了一个多小时。尔后，整个卫生间让罗秋旖呕吐着清扫了一个早晨……她又忍了。这还不算完。中午，罗秋旖下班回来，见茶几上堆着一堆剥好的花生，而花生壳却碎了一地。打扫的时候，罗秋旖又发现了老爷子吐在地上的浓痰，一片一片地粘在花生壳上！勉强熬到了第二天，早上起来，罗秋旖出门时扶了一下门框，却发现李德林的父亲竟然把揩的鼻涕抹在了门框上，让她黏黏地抓了一手！罗秋旖即刻崩溃了！

她逃也似的跑回娘家去了。

这天下午，两人在李德林的办公室里大吵了一架！罗秋旖历数了老爹的种种劣迹后，直言说："这是人么？这是人的行为么？！……"李德林一时也怒不可遏，他浑身发抖，拍着桌子说："日你妈，他是我爹！"罗秋旖被骂愣了，她没有想到他竟然骂人？！瞪着两眼炸问："你说什么？！你再说一遍？！"李德林自知失言（"日你妈"本是乡人的"口头禅"，李德林一不小心就从喉咙眼里蹦出来了），只好重复说："他是我亲爹！"可罗秋旖却一直追着那句骂人话不放："你骂我母亲？你竟然……你必须道歉！你不道歉，我绝不原谅！"

三天后，李德林只好把父亲送回了乡下。

后来，李德林再一次"投降"的直接结果是：家里有了约法五章。

第一条：不准乡人再踏进家门（无论亲疏，包括李德林的父亲）。罗秋旖解释说："这不是看不起他们，是他们自己不尊重自己。真有急事，可以到办公室找你。"第二条：不准在屋内抽烟。保证在一年内戒烟。罗秋旖说："实在想吸，到门外去抽。"第三条：戒酒。如果有应酬，不能超过二两。第四条：为了保证戒烟戒酒成功，工资卡上交，由罗秋旖统一保管。罗秋旖说："正当花销，可随时取用。"第五条：养成良好的卫生习惯，注重仪表。出门换干净衣服，进门换拖鞋。上床前刷牙、洗脸、洗手、洗脚。

这五条，一下子就把李德林给"困"住了。他的生活习惯都是多年养成的，很不适应。有很长一段时间，他每次回家就像是进监狱一样，很煎熬。渐渐，下班后，他不愿意回家了。他常常在办公室或实验室里熬到很晚，才很不情愿地往家走去。有时候，都半夜了，他还在楼道里坐着抽烟呢。他特别愿意出差，甚至找各种理由出差。后来，他竟有了逃离这个家庭的念头。他悄悄地给国外的大学发了很多信，希望能出去读博。

罗秋旖跟他想得则完全不一样。罗秋旖认为这是一次机会，改造他的机会。她想让他彻底改掉坏习惯，成为一个（她眼里的）真正意义上的大知识分子，一个有"范儿"的科学家。在这个意义上，她是从不吝惜钱的。她先后给他置买了三套上等料子的好西装，衬衣、皮带也都是买名牌的。她甚至在星期天押着他去一家讲究的美发厅去理发，让理发师专门给他设计发型。他的头发原来是一边倒的，显得有些乱，此后抹上头油，就"背"起来了。每次出门，她都亲自给他系好领扣、袖扣，说："这不很好么。"

李德林每次都默默地说："嗯，好。"

有一次，吴教授有事登门找他。罗秋旖一直忙里忙外地奉茶递水：一会儿送上切好的水果，一会儿又是瓜子、糕点，一会儿又送上净手的热毛巾。吴教授四处打量着这个一尘不染的家，感叹说："德林，你可真幸福啊！"

李德林还是那句话："好，是好。"

第二年初冬，村长树山伯来了。树山伯是肩上搭着两个布袋来的。一个布袋里装的是新挖的十几块红薯，一个布袋里装的是十几穗刚摘的嫩玉米。树山伯这次来，是给他侄女跑上大学的事。他一路上七问八问的，摸到李德林家楼门口的时候，天已经黑了。他敲了敲门，片刻，门开了。树山伯说："侄媳妇，是我呀。德林在家么？"罗秋旖怔了一下，说："他，还没回来呢。你去学校找他吧。"树山伯说："你看，也没啥拿。几穗玉米，几块红薯，都是今年刚下来的，是个稀罕物儿，让恁尝个鲜儿。这，东西？"

罗秋旖说："就，放在门外吧。"

树山伯刚放下手里的布袋，罗秋旖已经把门关上了。

李树山下楼的时候，掉了两眼泪。下楼后，他就在楼外的墙角处蹲着，一直等到李德林回来。

李德林看见他，吃了一惊！说："山伯，你怎么在这儿呢？"

树山伯叹一声，说："你媳妇不让进门。"

李德林自然无话可说。他说："还没吃饭吧？走，跟我走。"

这天晚上，李德林陪着树山伯在学院的招待所里住了一夜。叔侄两人喝了点酒，唠了一夜嗑……此后，村长树山伯说的那些话，一直在他耳边回荡着:"德林哪,这媳妇不是善茬呀。你看看,她回去了,咱热心热肠地待她,她喊过一声爹么?哪怕是'叽'一声,也算。我看,咱这笼儿装不住人家这鸟呀。新缎子被呀,里外三新,都是乡人的情意,硬是撕巴撕巴扔了,糟践东西呀!乡下人闹洞房,这是老规矩,叔伯们摸一下,有啥呢?那又不是冬瓜,摸摸掉醭儿?你看她闹腾的,让人笑话呀?!"

就此,联系起来,李德林突然想起,罗秋旖跟他结婚时,她的一个大皮箱里放着一个小匣子。一次,他给罗秋旖找东西的时候,翻着翻着,就翻到了那个匣子,他忍不住打开看了,发现里边放的是用红丝带扎着的二十几封情书……她都已经结婚了,居然还留着这些东西?她这是……想干什么?

树山伯走后,两人的冷战又开始了。这一次是李德林挑起的。他生气的时候,不说话,终日闷闷的,并且自动地睡在了客厅里的沙发上。

罗秋旖问:"怎么了?"

李德林说:"没……没咋。"

她说:"你这人,没咋就是有事。说吧。"

他说:"真没咋。我一个人想点事。"

她把一个枕头扔过去,说:"那你想吧。"

渐渐,两人心里有了"鸿沟"。好像也不着意地为了什么,都是一些细枝末节的事情。罗秋旖无论说什么,李德林都不反驳。表面上,好像是一切都听她的。然而,在意识上、态度上,这种沉默却意味着两人之间有了很大的分歧,仅仅是不说罢了。

虽然两人之间话少了,罗秋旖在生活上对李德林仍然很关心。每天早上,一杯热牛奶,一个鸡蛋,一块面包,还有果酱、小菜什么的,会准时地出现在餐桌上。李德林要换的衣服,也叠得整整齐齐地放在柜子里。还有,每个月发工资的时候,罗秋旖会悄没声地给他衣兜里装上二百块钱,让他零花用。

其实,罗秋旖一直想用潜移默化的方式影响他、感化他。在外人看来,她确实也做到了。从发型上，从衣着上，从生活方式上，都可以看出来，李德林已经有了很大的改变。可一个人的内心呢，却是看不出来的。

当然，夫妻之间，好一阵儿歹一阵儿，还是出现过转机的。李德林虽然对妻子有怀疑，却也没发现她跟什么人有来往。这一年的夏天，突然之间，家里一下子有了两件喜事。一是，罗秋旖怀孕了。二是，李德林想去国外读博士学位有了回复，美国哥伦比亚大学寄来了正式的录取通知书。知道罗秋旖怀孕消息后，李德林当然高兴，但心里还有些惴惴不安，他是怕罗秋旖怀孕后，会不让他去美国读博。可罗秋旖看到录取通知后，却高兴得像个孩子似的，一把抱住他，在他脑门上亲了一口，说："亲爱的，双喜临门！一定要庆贺一下！"

此时，李德林还真的有些迟疑。不管怎么说，妻子怀孕了，他这时候走，是不是有些不近人情？李德林说："你都这样了。我，还去么？"

罗秋旖说："去，当然要去了。多好的机会呀，干吗不去。"

李德林说："那你……"

罗秋旖说："不就三年么？放心吧，没事。再说，这边还有我爸，我妈呢。我等你回来。"

李德林说："那，苦了你了。"

罗秋旖说："你记住，我嫁的是一个科学家，是'小麦之父'。吃点苦算什么？先说，我不在身边，你得把自己照顾好，在那边也别太苦自己。有一条，趁此机会，把烟戒了吧。好好学学人家西方的文明……"

这天晚上，两人依偎在一起，都有些小激动。李德林贴在罗秋旖的肚子上，听了很久……罗秋旖昵昵地说："还早呢，还是一粒种子呢，你的种子。等你回来的时候，孩子就会喊爸爸了。"李德林有些感动，说："那，你……"说着，头贴在了罗秋旖的胸口。罗秋旖说："打电话太贵了。写信吧，给我写信。"李德林说："我写，我写，我每个星期都写。"罗秋旖说："记住，这边是两个人在等你。"李德林说："知道，我知道。"李德林说着，有些把持不住了，一把抓住了罗秋旖的乳房。罗秋旖靠过来："亲爱的，你说，你是不是又想'授粉'了？李博士，我的留美博士先生，你，想么？"李德林说："敢么？没事吧？"罗秋旖撒娇说："夫妻之间，还有什么不敢的？"李德林小心地贴上去，咬住了她的耳垂儿，罗秋旖"呀"的一声，瘫倒在床上。

李德林临行前的那一个月，是两人最幸福的日子。在这一个月里，罗秋旖变着法儿给他做好吃的。两人常常是同出同进，一起去买菜，一起做饭。同事们要给李德林饯行，罗秋旖也陪着一块去。喝酒时，也不太阻拦，很给李德林面子。在给李德林准备行装的时候，他们一起逛街，一起去商场买东西。李德林要带的所有衣物从上到下都是罗秋旖亲自挑选的。买什么不买什么，虽然都是罗秋旖说了算，但两人商商量量的，一直很和谐。

临行的前几天，李德林又变得沉默了。他心里有个隐痛，可他没有说出来。自从他上大学、读研、结婚，这么多年过去了，父亲仅在省城住过三天。说实话，他很想把父亲接过来，住上几日，尽一尽孝心。可有约法五章，他张不开嘴。

一天，罗秋旖突然又火了，她说："有什么你就说，别让我猜。好不好？"

李德林说："没啥，真没啥。这不是……要走了么？"

罗秋旖说："你有心事，不在我身上，也不在孩子身上，说吧？"

李德林吞吞吐吐地说："别的真没啥，你都安排好了。我是想……回去一趟。"

罗秋旖说："我就知道，你心里有事。你看你，我会不让你回去么？回去看看老人，应该的。"说着，她从包里掏出一个信封，信封里装了一千块钱，递给李德林："这是一千块钱，你给老人拿回去吧。"

李德林望着她，说："这……"他知道，家里的那点积蓄，都换成了美元。这是罗秋旖自己的私房钱。往下，他自然不敢再提任何要求了。

李德林这次回乡，发现父亲老得厉害，腿本来就不好，如今行走更加困难……进村的时候，他看见父亲背着一小捆柴火，一歪一歪地、一点儿一点儿地挪着往前走，走到村口的老柿子树下，歪着身子坐下来。当李德林走到他身前时，他喘着气说："你是，根柱……"李德林心里一热，说："爹，是我。"父亲说："是德林哪。你媳妇呢？你媳妇怎么没回来？"李德林无语。

是啊，父亲已是风烛残年，可他却没有能力照顾父亲，更不敢提接父亲进城的事。这天晚上，树山伯请他吃饭，李德林又喝醉了。他心里有很多委屈，哇哇大哭，哭着说："我不孝啊！"

村长树山伯说："叫我说，休了她！"

五

李德林在美国那三年，是很苦的。

一直到他完成学业，将要离开的时候，李德林仍然不知道纽约最繁华的"第七大道"在哪里。这三年，他节衣缩食，苦苦挣扎。白天上课，晚上大多都待在实验室里给教授打工……累了的时候，熬不住的时候，就坐在实验室外面的台阶上抽支烟，提提神。所以，这三年苦读，他能一天天地熬过来，就靠香烟支撑了。

刚去美国的时候，他按照约定，每星期都给罗秋旖写信。把美国这边的情况告诉她。罗秋旖的回信总是很长，诉说思念之情以及对他的关切，还给他写过两首诗呢。后来，女儿出生了，李德林寄过几次奶粉和婴儿保健品后，信也就写得少了。罗秋旖这边，有了孩子之后，一直手忙脚乱的，慢慢地，信也就不大写了。有事，就打电话。

李德林博士毕业的那一年，他本来是有可能留在美国的。他的导师维尼教授对他非常欣赏，给了他两个选择：一，留下继续读博士后；二，愿意推荐他到美国的大公司去。罗秋旖这边呢，也给他打电话说，他如果留在美国，她们娘俩就奔他而去，在美国跟他团聚。那意思是，劝他不要回来了。可李德林还是回来了。他坚持回国有四个理由：一，他挂念着年迈的父亲。二，他想继续完成在国内的小麦品种研究。三，他是公派，如果留在美国，他得退赔"农学院"一大笔钱。四，他水土不服，有肠炎。吃"汉堡"吃得都快要吐了。他很想吃家乡的"烩面"。

李德林回国后的当天晚上，两人就闹得很不愉快。见到女儿的那一刻，他自然高兴。可女儿佳佳还小，刚两岁多，他一抱，孩子就哇哇大哭，弄得他很无趣。他也就很勉强地抱了一会儿，又赶忙交给了罗秋旖请来的保姆，说："这孩子，还认生呢。"罗秋旖说："这都怪你。孩子都快三岁了，你抱过她么？"李德林说："是，我是没抱过。不是你让我去的么？"两人说着说着，罗秋旖突然发现，李德林变得陌生了。他不再是那个内敛、质朴的李德林了。西方的"文明"好像他一点也没学到，而是单单强化了他的个性。他说话大腔大口的，且有一种旁若无人的气势。

其实，罗秋旖并不清楚，李德林到美国后第一天上课，就受到了导师的训斥。那天，维尼教授让学生们一个个自报家门，互相认识一下。轮到李德林的时候，他站起来，说："我叫李德林，中……中国人……"不料，维尼教授伸手一指，喝道："你叫什么？大声点！大声！再大声！你怎么一点自信也没有？一个没有自信的人，不配做我的学生！我要你再说一遍！你的激情呢？一个没有激情和活力的人，也不配做我的学生！这是美国，你懂么？"

是的，就是这个维尼教授，这个美国犹太人的后裔，一旦站在讲台上的时候，两只眼球就像是要炸出来似的，光芒四射，神采飞扬！他对李德林说："记住，美国是一个张扬个性的国度。从上帝把你造出来那一刻起，你就是'我'。要记住这个'我'！你要大声地告诉人们：我，李德林，来自中国……"在美国，李德林的个性就是这样一天天"喂"出来了。

在美国这三年，李德林并没有改掉他生活上的坏习惯。在某种意义上说，不但是没有改，反而强化了。比如，他的烟瘾越来越大了。回国后，家里自然是不让吸的。所以，每天早上一起床，他就蹲到门外的台阶上，吸完三支烟再回来。他的衣兜里，总是装着维尼教授送给他的一个微型带盖的烟灰缸，随时取用。有时候，夜已经很深了，他还要从床上爬起来，跑到门外，一手夹着烟，一手捧着个小烟灰缸，在台阶上坐着。有邻居从楼上下来，见小火珠儿一明一灭的，就说："李教授，抽烟呢？"李德林回道："嗯，抽两口。"

李德林在美国的时候，两个人还不断地鸿雁传书，写信互诉思念之情，盼望着早日团聚。可打从美国回来后，他与罗秋旖的关系却越来越紧张了。首先，他回国的事，并没有跟罗秋旖商量。那时候，出国是一种时尚。罗秋旖原本打算要带着孩子奔他而去的。为了不给李德林带来生活上的压力，她准备把房子卖掉，然后再让父母给拿一部分钱，一块到美国定居。她想，美国的科研条件更好，他可以在美国研究小麦，同样可以报效国家。她自己呢，也可以借机深造。可这么一来，她的希望落空了。她自然心里有气。

更让她不能容忍的是，让他戒烟，烟不但没有戒掉，人却越来越固执，脾气见长。虽然在美国待了三年，喝了洋墨水，穿戴却一点也不讲究，常是邋邋遢遢的，就出门去了。罗秋旖说："你回来。扣都不系，像什么样子？"他就站住了。无论罗秋旖说什么，他都以沉默相对，一副不以为然的样子。所以，在他回国后的这段日子里，家里的空气一直冷冰冰的。

是啊，当他们不再年轻，当生活回到庸常的时候，李德林在罗秋旖眼里，已不再是她所期望的"小麦之父"了。她觉得他就是一个土老帽儿，一身烟草味的农民。要说，他已是留过洋的博士了，却仍然烟酒无度，一身的坏毛病。失望加剧的时候，忍不住的时候，她说："这日子还能过下去么？你想怎样？"

李德林通常都是以沉默相对。他知道，罗秋旖是教授的女儿，人长得又漂亮，主动嫁给了他，还给他生了孩子。可自从跟了他之后，却没享过一天福，他心里总觉得歉歉的。但这样的生活，处处受管制的生活，实在是……所以，李德林虽然回国了，但不愿回家。他把全部时间都用在教学和实验上了。

这个时期，李德林的家庭生活虽然不幸福，却官运亨通。在他回国不到三年的时间里，由于是留美博士，他的头上已先后挂了一串头衔：农业部专家组顾问；国务院"863"计划学术带头人；省管专家；等等。不久，他先是由农学系的副主任提为主任；到了第三年的秋天，农学院扩建改名，配班子的时候，他又被提拔为"农科大"副校长了。

李德林能越级提拔为"农科大"的副校长，跟他过去的恩师吴天铎副校长有直接关系。这个吴天铎，在临退休前，挂着一根拐杖，一个台阶、一个台阶地爬上省委七楼，面见省委组织部部长，又是直着喉咙大声说："……查查，查遍全国四十九所农业大学，有几个能在美国发表论文的？又有几人的文章能登在《土壤学会期刊》上？这可是世界级的权威期刊哪！人家李德林现在可是留美的生物学博士。博士毕业的时候，美国一家大公司要高薪聘他，可他一口拒绝，回来了。你们不用这样的人，用谁？"接着，他说："再有三个月，我就到龄了，退了。我主动让贤，让李德林接替我，当这个副校长。请组织上考虑。"部长说："吴老，你放心，只要是人才，我们会考虑的。"吴天铎顿了一下拐杖，说："好。我再送部长两句龚自珍的诗：'我劝天公重抖擞，不拘一格降人才'！"

于是，一个月后，经过了组织部门的考察和民主推荐程序……李德林的"农科大"副校长的任命下来了。

就在李德林提拔为副校长的那天晚上，他又喝醉了。说实话，这天晚上，他是没有办法，不得不醉。宣布任命的时候，省委组织部的一个副部长带人来了。宣布完毕，校长和书记都提出来，请副部长一行留下来吃顿"便饭"。理由很充分：一是，吴教授德高望重，高风亮节，他提前退休，算是组织上给吴老饯行；二是，李德林是留美博士，国内的小麦专家，新任的副校长，也算是祝贺一下。就此，副部长一行不便推脱，就留下了。当晚，宴席就摆在"农科大"的小餐厅里。敬酒的时候，吴教授年长，况且德高望重，又是主动让贤，自然所有的敬意都对准了他。可吴教授伸手一指，说："我谢谢各位。我血糖高，医生有交代，不能喝酒。这样吧，我看这样，德林算是我的学生，他能喝一点，就由他代劳吧。"于是，所有的人又对准了李德林。敬老师的酒，他得喝。敬他的，他也不能不喝。然后是回敬部长、校长、书记……就这样，酒席散的时候，他醉得一塌糊涂。

最后，是学校办公室的人把李德林搀扶回去的。两人把他搀到门口时，他稍稍醒了些，一扬手，霸气十足地说："走，你们都走，没事。"待两人走后，他却怎么也找不到钥匙了，就上前咚咚地敲门，一边敲一边大声喊道："开门！我，李德林，来自中国！开门！我，李德林，来自中国！！……"

可是，门一直没有开。后来，他身子一歪，就出溜到楼道里了。

这天晚上，罗秋旖快要气疯了。她觉得李德林太不像话了，刚当上一个副校长，就醉成了这个样子？他把人都丢尽了！

第二天早上，门开了。罗秋旖站在门口，见李德林酒已醒了，正蹲在楼道里默默地抽烟呢。罗秋旖淡淡地说："把烟掐了，进来吧。"

他默默地走进家门，换了拖鞋后，李德林发现，茶几上放着一张已经写好的"离婚协议书"……

罗秋旖冷冷地说："这样的日子，我是一天也过不下去了。签字吧。"

李德林勾着头，默默地在沙发上坐着，又是一声不吭。

罗秋旖说："你到底什么意思？说话呀。"

李德林还是一声不吭。这时候，李德林心里倒是愿意离了。他也不想这样过下去了。可他，刚刚当上副校长，这当口马上就去离婚，他怕传出去，沸沸扬扬的，名声不好。再说，他们二人之间，已有了女儿，这样闹下去，对孩子也不好。

李德林捧着头说："对不起。昨天晚上，我也是没有办法。我以后……"

罗秋旖说："没有以后了。你说过多少个以后？签字吧。"

不用说，两个人的冷战又开始了。李德林整整一个月没有回家，住在他新分的办公室套间里。

一个月后，李德林又"投降"了。这是他第三次宣布"投降"。在恩师吴教授的劝说下，他重又搬回家去住了。吴教授说："秋旖是我看着长大的。大家闺秀，聪明、美丽、善良，都没得说。你看看，家里收拾得干干净净的，生活上处处照顾你，你还想什么？是，她对你要求高一些，你也得理解。再说，你现在是领导干部了，也得注意点形象了！"就这样，吴教授亲自把他"押"回去了。

从此，两人就这么不冷不热地过着。这期间，好像也有过和解的契机，可两个人终还是错过了。最主要的一点，两人都过不去。在李德林这边，父亲不能进城，一直是他的隐痛。而罗秋旖呢，一直希望他能切断与乡下那些七姑八姨的联系……可他又做不到。后来就有点心照不宣了。私下里，罗秋旖一直上着外语补习班，她早已考过英语六级了，却还读"雅思"，为将来出国悄悄地做着准备。李德林则一门心思放在了"黄淮一号"的培育上，业已取得了一些进展。

一晃几年过去了，两个人都是隐忍不发。这一年的夏天，学校里传出了李德林要当副省长的风声。风声传出后不久，来找李德林的人一天天多起来。那些所谓的亲戚、老乡、同学、朋友、学生……几乎要踏破他的家门了。梅陵这边就不说了，知道他马上要当管农业的副省长了，周围十几个县份的书记、县长，全都要来拜望李德林……家里的电话，每隔几分钟都会响起来，罗秋旖不胜其烦。一天夜里，她忍无可忍，把电话线拔了。

终于，罗秋旖跟李德林摊牌了。罗秋旖说："离婚吧。我求求你了。"

其实，李德林也早已死心了。他说："离了婚，孩子怎么办呢？"

罗秋荻很坚决地说："孩子不要你管，孩子我带。我只要你签个字。你签个字，咱们都解脱了。"

李德林说："你是不是再考虑考虑？"

罗秋荻说："我一分钟也不想等了。这也是为你好。我知道，要是任命下来，当了副省长，你又要顾忌名声了。赶快，签字吧。"

李德林终于说："那好，我签。"

两人办完离婚手续那一天，罗秋荻很主动地说："分手了。最后，咱们再一块吃顿饭吧。"

李德林习惯性地说："行啊。你说去哪儿？"

罗秋荻说："就近吧，找个安静的地方。'上岛咖啡'吧。"

两人在上岛咖啡店一个安静的角落里坐下来，点了简单的菜肴。咖啡店里正播放着一首俄罗斯的钢琴曲，那调子广袤、舒缓、忧伤，就像是一条流淌着、诉说着的河流。罗秋荻禁不住眼湿了。她说："当年，是我主动要嫁给你的。还记得么？我一个人，跑到县里的农科所去找你……"

李德林说："记得，当然记得。那时候，你真……""漂亮"这两个字，他没有说出来。

罗秋荻说："幼稚，是吧？那时候，太年轻，把生活理想化了。我的确是幼稚。日子过成这样，我也有责任。别记恨我。"

李德林说："不，不。是我对不起你，我身上毛病太多。你一个人带着孩子，不容易。孩子是两个人的，回头有啥困难，你给我说。"

罗秋荻说："虽然分手了，有两句话，我还是想对你说，算是临别赠言吧。"

李德林说："你说。"

罗秋荻说："当年，我说过，我要嫁的是一个科学家，是中国的'小麦之父'。你还记得吧？"

李德林说:"那是你……高看我了。"

罗秋旖说:"不,在这一点上,我不后悔。这也是我反对你当副省长的主要原因。副省长谁都可以当,'小麦之父'只有一个。我希望你记住我的话。"

李德林若有所思,默默地望着她:"放心吧,专业这方面,我是不会丢的。"

罗秋旖说:"你要想真正成为一个科学家,就要切断'脐带',切断你与家乡的一切联系,不然,他们会毁了你的。"

李德林沉默了片刻,说:"你对乡人,还是有成见。"

罗秋旖说:"不是我有成见,是你心里有问题。我告诉你,都什么年代了,他们还在用'胃'思考问题。'胃'是思考问题的地方么?……"

过了一会儿,罗秋旖说:"算了。不管你愿不愿听,这就是我说的第二句话。我再说一遍,他们会毁了你的。"

六

最初,与罗秋旖分手,李德林还是很纠结的。

罗秋旖的美丽是他一直不能忘怀的……但同时,李德林又有一种解脱感,他自由了。一个人,在外边开一天会,回到家里,无拘无束的,真好。他想蹲着,就蹲着;想横在沙发上,就横在沙发上。躺在沙发上吸支烟,蜷蜷身子,伸伸懒腰,慢慢地把烟灰磕掉……再没有任何人去指责你,真好。饭局也多了,多得几乎应付不过来,偶尔多喝了几杯,也没人怪罪他了。实在不想去了,学校里有小食堂(他仍然住在"农科大"),也可以去吃烩面,喝胡辣汤……不再让人说:刷牙去,你嘴里有味了。

李德林跟罗秋旖分手时,他培育的"黄淮一号"已初步有了成果。这个成果最实际的标志是，他已成功地培育出了一株双穗小麦。虽然仅成活了一株，但已让他看到了希望的曙光。尤其是在理论上，他获得的成果更大。他的一篇名为《杂交小麦的遗传变异现象》在一家国际著名的期刊上发表后，引起了国际学术界的关注。由此，他也就成了国际上知名的小麦专家了。

谁也想象不到，他这篇关于小麦的理论文章，灵感却来自于个人婚姻的破裂。对于小麦性状配合力的研究，也就是对小麦杂交优势和劣势的研究，使他发现，所谓的"强强联合"是一个误区。

这就好比他跟罗秋旖的婚姻，罗秋旖出身于高级知识分子家庭，美丽大方，志趣高雅，应该算是一个优秀的女性，或者叫作"母本"；他李德林呢，虽然出身贫寒，可他是留美的博士，研究生物工程的专家，也可以算是一个优秀的男性吧，或者叫"父本"。这一男一女，一雄一雌，一阴一阳，本是可以融合的。两人的结合是"优+优"，本应该是1+1=3，或等于4、5、6、7……可以发挥出更大优势的。然而，在实际生活中，两个人的情感信号，或者叫"语码"却一直不能对接。始终别别扭扭的，有相互排斥的部分，到最后怎么也生活不下去了。这就像是两列高速行驶的火车，车况没有问题，方向没有问题，速度也没有问题，可就是不能对接。这是为什么？由此看来，那就是气场的问题了。每一个人都是一个磁场，磁场与磁场能否对接，不仅仅是缘分问题……可以嫁的，未必就好。于是，一场婚姻的悲剧，如电石火花一般，再次成就了李德林的"小麦理论"。

可自从当了副省长后，一天要赶三四个会场，还有酒场。实验基地是没有时间去了。他的实验室里也落满了灰尘。"小麦"离他的生活越来越远了。其时，他很无奈。

离婚后的李德林有一段是很孤独的。那时，他的学生刘金鼎，差不多每隔一段时间，就专门跑来，陪他去吃一次烩面。此时，刘金鼎已经是黄淮市的办公室的副主任了。他知道老师的脾气，每次到省城来，李德林问他："你又来干什么？"他会说："我馋了，想吃顺城街的烩面。"李德林也觉得没什么，烩面是平民的口味，他这个副省长为什么不可以平民化呢？于是，两人就一起去吃烩面。可对刘金鼎来说，每吃一次，都是有收获的。一年不到，刘金鼎就当了主任了。

在刘金鼎担任黄淮市政府办公室主任的第二天，就又到省城来了。这次来，他衣兜里揣着一沓姑娘的照片。进门后，他说："老师，我给你提点意见。"

李德林笑了，说："你专门给我提意见来了？"

刘金鼎说："是。有句话，我在心里憋了很久了。"

李德林说："你说。"

刘金鼎说："你如今是副省长了。身边得有个人照顾，不能再这么'单'着了，别人会说闲话的。"

李德林说："是这个事呀。不忙，我考虑考虑再说。有人说啥了？"

刘金鼎说："那倒没有。只是，你一个人……再说，老爷子那边，也需要有人照顾。"

刘金鼎这句话，一下子击中要害了。李德林长叹一声，说："是啊，我老父亲腿不好，我一直想把他接来。可，我天天有会，顾不上啊。"

刘金鼎说："老师呀，我已经调到市里了，也顾不上去看望老爷子了。还是找个人吧？"

李德林摇了摇头，说："这个人，不好找啊。"

这时，刘金鼎从兜里掏出了那沓照片，放在了茶几上，说："老师，这些姑娘，都是我精心挑选的，个个都年轻漂亮，还都有本科学历，你选一个，我去说。"

李德林扫了一眼，再次摇摇头："我这个年龄，还是要实在一点。太年轻不行，太漂亮也不行……"

刘金鼎见他根本不看照片，说："是啊，说实话，这些姑娘，都没有师母……气质好。老师，有啥要求，你说。"

李德林想了想，说："就一条要求，会照顾人，能跟老爹吃一锅饭。哪怕是没文化的，也行。"

（其实，在李德林的潜意识里，那个由研究小麦性状配合力得出的理论，那个关于植物生存质量的"小麦理论"，无形中对他影响很大。多年后，当他回想起这件事的时候，悔之晚矣。）

刘金鼎当即说："这好说，交给我吧。"

这年夏天，李德林第一次下去调研，就遇上了一件很受刺激的事。于是，就更加坚定了自己的"小麦理论"。

在黄淮市调研的时候，他三天跑了三个县。也许是市里领导知道了他和刘金鼎的师生关系，就专门派办公室主任刘金鼎负责照顾他的生活。这天，李德林在市里听了一天的汇报，吃了晚饭，他着实是有些累了。刘金鼎陪着他，小心翼翼地说："老师，开了一天会，你也累了。我带你去个地方，放松放松吧？"

李德林倒是有几分警惕，说："怎么放松？可不能胡来。"

刘金鼎说："老师，放心吧，你身份在这儿呢。我敢胡来么？我是说，我领你去泡个澡吧？"

李德林说："房间里不是有浴缸么？"

刘金鼎说："那可不一样，那是温泉。你跟我走吧。"

于是，刘金鼎撇开随从，带着李德林一个人上了车。车开出市政府招待所，一直向西，来到了"花世界"大酒店门前。

这个"花世界"大酒店刚刚开业不久，是黄淮市最豪华的宾馆，号称是中外合资企业，也是集住宿、餐饮、娱乐、温泉洗浴于一身的"五星级"的服务中心。"花世界"大酒店共二十二层，刘金鼎带着他走专用电梯，直接上了七楼。在七楼的电梯门口，一行穿白制服、戴白手套的人已在楼道里恭候了。

此时，穿着一身白绸对襟汉装的谢之长大步迎上来，说："舅啊，老舅，可把你盼来了！"

李德林见是谢之长，很惊讶，说："之长，这是你……的？！"

谢之长说："合资。托您老的福，金鼎给牵的线，帮了不少忙，算是中外合资。你来了，就是咱自家的。"

李德林感慨地说："几年不见，之长做大了。你不是花卉公司么？怎么搞起房地产来了？"

谢之长很含糊地说："综合开发，现在都行，花也卖……"

李德林说："好啊。不过，以后也别再喊舅了。都年一年二的，咱俩也差不了几岁，叫我老李吧。"

谢之长说："你官再大，咱也是表亲哪。"

李德林说："老李，就叫我老李。"

这么说着，谢之长陪着两人走过电梯间。一招手，酒店经理白守信小跑着迎上前来，恭恭敬敬地说："呀，呀，欢迎，欢迎，大领导来了，真是蓬荜生辉呀！谢总早就交代了，这是李……"

李德林伸出手来，说："你好。我姓李，叫我老李吧。"

刘金鼎赶忙接过话头，说："对，这是省里来的老李同志，你快去安排吧。"

李德林说："之长，你忙你的。洗个澡，我不要你陪。"

谢之长会意地说："那好，让金鼎陪你。守信哪，你可给我侍候好了，这是我的恩公！"

白守信马上说："放心吧，谢总。"尔后立即吩咐下属，"开门，快开门去。1号，贵宾1号！"

"贵宾1号"是一个巨大的豪华包间，几乎有半层楼那么大，里边摆放着一圈巨型的大沙发，茶几，还有音响、幕布、录放设备之类……李德林和刘金鼎刚刚坐定，有一行穿白制服的人进来了，他们一个个手里举着托盘，托盘里是各样水果、茶点、酒水，一一摆放在沙发前的茶几上。尔后，又悄没声地退去了。

过了片刻，门又开了，由白守信亲自引领，一拉溜十二个白衣女子鱼贯而入。这些女子全都穿着一模一样的、几乎半透着肉身、薄如蝉翼的白纱连衣裙，胸前缀着红色的胸花，就像是梦幻一般，飘然而至。且每人的腰间都系着一个圆形的小腰牌，腰牌上白底红字，标有1、2、3、4、5、6……字样。她们排成一行，站在了两人的面前。

白守信恭身站在一旁，说："两位领导，这都是今天刚到的，一水的东北姑娘，还都是大学毕业。二位，挑吧？"

此时此刻，李德林的脸一下子黑下来了。李德林怒斥道："金鼎，不是说泡个澡么？你这是想干什么？！"

刘金鼎赶忙解释说："老师，你别生气。我是……我是想……让你先跳个舞，出……出点汗，然……然后……"

李德林仍是怒气未消，说："不像话，不要忘了你的身份。"

刘金鼎赶忙摆摆手，说："白经理，让她们都出去吧。"

白守信一看情况不对，摆摆手，带着十二个姑娘退出去了……

待姑娘们退出去后，李德林说："金鼎啊，你是我的学生，我不得不说你几句。你在基层工作，三教九流都得打交道，也不容易。现在是市场经济，虽说要开放搞活，可有一条，做什么事，都要有个分寸，不然的话，会栽跟头的。"

刘金鼎忙说："是，老师的话，我记住了。我只是想，让老师放松放松……真没别的意思。"

往下，李德林感叹道："说实话，我在美国待了那么久，也没见过这样的……"

这天晚上，两人一起洗了澡，让扬州师傅给搓了背……当两人回到市政府招待所时，李德林感慨万端，他的确是受刺激了。李德林虽然当面批评了他的学生，但他内心深处，还是有一种说不出来的小冲动。他不得不动用极大的意志力控制自己，好让自己不失态。

是啊，当那十二个姑娘站在他面前的时候，他几乎看呆了。这是怎么回事呢？一样的个头，一样的身材，一样的妖艳。且个个都画中人似的，高挑挑、细气气的，还都是高学历。怎么会呢？怎么都出来干这个呢？这，这……简直是匪夷所思啊？！

靠在床上，点上一支烟，他徐徐地吐了一口烟气。也不知为什么，还是忍不住问："那些，都是东北姑娘？"

刘金鼎小心翼翼地回道："可能是吧，一口的东北普通话。"

李德林再次感叹说："你看那个头儿，一个照一个。都这么年轻，长得又漂亮，干什么不好呢？"

刘金鼎说："老师呀，时代变了。现在的年轻人……"

李德林又问："这些姑娘，真的……都大学毕业么？"

刘金鼎说："可能吧。据老谢说，这个白经理是个能人，这些姑娘都是他招的。据说，招人时，要求标准是'三大'。"

李德林怔了一下，问："哪……哪'三大'？"

刘金鼎说："'三大'是：大个子，大姑娘，大学生。还要看长相，量腰围、臀围、胸围什么的……"

李德林连连叹道："呀呀呀，这、这、这……风气坏了呀。"

刘金鼎说："老师啊，你在省里，又常年在学校里搞教育，对社会上的事，还是不太了解。这些女子，都是为钱而来。民间有个说法，不知你听说过没有？"

李德林不由脱口说："啥说法儿？"

刘金鼎说："她们被人称为'东北虎'，说是'东北虎'下山了，都是'二毛子'的后代，泼辣大胆……我还听说，还有的是湖南妹子，被称为'湘女团'……"

李德林笑了，说："胡说，哪有那么多'二毛子'的后代？照你这么说,这些漂亮姑娘,一个个都成'母老虎'了?"说着,他摆了摆手,说:"算了,不说她们了。"

这天夜里,李德林失眠了,浮想联翩,一夜都没睡好。

第二天早晨,吃早饭时,他对刘金鼎交代说:"我想好了,我这个岁数,还是现实一点吧,不要什么爱情了,还是在家乡找吧。你帮我找一个传统点的,人要朴实,会照顾人,没那么多心眼。要是找着了,就先让她照顾老爷子一段,试试。"

刘金鼎说:"老师,你是说,先找个保姆?"

李德林很含糊地说:"就这个意思吧。年龄不要太大,若是能善待老人,能吃一锅饭,将来,再说。"

刘金鼎说:"我明白了。"

三个月后,中秋节的时候,一个名叫徐二彩的梅陵女子,出现在李德林的面前。

七

客观地说,突发的"6·29"事件,对李德林是有一定影响的。

当了管农业的副省长,李德林有一段时间很不适应。突然之间,他就成了一个"陀螺",旋转在一个一个会议之间的"陀螺"。

说来,这是个内陆省份,也算是农业大省。一个主管农业的副省长(在这里叫"农口",农、林、牧、副、渔,统归"农口"管辖),要开的会太多了,每个会议都要他去讲话。有时候,一天要奔赴两三个会场,一不小心,就把会议讲稿拿错了。讲话稿虽是秘书提前准备(也有各厅局临时提供)的,可他最初还是出了些"洋相"。一次,他赶着出席一个全省的"林业会议",从包里拿出来的却是全省"生猪屠宰会议"上的讲稿。等他开始讲话时，朗声念道："同志们！生猪、们……"接下去，他沉默了很久，说："错了。对不起，同志们……错了。"紧接着下边哄堂大笑！如果是别的领导干部，就是念错了也不会这么公开讲，换一稿子重新念就是了。可他就这么公开说：念错了。还有一次，在一个规格很高的座谈会上，他居然又念错了一个同级领导人的名字。这都是犯忌的。会后，那位领导同志很不高兴地说："老李呀，共事这么久，你连我的名字都记不住么？"他只好坦白说："对不起，我走神了。"

　　李德林最不适应的是听汇报。各个地市都来"汇报工作"，其目的大多是要钱的。他们一汇报起来就长篇大论，一讲就是一两个小时，让他连个撒尿的机会都没有。有很多事情他并不了解，所以常常会走神儿。听着听着，他就想到别处去了。一次，在听汇报时，他打了个盹。恍惚间突然想起，小麦该扬花了。（这是世界上寿命最短，也是花型最小的花朵了。那么一点点的小花儿，粉嫩中泛一点黄的、几乎用肉眼看不清形状的小小花蕊儿，却又是雌雄同体的，它没有第二者，也永远不会有第三者。它的爱情故事，是在风中用最短的时间完成的，也就是一吻。）于是，他竟然脱口说："这一吻，神鬼皆惊！"

　　接着是满座皆惊！等他回过神时，见众人都怔怔地望着他，他赶忙说："没事，你讲。很好，很好。"

　　于是，很快，在省内流传着他的一句"歇后语"，叫作："李省长听汇报——很好。"

　　适应是需要过程的。不过，他到底是喝过洋墨水的博士，是被犹太导师维尼教授强化培训过的。不就是讲话么，在会议室里浸泡久了，也就很快适应了。渐渐，在他不熟悉情况的地方，他也慢慢学会了使用"宏观语言"，按照大政方针总结出"一、二、三、四"来，偶尔还会来上几句美式幽默，也很"GOOD"。

　　所以，在省直机关干部中，李德林的口碑一直很好。一是他没有架子、为人平和；二是他虽是留过洋的博士，却一口家乡话，让人觉得亲切；再加上他还是全国有名的小麦专家，他的亲和力也是一般的官员没法相比的。特别是他分管农业，每每下基层查看庄稼，戴一顶草帽，说蹲下就蹲下了，一亩地有多少棵麦子、一棵麦穗结多少籽，他门儿清。所以被媒体称之为"平民省长"。

然而，他这个"平民省长"却在"6·29"事件中受到了通报批评。"6·29"事件本是一个因征地引发的群体上访事件，因处置不当，造成了震惊全国的"卧轨上访事件"！

最初，这仅是黄淮市"花世界"集团公司与郊区农民因征地引起的纠纷。客观地说，地是四年前征的，征地的钱也早已付了。当时说定的是一千块钱一亩（因地价便宜，征地的用途有些模糊）。

当年的"花客"谢之长，趁着改革开放，先是成了梅陵花卉公司的老总，当他把公司迁到黄淮市后，摇身一变，成了中外合资、更名为"花世界"集团的董事长了。这块地，就是他以"花世界"公司的名义买下的。首先，征这块地时，作为"花世界"公司老总的谢之长是许过愿的。当年，"谢大嘴"曾拍着胸脯说："老少爷们，你们一定要相信我，将来公司要大面积种植花卉，还要开办大型的花卉市场，你们干活的地方有得是。老人给养老金，年轻的可以当花工，把你们都养起来！……"可怎么养，他没有说。

可是，地征到手后，第二年正赶上城区的大开发，市区规划一下子扩大了一倍多。在规划中，原跟梅陵县相邻的郊区变成了市区，到处都在大兴土木，地价一下子涨上去了。特别是，征地款虽说是一千一亩，可七扣八扣的，最后分到村民手里，五百都不到。这还不算，紧接着，曾拍过胸脯要大面积种植花卉并建花卉市场的谢总，却跟香港商人联手搞起了房地产开发，在这块地上首先建的是一座五星级的宾馆。名义上，花卉市场虽说是开起来了，可当地农民一个没用，答应给的养老金，定到了八十岁以上，而且一月才给一百块钱。

于是，村民们闹起来了。他们老老少少出动了一百多口首先围住了"花世界"公司总部，以公司二期暴力拆迁（砸伤过一个老人）、不履行合同、私自改变土地用途的名义，强烈要求收回土地并补偿损失！

这件事是当时身为黄淮市政府办公室副秘书长兼拆迁办副主任刘金鼎带队处理的。这也是刘金鼎新任黄淮市政府办公室副秘书长后处理的头一件大事。出发前，刘金鼎把市公安局抽调来配合他工作的局党委委员、副处级侦察员赫连东山叫到他的办公室，问："老赫，抽来的五十名干警都到位了么？"

赫连东山汇报说："按市里要求，到位了。"

刘金鼎说："带枪了么？"

赫连东山迟疑了一下，说："带武器不合适吧？"

刘金鼎说："要带，要全副武装。"

赫连东山只好说："是。"

接着，刘金鼎又命令道："带上几张拘留证，要空白的。再带上两挺'微冲'。"

赫连东山看了他一眼，问："刘秘书长，根据公安法……这样办，合适么？"

刘金鼎不客气地说："'三大纪律八项注意'第一条，你给我背一遍。"

赫连东山说："一切行动听指挥。"

刘金鼎说："那好，带上你的人，跟我走。"临出门时，他拍了一下赫连东山的肩膀，这一拍意味深长。尔后，他低声吩咐说："老赫，你是内行。枪里不要装子弹，一颗子弹都不准带。"

赫连东山心里松了一口气，即刻回道："明白。"

这时候，"花世界"公司总部已经被围了三天了。大楼门前的玻璃已经被砸烂了！失地的一百多个村民头上都勒着一个白布条儿，打着白布做成的横幅，上写着"还我土地、血债血偿！"的黑色大字。闹事的虽然只有一百多人，但看上去人山人海的！门前之所以围这么多人，是因为围在这里的不仅仅是失地的村民，还有很多是路过看热闹的。这年月看热闹的远远多于闹事的。

刘金鼎带着民警是从"花世界"公司后门进入的。经商量后，五十名警察一字排开，拉起一条红线，挡在了最前边。刘金鼎命人抬来了一张桌子，放在了楼前的台阶上。尔后，他跳上桌子，手里拿着一个电喇叭，大声喊道："乡亲们，老少爷们，我是市政府的刘金鼎！告诉大家，我也是农民出身，往上数，三代都是农民，所以，我跟你们的心情是一样的。请你们要相信政府，有问题咱解决问题，不能闹事，不能打砸抢！我也明白地告诉你们，'花世界'是中外合资公司，外商是我们请来的。市长说了，谁破坏本市的投资环境，谁就是罪人！所以，有什么问题我们可以坐下来谈，在法律的框架下，什么问题都可以谈，就是不能闹事、搞破坏！"

众人怔了一下，齐声嚷嚷道："让姓谢的滚出来！……"

这时，刘金鼎对着电喇叭再次大声喊道："听我说，乡亲们。现在，我代表市政府工作组，宣布一条市里的决定！"说着，他扭头朝身后看了一眼，说，"把谢之长谢总带出来！"

就此，谢之长终于出面了。当失地的农民看见谢之长在两个民警的簇拥下从楼道里走出来时，人群里响起了一片嚷嚷声："就是他！就是这个王八蛋骗了我们！……"

这时候，刘金鼎弯下腰，从站在一旁的赫连东山手里接过一张盖有红印的"拘留证"，高高举起，亮在众人的眼前，举着喇叭大声喊道："据查，此人作为中方总经理，有行贿受贿的重大嫌疑！现执行拘留审查！——带走！"

在众人愣神的当口，谢之长被几个民警簇拥着架走了。

只听人群中"哄"的一声，炸窝了一般，齐声嚷嚷道："不能走！姓谢的不能走！"

紧接着，刘金鼎举着电喇叭又大声喝道："八里庄的村长呢，老黑，吴老黑！来，来来来，请到前边来！"

八里庄的村长吴老黑，一直是躲在人群后边的，听见电喇叭叫他，且电喇叭里还用了一个"请"字，便大声应道："在呢，我在呢！"说着，拨开人群，敦敦实实地从后边走出来了。

当吴老黑走到桌前的时候，刘金鼎问："你就是村长？"

老黑说："是，我是。"

没等他往下说，刘金鼎使了个眼色，赫连东山一挥手，吴老黑便一下子被四个民警按住了。紧接着，刘金鼎又接过赫连东山递给他的第二张拘留证，高高举起，对众人说："据查，八里庄村村长吴老黑，私下里与开发商勾结，涉嫌贪污公款并收受巨额贿赂！现执行拘留审查！——带走！"

片刻之间，只听"叭"的一声，吴老黑被当众戴上了手铐，由四位民警架着带走了。

此时此刻，人们像傻了似的，一个个疑疑惑惑地，愣了足足有十几秒钟的时间，不知该怎么办了。村长一被带走，八里庄人群龙无首了。顷刻间这里成了一个巨大的蜂房，人们议论纷纷（村长又黑又胖，已当了二十年了。他们心里本就怀疑，村长是不是把钱贪了？）……过了会儿，失地的农民悄悄地商量了一阵，在吴老黑家人和亲戚们的极力撺掇、鼓噪下，再一次涌上前来，一时大乱！有人大声喊道："凭什么抓村长？村长不能走！"

就在这时，刘金鼎举起电喇叭大声喝道："站住！都给我站住！看清楚了，谁敢越过面前这条红线，民警就开枪了！有敢于挑战法律的，到前边来！我最后再说一遍，凡贪没土地款的，一定严肃处理，十天之内，按国家规定，给乡亲们一个交代。凡在这里闹事的，我给你们三分钟的时间，撤离现场！"

站在桌上的刘金鼎扫视了一下人群，见仍有人蠢蠢欲动，再一次高声喊道："市局老赫，我命令，执法！谁胆敢上前一步，凡越过红线者，腿给我打断！出了事我负全责。"

只听"呜"地一下，人群里一片哭喊声。只见一群老太太和女人们忽地涌到了最前边，拽着、拉扯着他们的男人、儿子往后退去，一边拽扯一边哭叫着说："走走，咱走。也不是咱一家的事……"

按说，此事到这里应该说是平息了，这也是刘金鼎官场人生中最为精彩的一笔。尤其是，当天晚上，他接到了市委书记亲自打来的电话，口头表彰了他，说："好。处置得当，很好！"就这么一个"好"字，让他高兴了一晚上。

可三个小时后，"花世界"公司的谢之长谢总，却被悄悄地放回来了。

不用说，事儿平息了，谢之长自然是要请客的。在当晚的答谢宴会上，刘金鼎因为心里高兴，也因为多喝了几杯，话自然就放开了。在一片夸赞声中，当有人问道："刘秘书长，你真敢让人开枪呀？"刘金鼎很得意地回道："我告诉你一个秘密：枪里没有子弹。我下了死命令，不准带子弹。"又是一片赞扬声。众人说：这招妙，绝了。接着，又有人问："刘秘书长，你敢抓八里庄老黑，他真有问题么？"刘金鼎看了他一眼，反问道："你说呢？"在众人的注目下，刘金鼎又放出了一条此后广为流传的名言。他说："你猜，这老黑当了多少年村长了？"尔后又自问自答说，"二十年。他当了二十年村长……你想吧？我告诉你：不查没有问题，一查准有问题。"众人听了，都连连点头，说："那是，那是。"

这时候，号称"谢大嘴"的谢之长也觉得刘金鼎的话说"过"了，赶忙替他掩饰说："不说了，喝酒喝酒。"

当时在场的赫连东山对这位刘秘书长的话极为反感，他什么也没有说，站起身来，悄没声地走了。

可是，谁也没有想到，一场更大的事件正在酝酿之中。在市郊八里庄当了二十年村长的吴老黑也不是吃素的。首先吴家在八里庄是大户，他弟兄四个，亲戚就更多了，在村里有很大的势力。尤其是他家老三，在城里是开金店的，在市里有较为广泛的人脉。刘金鼎在酒桌上的话，很快就透过来了。

七天后，突然之间，八里庄的失地农民以先分散、后集中的方式，突然拦住了途经黄淮市的一列火车！他们打着一面"拥护中央，拥护宪法，泣血上访，还我土地！"白色横幅，一个个头上勒着白布条，三百多人一齐卧在铁轨上！

这样一来，事闹大了。如果处理不好，全国整个铁路交通线就会面临瘫痪！于是，黄淮市的市委书记、市长全都放下手头的工作，赶到了被拦截的火车前。这时，因李德林刚好在黄淮市搞"调研"，也奉省委、省政府之命，赶到了现场，参与处理事件。

到了这时候，再做说服工作已经没有用了。市长的喉咙都喊哑了，也答应了一些条件，可仍然没有效果。李德林还是第一次见到这样的阵势，他不相信农民会闹事，想亲自去做些说服的工作。可是，他刚刚站到人群前边，刚喊了一声："乡亲们……"不料，一个生鸡蛋就朝他砸过来，好在紧跟在他身后的刘金鼎及时扑上前来，挡在了他的面前，替他挨了一记，碎了一脸的蛋清……这一次，村民们像是豁出去了，谁也不信了。

这时候，刘金鼎在李德林耳边悄声提议说："省长，抓人吧。把那些挑头喊话的，跳得高的抓几个，他们就老实了。"

李德林喝道："不行。胡闹！这时候，一个也不能抓。"

在如此紧急情况下，京广大动脉瘫痪两小时四十六分钟后，经李德林请示省委和公安部，只好由武警出面，搞了"大清场"。调集武警支队从最边上开始，由武警徒手四个人架一人，一个个架上汽车，清理出了现场，这才算恢复了交通。

这个事件由于影响太大，黄淮市市委书记和市长双双被免职。副省长李德林等一干人也受到了通报批评。李德林觉得既然市委书记、市长都被免职了，自己作为参与处理事件的副省长，也该主动辞职才是。于是，他主动给省委写了辞职报告。也许因为他是专家的缘故，省委没有批，省委书记在他的辞职报告上批了四个字："引以为戒"。

然而，当新任市委书记薛之恒到职后，始作俑者刘金鼎因不是"卧轨事件"的直接责任人，却未受任何处理。

不过，临别时，李德林还是批评了他，说："金鼎，这是个教训哪。你以为官就那么好当？"

可是，在个人感情上，两人又近了一步。

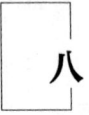

八

八月十五那天晚上，李德林是天黑才到家的。

这一次，李德林没有让司机送他回乡，而是悄悄地给刘金鼎打了一个电话，让刘金鼎带车在黄淮高速路口等着，尔后接他回村。还特意交代，不准他告诉任何人。

于是，刘金鼎按他的吩咐，一个人亲自驾车，在黄淮高速路口候着，尔后接上他，直接去了梅陵。

一路上，刘金鼎什么也没说，只告诉他："老师，过节了，我什么也没给你拿，就拿了两盒月饼。"

回老家探亲，李德林是带了月饼的。所以，他觉得两盒月饼，也不算犯忌，就"噢"了一声，说："以后不要这样。"

刘金鼎问："到了县城，停不停？"

李德林说："不停。我不是说过么，不要告诉任何人。这样，你把我送到离村一里地的地方，就回去吧。明天上午，老地方接我。"

车下了公路，拐过一块玉米地，天已经黑下来了。李德林下了车。此时暮野四合，风声萧瑟，前边灰蒙蒙一片，什么也看不清……他忽然觉得有些陌生，说："这路，不错吧？"

刘金鼎说："不错。现在的路，变来变去的……"

李德林说："行了。那就到这儿吧。"

刘金鼎从车后备厢里把月饼拿出来（一共四盒，有李德林从省城带回的两盒），提在手里，说："老师，这儿的路我熟。我把车停这儿，送你到村口吧。"

李德林说："也好，黑灯瞎火的，我还真有点迷。"

两人步行走了大约有半里多的样子，到了村口，刘金鼎说："老师，到了。"

李德林看见村头那棵老柿树，心一下子定了。此时，他回头看着刘金鼎，不由心里一热，接过金鼎手里提的四盒月饼，说："今天是八月十五，劳烦你跑一趟，你也快回去跟家人团聚吧。"

刘金鼎说："老师，这话就见外了。你回吧，老爷子还等着你呢。"

这时候，月亮从云缝儿里游出来了。月色像水一样地泻在地上，好大的月亮！村子里静静的，偶尔有一两声狗吠，怏怏的，就像是给人招呼，并不暴烈。走在凹凸不平的村路上，月光下，树影儿婆婆娑娑，一片灰白。恍惚间，李德林像是回到了童年……不由地，他叹一声，眼角里溢出了泪。他心里说：爹，对不住了。

可是，当他推开门，站在院子里的时候，他一下子愣住了。

那是月光下的一个剪影。堂屋里，一个梳齐耳剪发的女子，背对门坐着。她的对面，是他衰老的父亲。父亲两只腿伸在盆沿上，这个女子正准备给父亲洗脚……她把手伸在水盆里探了一下，尔后说："试试，烫么？"老人两脚伸进水盆，说："咦、嗯，好，正好。"

那女子一边洗，一边说："你这脚趾甲也该剪剪了。洗了，我给你剪剪。"

李德林怔怔地站了一会儿，走进门来，说："爹，我回来了。"

父亲说："是德林吧？我估摸着，也该回来了。"

李德林说："回来了。这位是……"

父亲高兴地说："彩，这是德林，我儿子。"接着，他又说："你得好好谢谢人家刘主任，人家刘主任可帮了大忙了。"

这时，那女子扭过头来，低声说："回来了？"说着，忙站起接过他手里提的月饼，放在桌上，尔后问："吃饭了么？"

李德林点点头，问："哪……哪个刘主任？"

父亲说："说是你的学生，叫个啥？你看我这记性……"

那女子接过话头，说："说是市里的。刘金鼎，刘主任，是他让我来的。"

李德林点点头，说："哦，我知道了。给你添麻烦了。"

那女子看了他一眼，说："照顾个老人，不麻烦。"

当天晚上，当爷儿俩坐下来的时候，父亲一个劲儿地夸这个名叫徐二彩的女子，说她来有两个多月了，天天晚上给他洗脚，饭也做得好，他每天都能吃上应时饭，而且很懂事，很会照顾老人。

再晚些的时候，一直在灶间忙活的徐二彩，给李德林端过来一碗热腾腾的酸汤面叶儿，上面还卧着两个荷包蛋。徐二彩把碗放在桌上，说："你跑一天了，垫补垫补吧。多搁了些醋，也不知你喜不喜欢。"

李德林立时就有了很温馨的感觉。这是地道的家乡饭哪！很多年前，冬日里，他发烧了，母亲曾给他做过。李德林说："好，闻着就香，谢谢，谢谢。"

徐二彩说："谢个啥。"

吃了那碗面叶儿，李德林头上出了些许微汗，心里更是暖洋洋的。他说："你擀的面叶儿，真好吃。我想问问，刘金鼎让你来的，是吧？"

徐二彩说："是，刘主任开车过来，找了俺村村长，村长又找了我。是刘主任开车把我送过来的。"

李德林说："那我就不说客气话了。你帮我照顾老人，还照顾得这么好，我非常感谢。可有句话，我还得问问，工钱的事，刘金鼎跟你说了么？"

徐二彩说："啥钱不钱的。刘主任说，老人年岁大了，你在省里工作太忙，先让我帮着照顾老人……我应下了，就这……"

李德林说："噢噢，那也不能……"

徐二彩接着说："刘主任去我家时，放下一万块钱，说是给的什么安家费。俺不要，他硬是塞给俺娘了。我说了，回头退给他。"

李德林马上说："应该的，钱不用退，我给他就是了。"

由于是初次见面，在李德林面前，徐二彩还是略显拘谨了些。她坐在那里，两手放在膝盖上，勾着头，问一句就说一句，也不多话。人呢，中等偏上的个头，看上去虽单薄了些，也还干净利落。在夜晚的灯光下，她的脸虚成椭圆形，只是下巴尖了一点，眉眼也都过得去，怎么看都是一个很本分的人。她的一口乡音，使李德林觉得没有疏离感，倒是在无形中给她加了分。当她站起来拿什么东西的时候，屁股扭动的样子，还是有几分可爱之处的。但是，在她的眼神里，仿佛还有一点什么，是执拗或是坚韧？李德林说不清。

两人又说了一些家常话。李德林问："你来这里，家里老人……"

徐二彩说："俺姊妹兄弟四个。我上边有一个姐，下边两个弟弟。父母都还结实，不用我操心。"

李德林说："大徐庄的，离这儿不远吧？得空常回去看看。"

徐二彩说："二十里地，不远。"

李德林迟疑着，问："你，多大了？"

徐二彩说："户口本上，二十九。实际，我二十八，虚了一岁。"

李德林"噢"了一声，故意笑着说："找对象了么？"

徐二彩舔了一下嘴唇,摇摇头。

李德林说:"太挑了吧?"

徐二彩不语。

后来,徐二彩告诉李德林,她大学考了两年,运气不好,都差几分。她之所以二十九岁还没找婆家,完全是因为她姐姐。她姐在黄淮市上了个师范,跟她的同学好上了,在外地找了一个,每年都开着车回来。她咽不下这口气,也想在外边找……就这么高不成低不就,给耽误了。

第二天早上,李德林起床后,发现饭已端桌上了:碗里盛着熬好的小米粥,小筐里放着现烙的小油馍,还有煮好的熟鸡蛋、一小碟咸菜,都是给出门人吃的,很可口。

李德林走的时候,徐二彩送他到村口。李德林原以为她还有什么要求,可她什么也没说,就默默地跟在他后边……恍惚间,李德林竟有了亲人般的感觉。

一里外,刘金鼎的车已候在那里了。李德林上了车,问:"人是你找的?"

刘金鼎说:"咋样?不行再换一个。"

李德林说:"行啊,老爷子很满意。那一万块钱,回头我给你。"

刘金鼎说:"只要人行,钱算啥?"

李德林说:"那不行。这钱,我必须给你。你要不接,我马上让她回去。"

刘金鼎忙说:"好,好,我接。"往下,他又试探说,"老师,你看这女子,长得虽一般,也还……朴实吧。"

李德林"嗯"了一声,说:"不是说好,让她先照顾老人么?"

刘金鼎说:"是,是这样说的。"

李德林说:"那就……再说吧。"接着他又说,"人嘛,看着朴朴实实的,没啥心眼。不过,我都五十的人了,比她大得多呀……"

刘金鼎说:"只要你愿意,她还有啥说的?"

李德林说:"主要是老爹这边,他有人照顾,我也就放心了。"

刘金鼎说:"那就先试用一段。"

这年的冬天,快过年的时候,李德林接到了刘金鼎打来的电话,说他父亲病了,高烧不退,已送到县医院了。

当李德林匆匆赶到县城医院的时候,他一下子傻眼了。这哪里是医院,简直就像是赶庙会!在医院的走廊里,竟挤挤搡搡地排起了长队。居然……居然还派有一名警察在维持秩序……当李德林绕过排队的人群往前走时,那个警察拦住他说:"同志,排队,排队去。如果是省里来的,可以提前……"李德林不明白他什么意思,说:"我就是省里来的。"那警察说:"真是省里的?省长他爹在二楼……那你……探视吧。"

一时,弄得李德林哭笑不得。他怔了一下,慌忙上了二楼。在楼梯的拐角处,李德林看见村长树山伯正咋咋呼呼地让人排队呢。树山伯看见他,招呼说:"德林,你可回来了。"李德林说:"树山伯,你这是……"李树山很兴奋地说:"来人多,我得替你招呼招呼。你爹这一回,可病得不轻啊。县里唐书记都来了,在病房里,你快去看看吧。"

此时,李德林虽然气恼,也不便多说。在二楼的楼道里,他又看见几个乡亲正在往楼道里搬花。那些鲜花、果品之类顺着楼道走廊已摆成了两行……李德林刚要跟乡人打个招呼,就见梅陵的新任县委书记唐明生等一干人从病房里走出来。李德林赶忙上前,责怪说:"小唐,你这是干什么?"

唐明生说:"李省长,看你这话说的!老人生病了,我能不来看看么?"

李德林皱着眉头说:"怎么这么多人?乱糟糟的,传出去,像什么样子?"

唐明生说:"省长,这你不能怪我呀。我也是刚听说信儿才来的。市里还有别的县份,人家非要来,我就管不了了。谁让你人缘这么好呢。"

李德林进了病房，一看住的还是套间。外间已站满了人，大多都不认识。他顾不上跟前来探病的人打招呼，直接来到病床前，看见父亲躺在病床上，正输液呢。李德林问："还烧么？"

站在床前的徐二彩说："输了一天水了，还烧着呢。"

李德林问："到底咋回事？"

徐二彩说："下雪那天，去地里搬了几棵白菜。不让他搬，非要搬，冻着了。"

正在这时，刘金鼎气喘吁吁地走进来。他一进门就说："老师，市里薛书记听说了，马上要过来。"

李德林急了，说："千万别让他们来。你就说，已经走了，回省城了。"

刘金鼎说："这，这，不合适吧？"

李德林当机立断，说："现在就走。金鼎，你替我要辆救护车，悄悄的。马上走，回省里治。"

这时，徐二彩说："那，还有这么多东西，咋办？"

李德林不耐烦地说："东西统统留下，不要了。都给树山伯他们，让乡亲们带回去。"

徐二彩怔了片刻，很茫然地说："那，我呢？"

这时，刘金鼎已全都安排好了。他打完了电话，走进来说："那还用说？还愣着干啥，跟车一块走。"

其实，这次老人生病，最受刺激的，当是徐二彩。她哪见过这样的阵势？最初，她以为老头也不过是下雪天搬了几棵白菜，受了风寒，躺一躺，熬一碗姜汤喝喝，就过去了，乡下人都这样。可躺了一天后，高烧不退，她害怕出什么事，这才用架子车把老人拉到了县医院。她是到了医院后，才想起打电话的。她就给刘金鼎打了一个电话（他给她留了电话号码），事情就起变化了。不到一个小时，先是病房换了，四个人的病房换成了套间；接着一群医生围过来，这个听听，那个听听；再后……这个变化让她目瞪口呆！

似乎在一天之间，让她长了不少的见识。

九

那天晚上的事情，是谁也无法说清楚的。

李德林说不清楚，徐二彩也说不清楚。后来，他们各自都在想，这是命运么？

大年三十的晚上，李德林在"农科大"的住处终于有了家的氛围。不管怎么说，父亲住到城里来了。这个家现在有三个人：一个是刚刚病愈出院的老父亲，一个是忙里忙外的徐二彩，一个是他自己。门口已贴上了新的对联；锅里煮着徐二彩包的饺子，还有下酒的几碟小菜……门外爆竹声声，中央电视台播放的新年联欢会就要开始了，一切都很温馨。

就在这时候，在李德林很模糊的意识里，还是把徐二彩当保姆用的。腊月二十七，老父亲病好出院那一天，李德林用很感激的语气说："二彩，这么多天，让你一直忙里忙外，太辛苦了。这样，马上要过年了，这三千块钱，你拿着。上街给自己买几件衣服，再买些礼物，回去陪家里的老人过个年吧。"说着，他把准备好的三千块钱，放在了徐二彩的面前。

徐二彩迟疑了一下，说："老人的病刚好，你这里连个做饭的人都没有。要不，还是等过了年吧。过了年，我抽个空儿，回去看看。"

其实，这些天，李德林对她已经有了些依赖。她要真走了，大过年的，连个做饭的都没有。他自己还好说，还有父亲呢。李德林说："也好。不过，你还是要给你家里打个电话，说一声。"

徐二彩却突然说："鸡，鸡还在锅里炖着呢。"说着，慌忙跑厨房去了。

这天晚上，九点钟的时候，老头喝了两杯小酒后，看着新年晚会，不时呼噜两声，已开始歪在沙发上打瞌睡了。徐二彩把一盆热水端到他跟前，轻轻地拍拍他："老爷子，醒醒。咱烫个脚，睡吧。"

老头睁开牵蒙着的眼，说："中，中啊。看你累的，一头汗，也早些歇吧。"

徐二彩给老头洗了脚，扶他进房间里睡下。这才坐在电视机前，陪着李德林一块看电视。看着看着，她说："大冬天，怎么这么热？"说着，她把穿在身上的外衣脱掉了。

李德林见她把外衣脱了，上身只穿一件粉红色的内衣，就说："还是披上吧，小心着凉。"

徐二彩说："不会，我一头汗，这屋里太热。"她一边说一边"叭叭"地嗑着瓜子。

李德林说："过年嘛，暖气会烧得比平时热一些，猛一下，你不习惯，习惯就好了。"

看了一段相声后，李德林见徐二彩嗑的瓜子皮撒在了地上，就看了一眼，也没说什么。可徐二彩即刻站起身来，说："我扫，我扫扫。天干，我把地再拖一遍。"说着，径直进了卫生间，拿抹布先把茶几旁的瓜子皮撮掉，尔后，又把拖把湿了，拿着拖把拖起地来。拖到沙发前的时候，徐二彩说："你别动，把脚抬起来就是了。"

李德林抬起脚，看着她一扭一扭的样子，说："不是有加湿器么？"

徐二彩却说："你喝了些酒，待会儿，我给你做碗醒酒汤吧？"

李德林说："不用了。你坐下，歇会儿。"

徐二彩说："我这个人，闲不住，越坐越热。"说着，她放下手里的拖把，又去打了一盆热水，端到了李德林面前，说："你也烫烫脚吧。"

水盆已放在了李德林面前，他只好把鞋脱了，两只脚放在了水盆里……徐二彩搬了张小凳，坐在了他的面前，很自然地伸出手来，给他洗脚。

这一刻，李德林的神色有些恍惚。说来，是他的脚趾头先有感应的。他的脚趾头在热水里泡着，经徐二彩的手这么一顿抚摸、揉搓，一股滋润、滑软、微微发痒的感觉直冲他的脑门，真舒服啊，太舒服了。尔后，不知怎的，他就有了生理上的反应了，下边硬硬的。他想忍住，可下边不听指挥，就像闸门开了似的，怎么也忍不住。于是，他不好意思了，身子慢慢地往沙发上靠，嘴上说："这暖气烧的，就是热。"

李德林一边往后移着身子，一边借机再次打量着徐二彩。徐二彩毕竟年轻，年轻女人身上散发出的气息有一股熟桃子一样的气味。那还不光是熟桃子的气味，那是一种有光泽的、灼灼的、火焰一般的、混合着湿漉漉汗气的肉香。还有，她的头发上飘散着一股好像是来自田野的、熏熏的、野草一般的气息。那气息有别于往日记忆，却又像是在唤醒什么……拉开一点距离看，她那张脸，虽然说不上美丽，但被汗水浸着，倒也有几分生动。单眼皮下，那双眼睛被睫毛遮着，像是有一点点羞涩，一点点波动，眼神儿一躲一躲，惊鹿似的，不由得让人怜爱。两只耳朵像是扎了眼儿，却并未挂耳环什么的，耳垂儿薄薄红红，透着光亮，映出那一脉一脉的细小血管。这是一个既陌生又近在眼前的胴体呀！

到了这时候，李德林内心还是有些挣扎。刚好，电话铃响了，李德林穿上拖鞋，站起来去接电话。徐二彩也端起水盆，倒水去了。

电话都是拜年的，大多是地方上的市长、书记，也不多说什么，意思到了……李德林打着哈哈，一一应付着。

到了快十一点的时候，徐二彩说："还是热，我冲个澡去。"

李德林说："电的，知道怎么放水吧？"这句话有些多余，徐二彩在这个家已不是一天两天了。

徐二彩说："知道。就冲一下。"说着，跑卫生间去了。

李德林坐在沙发上，又吸了两支烟，脑子里依然很乱。他掐灭烟蒂，站起身，走了几步，准备回自己房间。这时候，徐二彩刚好裹着一条浴巾从浴间跑出来，两人不期而遇，一下子撞在了一起。李德林几乎是下意识地赶忙扶住她，两人就这么贴在了一起。当一个年轻的肉体贴在身上的时候，"轰"地一下，李德林内心起火了。

就在这时候，徐二彩用颤抖的声音说了一句话，这句话具有爆炸性的效果。徐二彩身上披着的浴巾已滑落在地上了，胸前的两只小乳房直朔朔地、像跳兔一般地耸在他的眼前。她赤裸裸地偎在李德林的怀里，颤抖着说："你尻我吧。"

这个"尻"字，完全是来自乡野，来自无边的高粱地，带着刀叶和绿光，甚至带着刀耕火种时期的原始兽意，有野合一般的飒爽，是李德林童年里从汉子们嘴里学到的第一个字。这个字带着几分野性和匪气，带着强悍与蛮力，带着一种主宰一切的雄性意味，太刺激了！

李德林二话不说，拥着徐二彩往房间里走去。

第二天早上，当他们从睡梦中醒来，李德林蓦地发现，他身边怎么还睡着一个人呢？他怔了一会儿，于是，昨晚的事历历在目……李德林扭过身，问："你，还热么？"徐二彩什么也不说，扭动了一下身子，像小猫一样地偎过来。尔后，她抓住李德林的手，按在自己的乳房上，悄声说："你摸摸，还烫呢。"李德林再一次冲动起来，他换了个姿势，又做了一次。他一边做一边问："你昨晚说什么？"徐二彩哼叽着说："没……没说啥。"李德林说："你说了，你再说一遍。"徐二彩迷迷糊糊地说："没没没……没说啥呀。"李德林说："你再想想。"徐二彩想呀想呀，忽然就明白了，她大声说："尻……尻……尻，你使劲尻，尻死我吧！……"李德林一泻千里。

此后，两人筋疲力尽、大汗淋漓地躺在床上。过了一会儿，徐二彩先是坐起身，从床头柜上拿过一包烟，抽一支，给李德林点上。尔后，她再一次偎过来，把烟放在李德林嘴边，说："咱俩都这样了，你可不能不要我。"

李德林缓缓地吸了两口烟，尔后说："等过罢年，咱就去登记，好吧？"

徐二彩说："中，这中。"

李德林说："不过，我有几条要求。"

徐二彩说："你说，我都听你的。"

李德林说："我的情况你都清楚。第一，照顾好老人，做好家务。"

徐二彩说："那还用说？放心吧。"

李德林说："第二，不能假公济私，干预政事。"接着，他又补充说，"就是说，你只负责管好家里。外边的事，一律不准过问。"

徐二彩说："中，也中，我不问。"

李德林说："第三，不经过我同意，不准接收任何人的礼物，特别是红包什么的，一分钱也不能收。"

徐二彩说："那要是亲戚呢？"

李德林说："亲戚也不行。"接着，他说："凡送礼，都是找你办事的。你又不能给人办事，收人家的礼干什么？"

徐二彩想了想说："中，中，我都听你的，这行了吧？"

李德林觉得语气重了些，拍拍她，又缓和说："这约法三章，不光对你，也对我。你记住了吧？"

徐二彩说："记住了。你想吃点啥？"

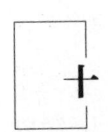

十

三个月后，徐亚男怀孕了。

当上副省长的夫人后，徐二彩到乡派出所悄悄地把户口迁了，名字也改了。她自己把名字改成了徐亚男。进了省城，见了一些人，她就觉得"徐二彩"太土了，都有人称她为"夫人"了，她还能叫"彩"么？她心里说，她再也不能让人"踩"了。她想尽快地把土气洗掉。从此,她不允许任何人再叫她徐二彩。

迁户口的时候,按惯例,派出所的小民警本想刁难她一下,说:"你放这儿吧,办户口的不在。"徐二彩还像往常一样求告说:"同志,我是从省城来的,跑一趟不容易,你就给办了吧。"那民警斜了她一眼,说:"你从天上来也不行。哪有跑一趟就办成的?回去等着吧。"徐二彩立时火了,她把结婚证"啪"地往桌上一拍,脱口说:"你眼瞎了?看看我男人是谁?!"这个小民警还有点不识相,见她放了狠话,就用蔑视的口吻说:"你男人是谁呀?"徐二彩气昂昂地说:"李德林。"小民警一时没回过味来,说:"我管你马德林、牛德林,啥球德林也不行!"徐二彩立时抓起电话,一边拨号一边气嘟嘟地说:"好,省长你不认识,县委书记你总知道吧?我现在就给老唐打电话。我要问问,唐明生这个王八蛋,是咋教育的?……"

立时,那小警察回过味来了。他终于明白他惹麻烦了。他一把抓住徐二彩的手,说:"嫂子,对不起,我错了,错完了,你饶我这一回。我马上办,现在就办。"说着说着,眼看着就要急哭了。

徐二彩"啪"地撂下电话,说:"我看你是欺负人欺负惯了,敬酒不吃吃罚酒。办,赶紧办,名字也给我改了。"

那小民警一边办手续一边巴结说:"实在对不起,我想起来了,李省长是从咱县出去的。怪不道呢,嫂子也是咱县人……"

就此,徐二彩摇身一变,成了徐亚男了。

徐亚男回到省城,关于迁户口遇上的事,她一字未提。李德林问:"户口办好了?"她说:"办好了。"李德林说:"你都怀孕了,别成天跑来跑去的。户口,早晚都可以办。你急什么?"徐亚男说:"我没事,还早着呢。咱的孩子,肯定皮实。"接着,她贴近李德林,扒着他的肩膀,说:"你猜,我怀的是男孩还是女孩?"李德林说:"这我哪知道。"徐亚男悄悄地说:"我回去找瞎子算了,是个男孩。"李德林说:"算卦都是骗钱的,你别信那一套。"徐亚男说:"不骗你,瞎子算得可灵,真的是男孩。"李德林说:"好。我家三代单传,要真是男孩,你就是我李家的功臣。"徐亚男撒娇说:"这话可是你说的?"李德林应道:"是我说的。"徐亚男说:"那,今晚上,你该交'公粮'了。"李德林迷瞪了,说:"这都啥年月了,交啥子'公粮'?"徐亚男说:"就是那个嘛。"李德林说:"哪个?"徐亚男说:"你非让我大声说的'那个'……"李德林明白了,说:"这个时候了,还敢?"徐亚男说:"敢,可敢。"

自从当上了副省长的夫人,自从改了名字后,徐亚男已有些醉意了。这当然不是酒醉,是什么"醉"呢?那又是说不清的。首先,她见的人与以往大不一样了。那都是些有学问、有头衔的各路人物,或者是一些市长、厅长之类,说起话来都是一套一套的,很有讲究。其次是,她从未受到过如此的"尊重"。这样的"尊重"也是她在过去的人生中从未体验过的,自然是十二分的受用。一个出身于小门小户人家的农家女儿,一个从徐家庄走出来的乡下姑娘,猛一下有这么多人"尊重"她,她焉能不醉?可她不知道的是,有时候,"尊重"是一剂慢性毒药。当一个人习惯被"尊重"的时候,她就危险了。

李德林是管农业的副省长,在外开会时间多,在家的时间少。每每李德林不在家的时候,她总是先把老爷子扶到门外去,说:"晒晒暖儿。"尔后,徐亚男就不由自主地背起手来,在屋子里巡视一般地走来走去。看看这里,又看看那里,翻翻这里,又翻翻那里。那些放在桌上的、盖有省政府大印的"红头文件",她手蘸着唾沫,一页一页地翻过去、又翻过来,鼻子里"哼"一声……十分惬意。

一天,她从柜子里翻出一条长条的细羊绒围巾。这条围巾太漂亮了,洁白、柔软,像雪一样。徐亚男把围巾挂在脖子上,站在镜子前,头慢慢地昂起来。

正在这时，她听见了脚步声，接着是一声断喝："放回去！这不是你的东西。"

徐亚男吓了一跳！她回过头，见李德林匆匆走回来，一张脸黑凤凤的。

徐亚男说："你，怎么回来了？"

李德林沉着脸说："有份文件，我忘带了。"

接着，他走上前去，毫不客气地一把把徐亚男挂在脖子上的围巾扯下来，匆匆走进里屋去了。

徐亚男有些发懵，愣愣地站在那里，一时不知如何是好了。

李德林拿了文件，匆匆从里间走出来，看徐亚男眼里含着泪，又有些不忍心，解释说："那是别人的东西，你不要动。你想要，买一条就是了。"说着，就往外走。

徐亚男说："你站住。那东西，是谁的？"

李德林说："别人的。我还有会，回来再说。"

徐亚男说："我知道，是你前妻的。"

李德林说："是。"就这么随口应了一声，快步走出去了。

李德林走后，徐亚男心情极坏。她先是跑进里屋，把那条藏在柜子里的围巾找出来，"呸呸呸！"一连往上边吐了三口唾沫，尔后又扔在地上用脚踩了三脚，仍不解气，就找出一把剪子来，把那条围巾剪成一条一条的，用塑料袋装了，扔到门外的垃圾箱里去了。

这一天，她的心绪糟透了。刚好，正没窟窿儿犯蛆呢，碰上一卖藕的。上午十点多的时候，刘金鼎夹着两条烟，推门走进来。因为是熟门熟路，刘金鼎也不客气，对徐亚男说："彩，咋样啊？还习惯吧？"

不料，徐亚男火了："彩什么彩？彩也是你叫的？你谁呀？你也想踩咕我？谁都想踩我？做梦去吧！"

刘金鼎一下子愣了，说："怎么生这么大气？谁惹你了？"

徐亚男没好气地说："给你说多少遍了？我改名了，我叫徐亚男！"

刘金鼎即刻意识到了，马上道歉："好，好，我知道了。亚男好，这名字好。小嫂子，我以后一定注意。"

可是，徐亚男却不依不饶地，突然发难（也不再称他"主任"了，过去她总是一口一个主任），直呼其名："老刘，刘金鼎，我问你，你到底跟谁是一头儿的？"

刘金鼎懵了，说："啥……啥意思？"

徐亚男气呼呼地说："你是我的媒人，对不对？是你把我日白（介绍）来的，对不对？"

刘金鼎说："是，是呀，怎么了？"

徐亚男说："那我问你，你屁股到底坐在哪一边？偏了吧？"

刘金鼎问："你到底想说啥？"

徐亚男说："你别以为我不知道，给前窝儿（前妻）的钱，都是通过你送的，对不对？"

刘金鼎明白了，李德林给女儿的抚养费、学费，的确是通过他转交的。刘金鼎说："小嫂，你误会了。那是给老师女儿的学杂费……"

徐亚男说："我不管你这这那那，以后你少掺和前窝儿的那些烂事。离婚了，还成天勾勾搭搭的，啥意思？从今往后，断绝来往，一分钱都不能给。我只要再听说一回，你以后就别想进这个家门！"

一听这话，刘金鼎气坏了，二话不说，夹起皮包就走。如今他已是黄淮市的市政府副秘书长了，好歹也是个正处级，哪受得了这样的叱责？出了门，他忍不住骂道："什么东西？！"

中午，徐亚男做饭时，下水道堵了。污水一下子从水池里漫出来，整个厨房都臭烘烘的……她没有办法了，也不知找谁才好。于是，情急之下，她发现电话机旁有一电话号码本，拿起来翻了翻，见上边有省政府办公厅的电话，就拨过去了。对方是一个办公厅副主任接的，说："您好，找谁？"徐亚男泼口就说："找谁？你说找谁？你们也太不像话了，那下水道是咋搞的，污水横流，臭烘烘的，还让不让人活了？！"办公厅副主任怔了一下，郑重地说："请问，你哪里呀？这是省府办公厅。"徐亚男学着说："这是李德林，李省长家！"办公厅副主任说："我明白了。对不起，是我们的工作没做好。你稍等，我马上派人过去。"

徐亚男怎么也想不到，就是这个冒冒失失的电话，二十分钟后，省府办公厅后勤科的科长带着三个维修工，急匆匆地赶来了。又过了一会儿，"农科大"后勤科的人也匆匆赶来了（李德林住的仍是"农科大"的房子）。一下子竟然来了两拨人，把屋里屋外所有的管道全换了一遍。临走时，连垃圾都拾掇得干干净净地提出去了……徐亚男站在那里，乍撒着两只手，一直愣愣的。

到了下午，徐亚男的心情才慢慢好些了。可就在这时，她接了一个电话，心里的火又蹿上来了。这个电话是找她的，她的亲弟弟旺家在电话里说："姐呀，你得管哪，狗蛋出事了！"她一听就恼了，对着电话吼道："别给我说小名，啥狗蛋驴蛋，多难听。说事儿。"旺家说："老二旺才，让人讹住了，抓到派出所去了！"徐亚男说："在家好好的，人家讹他干啥？"旺家说："他骑一机动三轮，在公路上撞着人了。撞得也不重，人家非讹他两万块钱，他没钱，派出所就抓人了……"徐亚男对着电话说："该找谁找谁。我不管！"说着，"啪"一下把电话撂了。

过一会儿，旺家的电话又打过来了。旺家在电话里带着哭腔说："姐，家里都坍天了，你真不管哪？娘都哭晕过去了，老二媳妇也闹着退婚呢……"徐亚男说："你姐夫说了，不让我管家里的事。别找我，我不管！"说着，就又把电话撂了。

徐亚男心烦意乱地在屋里走着，她不时地瞄瞄电话本，又把头扭过去了。过一会儿，她再看看电话……身不由己地往电话机前走。到了电话机前，她又迟疑了，心说：老天，我打给谁呢？电话机旁有两个小本本，一个是省直的，一个是地市的。她拿起来翻了翻，翻着翻着她翻到了梅陵唐明生的名字，名字后边是手写的电话号码。她骂了句：娘那脚。

尔后，她拿起电话，拨起号来。电话接通后，唐明生说："哪位？"徐亚男说："唐书记，是唐书记吧？我是德林家的……"唐明生在电话里笑了："小嫂子，你咋想起给我打电话了？有指示？"徐亚男说："本来不该打这个电话的，德林也不让我打……可有点事想麻烦你。"唐明生说："说，啥事，你说。"徐亚男说："是我亲兄弟的事。他开三轮车出了点事，事不大，但派出所把人抓了……"唐明生迟疑了一下，说："小嫂子，要叫我说，这事你真不该管。不过，你既然说了，我问一下，哪个派出所？"徐亚男说："花镇，花镇派出所。"

下午六点，旺家的电话又打过来了，说："姐呀，你放心吧，旺才放出来了，是县委唐书记亲自打电话……"徐亚男说："我知道。以后别给我惹事。"

到了晚上，徐亚男小心翼翼地侍候着李德林，可李德林还是一脸地不高兴。吃饭的时候，李德林说："谁让你打电话的？以后不要动不动就给办公厅打电话。这样不好，很不好。"徐亚男很委屈地说："水漫了一厨房，臭烘烘的，我也是没有办法……"李德林说："我在这儿住了七年，从来没堵过。怎么你一来就堵了？还是你不注意。"

徐亚男说："好，好，我以后注意。"

饭后，徐亚男低眼蹙眉地偎在沙发的角上，一只手捂着肚子……

李德林看看她，说："怎么了？不舒服。"

徐亚男蹙着眉头，小声说："孩子踢我。"

李德林忙走过来，蹲在她面前，说："是么？我听听。"

徐亚男说："你听听，还说不是儿子。呀呀，又踢呢，又踢呢。"

李德林头贴在她的肚子上，听了好一会儿，说："回头，咱得雇个人了。"

徐亚男说："雇人干啥？"

李德林说："雇人照顾你呀。"

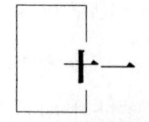

十一

李德林跟徐亚男结婚不到三年，他后悔了。

李德林心中的悔意如滔滔江水滚滚而来……几乎肠子都要悔青了！

特别是徐亚男生了个男孩后，她就像是打了个翻身仗似的，一下子变得趾高气扬，处处以李家的功臣自居。最先，她只是对请来的小保姆呼来唤去、横眉竖眼的，动不动就把小姑娘给骂哭了。她训斥道："那冰箱里的鸡蛋是不是你偷吃了？吃了几个，给我吐出来？！"对老父亲说话也越来越不客气。老爹想抱一抱孙子，她没好气地说："你一边去。老木呵嚓眼的，把孩子摔了咋办？"到了后来，她竟然开始给李德林立规矩了，也是约法三章。

徐亚男刚生孩子的时候，李德林对她的关心的确是无微不至。她想吃什么，就给她买什么；在医院的时候，她让李德林给她洗脚，李德林就慌忙去打热水，给她洗脚……那时候，李德林也觉得她给李家生了个男孩，李家终于有后了。她就是李家的功臣，尽量满足她的一切要求。是啊，孩子太可爱了。那小脸、小手、小脚丫儿，肉嘟嘟的，李德林百看不厌。徐亚男也总是把孩子举起来，让他看孩子的"小鸡鸡儿"。李德林则生怕摔了孩子，连声说："慢些，危险……"在那段时间里，李德林可以说是百般呵护，一直宠着她。可这么一宠，把她给宠坏了。

徐亚男生了孩子后，七天出院。出院后的当天晚上，徐亚男坐在床上，敞着怀，奶孩子的时候，总是让李德林先吮两口，等吮出奶来，再让孩子吃。李德林自然很乐意干这事。往下，不管徐亚男说什么，他都会答应。后来徐亚男变了花样，一边让孩子吃奶，一边让李德林抚摸她的乳房。她说：

"奶子胀，你得给我揉揉。"李德林心里美滋滋的，说："不正吃着么，咋揉？"徐亚男说："小乖乖吃那个，你老乖乖揉这个嘛。"李德林刚伸出手揉了一下，竟"嗞"了他一脸的奶水。徐亚男笑了，说："看你笨的。"李德林也笑了。这时，徐亚男就说："你说过的话，可不能不算数！"李德林说："算数，保证算数。"徐亚男说："你说过，只要是男孩，我就是家里的功臣。以后凡是家里的事，你都得听我的。"李德林说："好，好，听你的，家里的事，都听你的。"徐亚男说："咱有儿子了，以后，这个家，都是咱孩子的，你心里不能有别人。"李德林说："这你放心，除了爹，我女儿，不会再有别人了。"徐亚男说："爹是爹，你闺女是前窝的。我说的是咱一家三口。"李德林不想再争辩，就说："是，你说得对。就咱一家三口，好好过日子。"徐亚男说："说起过日子，我也得给你立个规矩。"徐亚男说着，给孩子换了乳头，李德林又接着抚摸那个小乳房，一边应道："你说。"徐亚男说："头一条，家里吃喝都是我管。你的工资和奖金，得按月上交。第二条，孩子满月后，每隔三天交一次'公粮'。只准你交'公粮'，不准卖'余粮'。第三条，不准跟你的前（妻）一窝儿有任何来往。"李德林听了，默默地，什么也没有说，也就算是默认了。

孩子满月的时候，徐亚男非要给孩子做"满月酒"，还要大宴宾客。李德林坚决不同意。李德林说："我现在这个情况，太招摇不好，有人会说闲话。自家人一块吃顿饭就算了。"徐亚男说："这孩子是偷的、拐的？卖×卖的？谁敢说闲话，我撕烂他的×嘴！"

李德林看她说得这么难听，一下子怔住了。

徐亚男昂着头，说："我给李家生了个大胖儿子，我为啥不能露露脸儿？我就是要让亲戚朋友们都知道，我给你李家生了个儿子，你李家有后了！咋？！"

李德林仍然坚持说："不行就是不行。"

徐亚男说："你不让摆酒，我娘家这一关都过不去！哼，你不让在省里摆，我去乡下摆。这行了吧？"

李德林迟疑了一下，仍然说："不行。"

徐亚男二话不说，上前在孩子的屁股上拧了一把，孩子哇哇地哭起来……她抱起孩子，对小保姆喝道："跟我走。"

李德林只说了一个字："你——"

就这样，徐亚男不顾李德林的反对，径直带着孩子回乡了。

孩子满月这一天，可以说是徐亚男一生中最为辉煌的一天了。在这一天里，她的头一直高高地昂着，尊严得到了极大的满足。后来，徐亚男曾私下里对人说：她这一辈子，值了。

"满月酒"是托梅陵县委书记唐明生预订的。由于是唐明生出面，不光酒水的费用全免，其他费用还打了五折。酒店的老板知道是省长大人喜得贵子，一直跑前跑后地张罗，头点得像孙子一样。

这一天，梅陵大酒店门前摆满了花篮，酒店的一、二、三层全包了，整整摆了六十六桌。在一楼大厅右首，靠门的地方，站着徐亚男，她旁边是抱着孩子的小保姆。这天，徐亚男是特意化了妆的：嘴唇鲜红；眉毛是剃了后新描的，乍一看很浓；头发是新烫的，波浪式卷着；身上穿着（城市白领们上班时穿的那种）天蓝色的制服套裙，也像模像样地缀了一朵红色的胸花；脚下是一双半高跟的缀有蓝白条纹的软面羊皮鞋，肉色筒袜，乍一看就像是摆在橱窗里的模特，很惹眼。她站在那里，学电视里的样子，两手放在胸前，摆出了一副接见外宾的姿态。在她身后不到两米的地方，摆有一张长条桌，桌上铺着绿呢桌布，还有笔墨字砚，那是专门给贺客们登记用的。长条桌两旁，是两棵高大的"发财树"，桌子后边，坐着徐亚男的两个弟弟，一个是旺家，一个是旺才，他们二人一个负责收红包，一个负责登记。

最先到的，自然是乡亲们。娘家人，婆家人，沾亲带故的，一群一群地拥进酒店。娘家村里人由"老驴脸"带着，"老驴脸"是他的绰号，他是村长，人们喊习惯了，都叫他"老驴脸"。"老驴脸"走到徐亚男的面前，说:"彩呀,哟哟,打嘴打嘴,男,咱亚男,生龙子了,不赖。大喜呀!省长没回来?"徐亚男望着这个在她童年里曾多次呵斥过她、见了他就打哆嗦的"老驴脸",瞬间像是报了一箭之仇,笑着说:"来了,支书伯。德林也想回来,我没让他回,怕影响不好。""老驴脸"说:"那是,那么大官,不回来也对。"接着又招呼说:"都记着,不能再叫彩了。亚男,咱亚男,是吧?这孩子,多虎实……"众乡亲围上来,有的挎着装满鸡蛋的篮子,有的扛着毛毯,有的提着一串新做的"虎头鞋",有的拿着红包……有叫姐、叫妹的,有喊姨、喊姑的,叫闺女叫侄女的……夸声、赞叹声不绝于耳。

婆家人由树山伯领着,也都拥来了。李树山说:"彩呀,彩呀,头一眼见你,我就觉得德林找对人了。还是咱梅陵人啊,一炮就中。你看生了不是?李家有后了,大喜大喜!德林呢?这么大事,咋说也该回来一趟啊?"徐亚男听他还是"彩呀彩"地叫,心里很不高兴,可她忍了,说:"树山伯,咱家里人都来了吧?"李树山说:"来了,都来了。咱自己的事,亲一窝,能不来么?"众人拥上来,有喊小嫂的,有喊弟妹的,有喊侄媳妇的……有核桃、有红枣、有花生、有柿饼,一布袋一布袋的。当然,还有红包。

来贺的第三拨人,是一些做生意、办企业的。这拨人大多是本县的,也有从外地专程赶来的。这拨穿西装、拿手机、夹皮包的人,徐亚男大多都不认识。他们来的目的,也就是想让省长夫人"认识"他们。他们大多想的是"也许"和"以后"的事情,所以,他们围徐亚男的时间要长一些,话说得非常亲近。一个个递上名片,自称"表兄"或是"表弟",特别希望徐亚男能记住他们的脸和名字……自然,红包也厚。

到了十一点后,才陆陆续续有官员的小轿车开过来了。李德林得子做"满月酒"的消息,是梅陵的县委书记唐明生有意无意传出去的。在市里开会时,他把消息透给了市委书记薛之恒。薛之恒开初有些迟疑,说:"这不好吧。李省长回不回?"唐明生说:"他夫人没有说,好像……"薛之恒挠挠头，说："在县里大酒店办的？"唐明生说："是，让我给安排的。"薛之恒说："我这老同学，娶一小嫂子，高兴过头了。你说，不去不好。可我一个市委书记，要是去了，免不了让人说闲话……这叫什么事？"接着，他问："别的市呢？咋说。"唐明生说："好像，也有人打电话问……"薛之恒说："这样，你打电话问一下，看其他几个地市是咋安排的。中午时，我去一下，不在那儿吃饭。"唐明生说："好。那，市里各局委呢，通知不？"薛之恒说："你看着办吧。"就此，电话打来打去，邻近的几个市的书记、市长和一些县里的官员都知道了。

　　官员们大多是踩着点来的。十一点半左右，官员们到了。他们分两拨，一拨是一些地市的市长、市委书记；县长、县委书记们，他们都各自带着办公室主任，一来就跟徐亚男打哈哈："小嫂子，祝贺祝贺。咋弄的，这么年轻，跟十八样？好，好，孩子多好！跟省长说，他欠我一顿酒。"尔后，由办公室主任去后边的长条桌前交上红包。交上红包后，也不多停，立马就走了。另一拨则是"农口"的干部，他们大多是地、市、县的科、局长们，这帮人多，也不敢太造次，一口一个"小嫂子"地叫着，送上红包，说几句祝福的话，匆匆来匆匆去，也不吃饭。徐亚男最喜欢听的就是这句"小嫂子"，只要有人叫她"小嫂子"，她即刻眉开眼笑。她说："你看，你们怎么知道了？德林不让说。来的都是老乡……"

　　最后一个到的，是黄淮市新任的市委书记薛之恒。这时候，酒宴已经开始了，整个大堂猜拳行令声不绝于耳，闹哄哄的，就像是一个巨大的蜂房。这时，徐亚男刚坐下喘口气，正在给孩子喂奶。唐明生陪着薛之恒走进来，薛之恒打着哈哈说："小嫂，在我这地界上，你来办事，也不打个招呼？"徐亚男说："谁说没打招呼？你大书记忙，我给小唐书记说了。"薛之恒说："跟他说了不算，他能当家么？"徐亚男说："那不怪我，德林不让说。"薛之恒说："不让说你就不说了？下次一定告诉我。"徐亚男说："好，这可是你说的。我有事就找你，你可别嫌烦！"薛之恒又是一阵哈哈,尔后眼瞅着唐明生。唐明生马上说:"你弟弟,回去了吧?"徐亚男说:"回去了,还得谢谢你小唐书记呢。你下回去省里,我请你喝酒。"唐明生说:"谢啥,回去就好。"往下,薛之恒说:"对,以后有事就找小唐。"接着又哈哈一阵,就告辞了。这一次,薛之恒并没有送红包。不过,他吩咐唐明生,悄悄把办"满月酒"的账给结了。

这次酒宴,唯独刘金鼎没有来。那是老师不让他去。事后,刘金鼎打电话告诉李德林说,徐亚男张罗着在梅陵县城一家酒店摆了一百桌!各地都去了人,小轿车停了一道街。刘金鼎说:老师,很不好啊,影响你的声誉呀。

李德林放下电话,捧着头,蹲下了。

第二天,徐亚男抱着孩子,带着娘家和婆家的几十口子亲戚,带着几篮子红皮鸡蛋,还有……像得胜的将军一样回来了。当天虽走了一些人,还留了十几口子,屋里屋外全是人……没办法,只好安排在"农科大"招待所。一住住了三天。

回来后,徐亚男还当着众人叱责说:"你那个学生刘金鼎,这么大事,连个面都不照,什么东西?以后别理他!"

当着亲戚的面,李德林也不好说什么。可从此后,他又不愿意回家了。

在这段时间里,李德林的心情特别不好。家里就不说了,乱糟糟的。出了门也有不少的烦心事。尤其是,他的那个被列入国家项目的"双穗小麦"培植计划,试验一直没有成功。自从他当了副省长后,这个课题虽然仍是他亲自抓的,但他已没有时间具体参与了,整个培育过程他都交给了他的研究生。可他的那些研究生们,在一次次失败后,居然也有人开始质疑他的"小麦理论"了……李德林很痛苦,可以说非常痛苦。他后悔极了,自从跟这个梅陵徐家庄的女人结婚后,他觉得自己就像是温水里煮的"青蛙",日子一天不如一天,到了他知道"烫"的时候,事已晚矣。在此期间,李德林痛定思痛,悔不当初,何其如哉?!思前想后,由他的"小麦理论"引申到个人情感,他突然发现,人和植物到底不一样。每个人都是单个的个体,所谓的朴实和善良，是不能归类的。那么，徐亚男呢？

是的，那天晚上的记忆是毁灭性的。许多天过去了，李德林仍对那天晚上发生的事情忧心忡忡。他不敢想，她怎么就敢、她怎么就会、一下子做出那样的事情呢？！

但是，离婚的决心，他是下定了。

第三章 平原客

也许是职业习惯，赫连东山的脸阴的时候多，晴的时候少，就那么一直煞着，甚至可以说有点小狰狞。这张黑脸唯一有光亮的地方，就是他的眼睛了。他那一双眼睛，就像是充了电的钻头，所有的能量都聚焦在一个点上，一下子就钻到人心里去了。普通的犯人，与他对视不到三分钟，就尿裤子了。

一

当赫连东山活到五十八岁，就快要退休的时候，他一下子懵了。

因为，他突然发现，眼前的世界，跟他的想象完全是两种样子。就像是一个人怀揣着巨大的热情和理想，吃尽千辛万苦，要奔向一个地方，可到了地方一看，却是南辕北辙。

这就好比明明种的茄子却长成了丝瓜；明明浇的是淡水却结出了海盐果；明明天天剪枝修权路漫漫其修远兮却依旧横生野长狼毒一片。可这又像是养跳蚤却收获了龙种，屎壳郎一不小心竟然推出了金蛋子；癞蛤蟆纵身一跃居然幻化成了天鹅；还真个就是秋风一醉醒了泥鳅，老锅苦熬不敌弱水三千；古道西风瘦马，枯藤老树昏鸦，断肠人在天涯！到了今天，他终于明白了，什么叫作五味杂陈。在暗夜里，他常常痛苦万分地对自己说：我怎么生了这样一个儿子？

赫连东山有一个绰号——刀片。赫连东山还有一个"敌人"，那是他的亲生儿子。这个绰号居然是儿子给他起的。

赫连东山的儿子名叫赫连西楚。他也只有这么一个儿子。

儿子出生时，他刚刚破了一个大案，被公安部授予三等功的奖励。生儿子时，赫连东山忙于破案，没能在医院守候，心里有愧，歉歉的。那一天傍晚，当他匆匆赶到医院的时候，儿子已经降生了。他站在产床前，愣愣地看着褓褓中的儿子，欣喜万分，两手乍乍地，竟有点手足无措……于是就把那刚刚到手的三等功的奖章挂在了新生儿的脖子上，以示歉意。可儿子并不领这份情，哇哇大哭，好像并不把父亲的奖章放在眼里。

赫连西楚原来不叫赫连西楚，他叫赫连华生。这是赫连东山藏在内心深处的一个念想。华生是福尔摩斯的搭档，他希望唯一的儿子将来能接他的班。可这个后来叫赫连西楚的年轻人，私自把父亲给起的赫连华生改成了赫连西楚。在虚拟的世界里，赫赫有名的"西楚霸王"，就是他的域名。他父亲叫赫连东山，他改名为赫连西楚，还自称"霸王"，很有点与父亲对着干的意思。

其实，就个头而言，赫连东山更像"螳螂"，如果绰号为"螳螂"，或许更确切些。他人瘦，个高，身柴，臂长，走起路来一探一探的，就像一个行走的、暗蓝色的衣服架子（当年公安制服是蓝色的）。况且他还有许多不良嗜好，比如：吸烟、喝酒、寡言，再加上脾气暴躁……在儿子眼里，简直就是个暴君。

很多人都认为眼睛是心灵的窗口。但这对赫连东山来说，却别有一番苦涩意味。这"窗口"有点小了，还有点，怎么说呢？赫连东山的眼睛有一点斜视，看上去白眼仁儿多，黑眼仁儿少，睨睨地。初看略带一点威严。再看就不行了，再看"杀气"就溢出来了。客观地说，他的眼睛是用来工作的，或者用儿子的狠话来说，是"杀人"的。那是他"杀人"的工具。不过，很久以前，同事们曾经给赫连东山起过一个绰号，叫"电眼"。那是他审案子审出来的名声，也是同事们对他的一种尊重，或者叫作宾服。

按市里的统一规定，凡处级干部，五十五岁退居二线。特殊情况，可以延长到五十八岁。赫连东山是市局的破案专家，局长不放，可他已到了退居二线的上限，所以他很自觉地把自己的办公室交出来了。交办公室的时候，他只带走了一盆文竹。他喜欢文竹那弱弱小小、让人怜爱的样子。还有，这盆文竹是"花世界"集团的老总谢之长送的。他一直认为谢之长有可能牵连到一桩案子，这个案子他没有破。他要记住这个人。

文竹搬回家后，就放在他每天都能看到的角柜上。他是要时刻提醒自己，有一桩案子，他还没有破。

可是，一看到文竹，他就看见了那串钥匙，那串钥匙也一直在柜子上放着。钥匙很新，是新技术的新，也是新生活的新。钥匙是妻子从北京带回来的，那是一套房子的钥匙。

这是一种只有单面开槽的防盗钥匙，用的是日德美意技术的杂合。日本技术是两条曲线，就像是小巧的、不穿裤子的女人，极富诱惑力；德国技术呢，是镀上去的一层铬，就像是不穿裤子的女人蹬了一双做工精致的长筒细腰马靴；美国人最精明，不过是加了一坠环儿，很像是给女人配了一顶压有丝穗儿的宽沿草帽；然后再加上一个意大利的、有点黑手党意味的西西里标牌，这就是"洋范儿"了。据说这家挂有洋名的公司在长城内外搬来搬去，摇身一变，就成了中国化了的外企。

作为一名老资格的处级侦察员（这是他的职称），赫连东山对当今社会上流行的锁具还是有些研究的。更早些的就不说了，就20世纪80年代以后流行的防盗门锁具，就分A、B、C三种。对于内行人来说，防盗门锁的安全级别可以通过钥匙来辨认。看懂钥匙上的弹子槽和铣槽，就可以断定锁芯的安全等级了。这串钥匙显然是超B级的，有双曲线铣槽。钥匙把儿上贴有胶布，胶布上写着东户313的字样，其余的是卧1卧2卧3。就此来看，这是一套三室一厅的房子。有一天下班回来，他听见妻子在厨房里对她表姐说："……两套。买的时候一百六十万，现在价值五百多万……"看见他回来，妻子咳了一声，把话头转了。

每当赫连东山看到那串钥匙的时候，他心里就会腾起一股无名火，有一种瞬间被烧焦的感觉。他必须连吸三支烟，才能平息心中的怒气。夜里，当他起床小解，就又会看到那盆文竹和那串钥匙。那钥匙在暗夜里发出一种猫眼样的亮光，荧荧的、浪扭扭的。他站在那里，很无助地望着那串钥匙。

走进卫生间，拉开灯，站在镜前，望着自己的两鬓白发……这时候，他的孤独就像是大漠孤烟一样从心头升起。

二

赫连东山的工作是没有时间概念的。

他是干预审的，提审嫌疑犯是他的主要工作，一干三十年。

案子来了，没日没夜，这叫"攻"，就像战场上吹了冲锋号一样。若是"攻"不下来，或是"夹生"（这是干预审的术语）了，弄不好还要追究责任。"攻"下来了，就歇上两天，尔后再去"攻"……往下就是检察院和法院的事了。所以，他的工作性质很有点后厨的意味，菜炒好了，摆上去的人并不是他们，这就叫"预审"。

也许是职业习惯，赫连东山的脸阴的时候多、晴的时候少，就那么一直煞着，甚至可以说有点小狰狞。这张黑脸唯一有光亮的地方，就是他的眼睛了。他那一双眼睛，就像是充了电的钻头，所有的能量都聚焦在一个点上，一下子就钻到人心里去了。或者就像儿子给他起的绰号一样，是"刀片"，闪着寒光的刀片。那光刃刃的，虽只亮一个极小的点，却是变幻着的，甚至有一点邪，有一点猫意，有一点狮子搏兔，或者像是汤姆逊瞄准之后的点射。普通的犯人，与他对视不到三分钟，就尿裤子了。

赫连东山还是个烟不离嘴的人，多的时候一天四包，吸得嘴唇焦干，就像是炸翻了的黑焦石榴皮。这样的一张脸，的确很难给人以好印象。他妻子跟他谈恋爱的时候，曾经说过一句很经典的话："丑是丑了点，但丑得有个性。"不过，通常情况下，他会把他的目光隐在烟雾后边，细眯着。

赫连东山审案子有两个不怕,四个绝招。一是不怕你不说。你嘴不说,眼会说,手会说,腿会说,脚也会说。你挠挠耳朵,他就知道你想干什么。碰上硬茬子,那种死不开口的主儿,他也有办法。

审案子讲究氛围,赫连东山大多在夜里审案。五百支光的大灯泡照着,灯光下,一切都放大了。赫连东山常会背着身站在犯人面前,墙上有人影儿,看上去炸炸的,这就更增添了叫人恐惧的神秘色彩。当他突然扭过身时,烟雾一圈儿一圈儿地笼罩着他那斜睨着的眼睛,就像是汪着的芒刺一样。他还有个习惯性动作,突然把烟头掐灭,拧一下,摁在烟灰缸里。每到这时候,他的眼里就会伸出一只手,一下子把嫌疑人的灵魂提溜起来。

有一个案子,他一连审了十二天。这人小个子,一米六多点,半截缸一样,肉鼻,细眉,单眼皮,初看傻傻的,一脸木相。再看,这人像是从小在冰水里泡大的,一身寒气。赫连东山认定这就是那个杀人不眨眼的惯犯,可他就是不说。十二天里,一句话也不说。他知道说是个死,不说也是个死,所以这王八蛋油盐不进。毫不避讳地说,对于这样的嫌犯,当然是要上一点手段。他坐在一张抽掉木板的审讯椅上,屁股下只剩三根支撑木板的钢筋头。他就在那坚硬的钢筋头上坐着,一连七天,不用说,屁股早就坐烂了,可他仍然一声不吭。

这十二天,两人一直用眼神较量。当两人目光对峙的时候,赫连东山发现嫌犯有一个舔嘴唇的习惯。每隔三五秒钟,他就舔一次嘴唇。他不怕你看他,你看他的时候,他眼里很空,就像是一个黑洞。赫连东山知道,他不是不怕,他是怕到了极致后的绝望。一个绝望的人是最不好对付的。对这样的嫌疑犯,赫连东山眼里是有煞气的。可此时此刻,煞气碰上了冷气,就化解了很多力量。往下,赫连东山就不用煞气了,他用的是观察式的冷漠。有时候冷漠也可以化为一种无形的力量。赫连东山每天只简单地、冷冷地问上几句。他不说,赫连东山就不问了,开始吸烟。在烟雾里,赫连东山的眼神就像是飞起来的刀子,在审讯室里漫舞,不给他留一点可以喘息的地方。在这个不大的审讯室里,赫连东山的冷漠渐渐凝成了一台万吨水压机。他不断地加压,从头顶到脚下,全方位地加压。开始是威严的,后来是蔑视的,再后来就像是猫玩老鼠,有一点狎戏的意味了。最初,嫌犯的神经是绷着的,可绷到一定时候,他就绷不住了。对于这个嫌疑犯来说,舔嘴唇是一种积蓄力量的方式。他嘴唇都舔肿了,不再舔嘴唇了,目光也开始躲闪。到了第八天,他终于绷不住了,开始左顾右盼,喉咙里咕咕噜噜响,他干咳了一阵子,吐了一口唾沫……赫连东山冷冷地轻声道:"带下去吧。"

十二天时间里,赫连东山目睹了嫌疑犯的目光从寒气逼人、坚硬地对峙到漫散、游移不定的全过程。一个人老盯着一个人看,会把他看得无处可藏。后来他的目光就像是堵在玻璃房里的苍蝇一样,不停地飞来飞去,一会儿东一会儿西,每一个落点都是赫连东山关注的目标。渐渐,他注意到,那个四十五度方向是嫌犯目光的多次落点……尽管嫌犯是下意识的。

——四十五度方向是速记员坐的位置。由于没有供词,速记员一直把玩着手里的那支笔。

后来,赫连东山带人在嫌犯家里搜到了一支藏在墙洞里的派克金笔。这支金笔显然不属于嫌犯。技术部门从笔上提取了两枚指纹,一枚是嫌犯的,另一枚却不知是何人的。经查,这是一支一九六五年英国生产的"派克"金笔,国内拥有的人并不多。接着,由笔查人……一查居然查到了省城。就在一个月前,省城一个住宅小区里,死了一名大学教师。这个可怜的教师就死在自己的家里。于是并案侦查。极为荒唐的是,大学教师与嫌犯并无恩怨。两人只是在大街上擦肩而过,这位大学教师不过是多看了嫌犯一眼,就这一眼要了他的命。

当证据摆在嫌犯面前的时候,他喉咙里咕噜了一声,终于开口了。他说:"我想吃盘包子。许昌寇家巷,用荷叶包的那种水煎包。"

这时候,赫连东山已经有了足够的耐心。只要你开了口,往下就不由你了。于是,赫连东山连夜派人坐火车赶到了许昌,第二天一早跑到寇家巷口，买了两盘荷叶包的寇家水煎包子。赫连东山让人把水煎包子带到审讯室，交给嫌犯。嫌犯抓起来一连吃了六个，尔后说："热的更好吃。"赫连东山说："咋，给你热热？"嫌犯说："不用了。"嫌犯吃了包子，又喝了一缸子热水，吧了吧嘴唇，闭了一会儿眼，重又睁开，说："能不能让我睡一会儿？"已到了九分火候了，能让他睡么？赫连东山说："不能。"

嫌犯只好说："那，你问吧。你问啥，我说啥。"

往下，审讯整整进行了一天一夜，嫌犯交代了他的全部犯罪事实。嫌犯每次开口都是以"我日……"打头，这句"我日"有时候是语气助词，有时候很黄很暴力，有时候是情绪感叹……速记员开始还如实记录，记着记着，后来看一句一个"日"，满页都是"日"，往下就干脆省略了。

这是任何人都绝对想象不到的。就这么一个小矬子，小学都没毕业，仅用一把半尺长的细把手锤，在前后不到五年时间里，流窜作案，一共杀了三十五个人，手段之冷酷，令人发指。

更让人惊诧的是，嫌犯像狼一样狡诈残忍，他惯用的手法是躲在后边，趁人不防，就像砸核桃一样，在后脑勺上"梆"地给你一锤，就这一锤，就要了人的命。赫连东山很难理解，是怎样的环境造出这样一个恶魔？他杀人无底线，他杀的大多是无辜的人。比如一个捡破烂的老头，一个残疾的妇女……尤其是那个教师，只不过跟他擦身而过，多看了他一眼，他就悄悄跟在人后边，一直跟踪到学校家属院里。在人熟睡之后，扒上窗台，悄悄潜入，痛下杀手。杀了人之后，他竟然还坐在人家客厅里，从从容容地看了两盘录像带，吃了一盘牛肉，喝了人家两罐子啤酒。审讯时，赫连东山忍不住问他："就为多看你一眼，你就追到人家家里杀人？"嫌犯说："他眼里有钉，他看不起我。"赫连东山说："我眼里也有钉。"嫌犯说："我是小鬼，你是判官。他算个球？"

临刑前，犯人要求再见他一面。赫连东山本可以不见的，可他最后还是见了。面对身着重镣的杀人犯，赫连东山冷冷地说："胡树文，没有包子了。"犯人说："我知道。栽到你手里，我认了。"接着，犯人又交代了一桩尚未查证的犯罪事实。他杀的第一个人竟是他的继父。他继父是个杀猪的，五大三粗，他根本不是对手。他是在继父酒醉后下手的。当时县公安局定的是酒醉摔倒，颅骨骨折，导致脑溢血死亡。那年他十三岁。犯人说："你知道小时候我叫什么？坷垃。我叫胡坷垃。你知道我后达（爹）是怎么招呼我的么？用脚。从我六岁起，见面就踢一脚！每次踢我，我都给狗日的记着呢……"犯人胡树文又说："你知道我这辈子最大的理想是什么？"赫连东山望着他，用嘲讽的口吻说："杀进东京城？"犯人摇摇头，说："在县政府大院看大门儿带收破烂。隔三岔五地，弄盘寇家巷的荷叶包子吃吃，我日，那就美死了。"赫连东山说："你还有啥要求？"犯人说："人死屌朝上。我日，还能有啥？"犯人沉默了一会儿，望了望铁窗外的蓝天，说："我死后，下辈子能不能托生成一只鸟？"赫连东山不语。最后，他自言自语地说："算球了。"

此时此刻，犯人这张脸上已经没有杀气了，眼里也没了亮光，灰突突的，有的只是一块石头落地后的死寂。

当年，赫连东山就是因为破这个案子，名扬黄淮平原的。由此，他成了黄淮平原上整个公安系统预审界的大腕。在平原上，凡有对付不了的犯人，都会请他到场。后来，在整个预审系统，他就有了"电眼"的光荣称号。

然而，在儿子面前，他却是一个彻底的失败者。

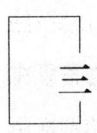

三

赫连东山所有的人生经验都是用来对付犯人的。

他的精力几乎全都用在办案上了。他对审讯工作的痴迷，甚至超过了他对家庭和妻子的热爱。

赫连东山与儿子结怨就是从那一声"蹲下！"开始的。

正是最初的那一声"蹲下"，造成了父子间的疏离，以至于后来的敌对情绪。在日常生活里，他工作上的一些习惯用语随口说出来，就会给孩子造成无形的压力。赫连东山自己并未察觉，他一天到晚与犯人打交道，他的语言系统已很不正常了。比如，儿子背着书包小心翼翼从他身后走过时，他会下意识地说一句："——站住。"儿子就站住了，再也不敢动了。其实，他是想问儿子吃饱了没有。可这一句"站住"，完全把氛围破坏了。比如，他也很想跟儿子谈谈心，和风细雨地举例说说打游戏的坏处……就下意识说："你——过来。"他的话音并不高，他没觉得有什么不妥。可妻子说："看你，你把儿子的魂儿都吓掉了。"

赫连东山结婚晚，三十岁得子。从内心讲，他对儿子的感情是语言无法表达的。毕竟是亲生儿子呀。可他做梦也想不到，随着孩子一天天长大，他跟儿子的隔阂却越来越深，后来竟到了水火不容的程度。他记得非常清楚，从八岁那年开始，儿子再也没有喊过"爸爸"。不喊就不喊吧，可儿子平日里不仅躲他，眼里还渐渐生出了敌意……尤其是，儿子十三岁那年，竟然说出了一句十分绝情的话。有一天，当他又一次抽出皮带的时候，儿子竟梗着脖子，用悲愤的口吻对他说："我是犯人么？！"赫连东山一下子愣住了。

作为预审界的大腕，赫连东山的第二个不怕，就是不怕嫌疑人说假话。你只要说一句假话，你就要用一百句来圆这个谎。往下，谎话套着谎话，谎撒得越大，漏洞越多，你得不停地修补漏洞。补来补去，东扯葫芦西扯瓢，总会有露馅的时候。

有一个压了十八年的悬案，就是赫连东山在全市"扫黄打非"的普查中发现的。那天晚上，黄淮市搞了一次清扫"黄、赌、毒"的集中行动，也就是人们说的"严打"。半夜十二点以后，整个公安系统全部出动，网下了一百多个嫌疑人。尔后分组讯问。赫连东山是第三讯问小组的负责人，结果一问问出了个惊天大案。

那是个让全省公安系统蒙羞的案件。一九七六年夏天，省城发生了一桩银行抢劫案。在省城的繁华闹市区，中午时分，光天化日之下，抢劫犯公然在一个银行储蓄所里开枪杀人，打死了储蓄所的一名女营业员，抢走了一百四十六万人民币，出门后又抢了一辆自行车，骑车逃跑，消失在茫茫人海中……此案一直未破。

这还不算完。此后，连续五年，每年的这一天，省公安厅都会收到一封抢劫犯的来信。大意是说：亲爱的警察先生，我正在某地游玩。你们什么时候破案呢？我等着。

这是公然挑衅！当时的省厅领导怒不可遏，命令省公安厅刑警总队牵头组织了联合专案组，限期破案。可是，由于匿名信是从旧报纸上剪下来后粘贴的字，时间太长，线索太少。况且案犯流窜在外省，最后还是不了了之。

这个案子，由于影响太大，在公安系统内部是发过协查通报的。赫连东山有印象。

那天晚上，第三讯问小组一共讯问了二十九个嫌疑人。根据不同情况，例行询问一般要三次才定性。第一次叫初查，一般性地问一问姓名、住址、单位什么的；第二次问得细一些，当晚都干了什么之类；第三次基本就定性了：要么拘、要么罚、要么放。

这二十九人中，当场放走了七个，罚款十三个，拘了六个，还剩下三个。这三个人，本也可以做罚款处理。可赫连东山说，他还要再问一问。尤其是其中的一个，从洗浴中心押过来后，他大约是当晚喝了点酒，几次摇摇晃晃地上前辩解，说他是市政府请来的客人……每次都被民警喝令：蹲下！

这是一个看上去很体面的人。有四十多岁，说胖也不胖，脸上的肉紧。他梳着大背头，穿一身名牌休闲装，皮鞋擦得很亮。按当晚初查民警的话说，这个大背头有一些背景，很"跩"。本应该是头一个放的，可他说错了一句话。

初查的时候，赫连东山问："从哪儿来的？""大背头"赶紧送上了名片。尔后说，他是市政府请来的，是来投资办企业的。当晚是市政府刘副秘书长请他吃的饭。如果你们不信，可以问酒店的白经理，也可以直接给刘秘书长打电话……站在一旁的民警邢志彬说："老实点！你嫖娼是事实吧？跩什么跩？回答问题。""大背头"说："不好意思啦，酒喝多了，有人敲门，进来个小妹妹……认罚，我认罚。"邢志彬说："老实交代，从哪儿来的？""大背头"回答问题很积极，他顺口说："湖北。黄鹤一去不复返，白云千载……"邢志彬呵斥道："跩，还跩？报地名。""大背头"说："好的呀，好的呀，武汉。"就此，赫连东山不让再问了。赫连东山说："下去吧。"

在赫连东山看来，此人有三个疑点。第一，他身上的气味不对，不仅仅是酒气。他神色偏紧，眼里有雾，过于配合。第二，他不是本地人，但他的南方口音里居然夹杂有北方方言。第三，他说了假话。他是从宁波过来的（有包里的票据为证），他却说来自武汉。但这假话里掐头去尾又掺了一半真话。为什么？

如果是本地人，是公务员，他紧张是怕丢面子，可他是从外地来的商人，又是来这里投资的。按上面不成文的规定，一般是不让查的，就是查了，也顶多罚款了事。可这个人警惕过度，回答问题太主动。他就像一个二流演员，那洒脱是装出来的，眼里好像藏了什么。尤其是他不经意间，嘴里溜出了关于"黄鹤……"的诗句，这一下刺激到了赫连东山的记忆神经，他很快地在脑海里搜索到了那个悬案。那个悬案里有四个字："白云黄鹤"。

一九七八年，抢银行的劫犯寄给省公安厅的第一封信里，就有这四个字。他居然模仿毛泽东书信的语式，在信里说："……三百六十五天过去了，我正在白云黄鹤的地方游玩……"赫连东山走出讯问室，站在院子里，一连吸了半盒烟，留下了一地烟蒂。尔后，他走回屋子，主攻"大背头"。

当天的后半夜，赫连东山围绕"白云黄鹤"四个字大做文章。

赫连东山问："你是武汉人么？"

"大背头"说："不细（是）啦，是路过，在那儿考察了几天。我说了，我细来投资……"他语气里特别强调了"考察"这两个字。

赫连东山问："吃过武昌鱼么？"

"大背头"说："武昌鱼太有名了，毛主席诗里说过：才饮长沙水，又食武昌鱼。吃过啦，肉很嫩。你看，嫖、嫖、那个戏（事），不好意戏（思）啦，我认罚啦……"

赫连东山问："武昌鱼有刺么？"

"大背头"说："勿有。有，有……勿有小刺，都是大刺。同志，我明天上午要签一个合同，市里领导还要参加，你看……"

赫连东山说："我知道，你是干大事的。武汉还有一道名菜你也吃过吧？"

"大背头"说："你说的是九九鸭脖哦？太辣，吃不消哦。同志哥，能不能通融通融……"

赫连东山说："我说的不是鸭脖，我说的是莲藕炖排骨，小火慢炖，要当地洪湖的红莲藕才有味，吃过么？"

"大背头"说："红莲藕炖小排呀，美味，细吃过啦。我，我能不能打个电话？"

赫连东山说："你抽烟么？湖北有一名牌烟，叫黄鹤楼，抽过么？"

"大背头"说："我细不吃烟的。"

赫连东山说："那你，登过黄鹤楼吧？"

"大背头"说："登？当然细，去过啦。我，我明天……我可以打个电话么？"

赫连东山说："武汉三镇，黄鹤楼在什么位置？"

"大背头"说："这个，细武昌吧？'一线穿南北，龟蛇锁大江'。那好像细、蛇,蛇山,在蛇山上……同志哥哟,你看,这都后半夜了,我憋着尿、尿撒。"

赫连东山绕来绕去,突然问:"你上一次什么时候去的,夏天?"

"大背头"说:"不,不细……同志,不行了,我快尿裤子了。"

赫连东山说:"是夏天吧?"

"大背头"说:"不细啦,不细。"

赫连东山说:"冬天?"

"大背头"说:"也……也不细冬……冬天撒……"

赫连东山说:"好好想想,上一次是什么时候去的?"

赫连东山接着说:"初审时,你还背过两句崔颢的诗,这会儿忘了?全诗你都会背吧?再背一遍。"

此时,赫连东山加重语气说:"背!"

大背头像是酒醒了,愣愣地望着他,沉默不语。

这天夜里,一直审到天明,"大背头"再没说过"白云黄鹤"这四个字。他一下子封死了,无论怎样诱他,他就是不说。越是不说,就越证明他有疑点。后来他真的尿裤子了,尿水一滴滴地从裤裆里流下来……他说:"我要告你!"

审这个案子,赫连东山是担着巨大压力的。第二天上午,万局长亲自打电话问:"蓝光大酒店住的那个姓魏的商人,放了么?"赫连东山说:"还没呢。"局长说:"不就是嫖娼么?放了吧,刚才市政府刘秘书长还打电话问呢。"赫连东山说:"局长,这人不能放。"局长说:"放人。现在开放搞活,经济是中心,你搞什么搞?"赫连东山说:"我怀疑他是'七七大案'的嫌疑人……"局长还是信任他的,知道他话里的分量。局长沉吟片刻,说:"这样,我先顶着。给你四十八小时,攻不下来就放人。"后来,经与省公安厅沟通,时间延长到了七十二小时。

这七十二小时可以说是分秒必争。如果"攻"不下来,赫连东山的麻烦就大了。酒醒之后，"大背头"就像是响尾蛇被踩了尾巴似的，暴跳如雷！他指着赫连东山的鼻子说："我是市政府请来的客人，我要告你。信不信，我把你的警服扒下来！"

赫连东山笑了。赫连东山说："你不要急。你急什么？咱们聊聊。"

另一路紧急出动。赫连东山派了一个三人小组，先是坐飞机赶赴宁波，尔后坐车赶到他的户籍所在地慈溪，目的是寻找物证。

在这三天时间里，省厅刑警总队当年的专案负责人曾专程开车赶来，拿着当年（经目击证人口述）由专家提供的抢劫犯模拟画像仔细辨认。专案组负责人董处长对赫连东山说："不像，当年的抢劫犯是小平头，瘦脸。这人梳的是大背头，圆胖脸。再有，眉眼也不大像……"说实话，从内心讲，当年的专案组负责人根本就不相信赫连东山能破十八年前的这桩无头案。临走时，省厅专案组负责人的建议是："老赫，放人吧。"

赫连东山说："董处，咱说好的，七十二小时。"

正是在慈溪的搜查有了重大发现。

经与当地公安部门联系，派出的三人小组了解到，"大背头"名叫魏少华，就住在慈溪县城东大街的一座新近翻盖的三层小楼里。楼下是卖烟酒的商店，楼上住人。于是，在当地民警的配合下，他们先是上上下下搜查了一遍，主要目的是找枪，可他们什么也没有找到。他的妻子是当地人，说话蛮儿呱叽的，一问三不知。经与局里电话联系，赫连东山在电话里说："再找，细一点，看有没有旁证。"

于是，侦察员们又细细地搜查了一遍。这一次，他们发现，在三楼一个检查过的旧式皮箱里，有一个檀木盒子，木盒里有一本集邮册。当时翻了翻，都是一版一版的邮票，里边并没夹杂什么东西，就没在意。这次再查，发现这本集邮册里，最后一页有一张一九六七年版的"大海航行靠舵手"邮票。这版八分的邮票共七十张，但其中少了一张……赫连东山在电话里不动声色地说："带回来。"

三人小组坐飞机回到省城，又马不停蹄地赶到省公安厅。他们拿出了这张一九六七年版的"大海航行靠舵手"邮票，经与一九七八年抢劫犯寄来的第一封匿名信上贴的邮票进行齿痕比对，结果发现，印刷齿痕完全吻合，这是同一版式邮票。一时，省公安厅的电话响成一片。

这已经是第三天了，离七十二小时的时限还剩不到三个小时。但有了初步的证据，"大背头"肯定走不了了。赫连东山得到消息后，在电话里说："各位辛苦了，这只是孤证，再去查。这么多年了，枪怕是找不到了。再找找看，这一次，主查他这十八年来的账目和资金流水。"

再一次提审"大背头"的时候，赫连东山特意理了发，换上了一套新警服。等人把"大背头"带上来，赫连东山说："老魏呀，看来，我这身警服是扒不下来了。"

慈溪那边的第三次搜查又有了新的发现。在魏少华居住的那栋三层小楼里，还暗藏着一个地下室。地下室是一个很大的酒窖，酒窖里堆满了各样的酒。引起侦察员注意的，是一箱一箱的茅台酒。这些茅台酒是单独存放的。从纸箱上的标示看，自一九七九年始，一九八〇、一九八一、一九八二……不同年份的茅台酒共有十五箱。这十五箱不同年份的茅台又是从不同的省份分别购进的，这是为什么？

后来才知道，这个曾用名魏根柱、现名魏少华，梳着大背头的人，的确是高智商罪犯。他从银行抢劫来的钱，并没有存银行，而是在不同的年份里，从不同的城市分期分批购买了茅台酒。从票据上看，为了不引人注目，他每一次买酒的费用都不超过五万。当年的五星茅台仅八块钱一瓶，后来逐年上涨，价值不菲……可他到了最后还是露出了狐狸尾巴。

这些在不同年份分别购进的茅台酒，他都留了一箱，存放在地下室的一个角落里，大约是想以后自己喝的。就此一手，就让侦察员们跑断了腿。根据纸箱上的标识，他们先后去了贵阳、昆明、杭州、成都、武汉、广州、长沙……在当地查阅了大量的售酒记录，由此锁定了嫌犯的资金流向。

再后来，据调查发现，当年案发后，魏少华流窜到了南方，靠一个卖烟酒的小店，居然在南方慈溪一个小县里隐藏了十二年，一直到一九九〇年才在此地落下户籍并结婚生子。此后他又在深圳漂了四年，以炒股为生，发了大财。此人狡兔三窟，竟然在深圳还置有一处房产，同时还找了一个情人。他隐藏得够深，他在慈溪的妻子比他小十二岁，却什么都不知道。

也许，魏少华当年在逃窜途中，一路漫游到了奉化。奉化是蒋介石的老家，这里山清水秀，气象万千，是很值得一看的地方。可奉化是全国有名的旅游景点，人多、眼杂，他大约是没敢多停。尔后，他又顺道去了宁波，游历了天下闻名的"天一阁"藏书楼。慈溪呢，离宁波也就几十公里路程。于是，他就坐船沿水路来到了慈溪。慈溪是一个不太引人注意的县份，所以他就在这里隐身了。

在赫连东山看来，证据在收集中正一环环地互相印证、完善，嫌疑人的犯罪事实基本可以认定了。可是，枪呢？枪一直没有找到。

当两人在审讯室里重新坐下来的时候，赫连东山给他摘了手铐，说："老魏，聊聊吧，咱们聊聊。"

"大背头"说："本来，你是抓不到我的。"

赫连东山说："是啊，十八年了，你藏了十八年。"

"大背头"说："这都怪我。是一个念头，一个念头害了我。"

赫连东山说："一念之差？"

"大背头"说："我不缺钱。我手里有两千多万，我想挣够一个整数，就再也不考虑钱的问题了，结果……"

赫连东山说："一个整数是多少？"

"大背头"说："一亿吧。"

接着，"大背头"又说："说实话，真的是你们市政府刘秘书长动员我来的。前年他去深圳招商，我们是在招商会上认识的。他看好了一个煤矿，储量特别好，挖出来就是钱，动员我来投资……"

赫连东山感叹道:"老魏呀,你非常聪明,可以说是个万里挑一的人才,可惜了。"

"大背头"说:"当年,《资本论》《反杜林论》,我都是看过的。一本《毛主席语录》,我倒背如流。你知道《毛主席语录》第271页写的是什么?'陈毅是个好同志'。那是个空白页,是我用钢笔填上去的。"

赫连东山说:"'文革'前一年,豫北六县,就你一个考上了省城的重点中学,那年你才十四岁。"

"大背头"说:"这你也知道?"

赫连东山说:"查你的原有户籍费了大劲。省辖市查不到,豫北乡下更查不到,你入的是省城重点中学的集体户口,户籍上也只有一个名字。可你后来把名字改了,成了个隐身人。"

"大背头"说:"当年,我是立志要考北大、清华的。可'文革'开始了,大学上不成了。后来又要我们上山下乡,我不想回老家……"

赫连东山说:"文化大革命中,你是逍遥派,没造过反……你怎么会有枪呢?"

"大背头"闭上眼睛,不说了。

赫连东山说:"老魏,都到这一步了,说吧。"

"大背头"说:"我不想牵连任何人。"

赫连东山说:"不牵连人也好,文化大革命中的事,咱就不说了……可你得把枪的下落说清楚。"

话说到这里,赫连东山拿出了两张照片,那是他两个女儿的照片。一个是在慈溪的女人生的;一个是在深圳的女人生的。赫连东山把照片放在他面前,说:"这是你的女儿吧?真漂亮。"

"大背头"默默地看着女儿的照片,两个小女孩像花朵一样……

赫连东山说:"另外,我告诉你,你那个在深圳的女人,坐飞机看你来了。说实话,我都羡慕你,这真是个好女人,明知道你犯案了,还专程来看你。千里之外，捧着一罐给你煲的汤……"

"大背头"怔了片刻，问："她，说什么了？"

赫连东山说："她说，她等你出来。"

"大背头"沉默了很久，小声说："能……不判我死刑么？"

赫连东山说："实话说，这个案子，我做不了主。不过，我可以向上反映，这就看你的态度了。"

"大背头"最后说："我这个案子，过了追诉期吧？只要不判死刑，我愿意戴罪立功，我把两千多万全都捐给国家。另外……"

就此，破获了"七七大案"后，黄淮市公安局荣立了集体二等功。按局长的意思，本是要提拔赫连东山担任分管刑侦副局长的。可报上去之后，迟迟没有批下来。最后，只批了一个副处级的侦察员。局长怕他心里难过，安慰他说，级别是一样的。

赫连东山知道船弯在哪里。市政府的副秘书长刘金鼎，一个月前刚刚调任政法委副书记。据说，在研究的时候，刘副书记也没多说什么，只说了一句话：能力是有，个性太强。这句话没有错。可就是这个刘金鼎，在魏少华"戴罪立功"的口供里，是被检举揭发的对象。"大背头"来投资办企业，就是他拉来的。当年，两人在深圳有过口头约定，由魏少华出资，刘副秘书长协助办理购买煤矿的一切手续……事成之后两人四六分成。可这只是两人间的口头约定，合同最后并没有签，魏少华也已经被"执行"了。所以，既无人证，也没有物证。但两人心里都明白，就像是各自揣着一杆小秤，远距离地、心照不宣地、相互称着……以至于过了一些年份，当两人面对面坐下来的时候，那"秤"就称出了一些什么。这是后话。

虽然局里的同事纷纷为他抱不平，可赫连东山心里并没有多难受，都提了副处级了，虚职就虚职吧，反正案子破了。

四

那个纵火案一直是赫连东山的一块心病。

就直觉来说，赫连东山经过初查，已经初步锁定了这个案件的一些嫌疑人。可他再往下追的时候，查着查着就查不下去了。因为，这个案件的背景太深了。

说起来，就案件本身来说，很简单。这一年的冬天，黄淮市衙前街一家卖黄金饰品的金店突发大火，不仅烧毁了金店价值一百六十多万元的所有黄金饰品，还烧死了当晚睡在金店里的老板和老板娘。火是凌晨三点钟烧起来的，等消防车赶到的时候，金店的五间门面房及连接后院的平房已被大火吞噬了。

根据现场勘察，金店并没有盗抢、搏斗的痕迹。门锁、柜锁虽然都已被烧坏，但也都还相对完整。唯一的发现是：在金店门口的废墟里找到了一个烧坏了的铁皮桶，桶里有一些汽油和烧毁烟头的残留物质。

这是一条尚未改造的旧城老街。同时也是当地有名的卖各种小吃、杂货的夜市。整条街虽只有三百多米长，但道路狭窄，人口密集，扯一篷布露天做生意的摊贩特别多，街面上的电线像蜘蛛网一样，多是私拉乱扯。所以，线路老化也是事实。因此，一开始黄淮市公安局在研究案情时，就有两种不同的意见。一种意见认为：是线路老化造成的失火。一种意见则认为：是人为的纵火。但目前还未发现相关证据。最初的上报意见，是按"失火"定的。

本来，这个案件很可能就放过去了。可受害者的亲属却一直喊冤告状，而且，指名道姓地告一个人，说此人与开金店的吴家有仇，就是他下的手，并且一连三天带一家老小举着白布横幅在公安局门前喊冤，哭哭啼啼的，要求缉拿凶手。由于这是一桩恶性案件，况且还死了人，局长决定还是要查一查，密查。于是，就把这个任务派给了赫连东山。

赫连东山怎么也想不到，这么一查，反倒是把他自己查进去了。说起来，金店吴家要告的这个人，赫连东山是认识的，也是曾经给他送过花的。后来，赫连东山带回家的那盆文竹，就是此人送的。

这人姓谢，名叫谢之长，绰号"谢大嘴"，现在是黄淮市"花世界"（中外合资）集团的总经理，头上还挂有一堆头衔：黄淮市政协副主席，黄淮市工商联合会副会长，省、市人大代表等等，同时也是本地有名的亿万富翁。

赫连东山接手案件后，觉得既然受害方指名道姓地告他，那一定是有缘由的。于是，他决定去探一探谢之长的底。

谢之长的办公地点设在一家新建的五星级酒店里，那酒店的名字就叫："花世界大酒店"。"花世界大酒店"是当地最有名的豪华酒店，且还获得了国际化的四"A"认证，是一个集度假、休闲等各种服务于一体的娱乐场所。在这个酒店的建设过程中，还曾引发过大规模的群体上访事件，也就是当年的"6·29卧轨"事件。事件平息后，为了安抚失地的农民，在市委、市政府的强力干预下，"花世界"集团公司被迫拿出了许多钱来做善后工作……当然，现在的"花世界"已经是本市的纳税大户了。

赫连东山这一次是便装出行，没穿警服。他没想到，一进门就先后受到了三次盘问。第一次是在大门口，一个穿保安制服的小伙子问他："先生，住宿么？"赫连东山说："找人。"小保安马上就警惕了，说："你找谁？"赫连东山说："我找谢之长，谢总。"小保安再问："先生有预约么？"赫连东山迟疑了一下，说："有。"小保安马上笑脸相迎，说："请。谢总在五楼。"

赫连东山来到电梯口，又受到了一次盘问。当站立在电梯前的礼仪姑娘听他说有预约时，这才彬彬有礼地把他引到另一电梯口，说："先生您请——这里是谢总与贵宾的专用电梯。"

上了五楼，赫连东山又看到了两个背手而立的彪形大汉。他一出电梯，就见两人走上前来，先是鞠躬行礼，尔后问："先生，你找谁？"这时，赫连东山不得不亮明身份，他说："我是市局的，我找谢之长，你给我通报一声。"

片刻，谢之长迎出来了。他一边匆匆赶来与赫连东山握手，一边笑着说："我说一早上喜鹊就喳喳叫，没想到有贵客临门。赫局，你怎么不打个电话呢？请。"他知道赫连东山不是局长，过去见面赫连东山也更正过，可他还坚持这么叫。

让赫连东山吃惊的是，谢之长的办公室竟然有半层楼那么大。初看这就像是一个巨大的荣誉室：东面的墙上，挂着一排排玻璃相框，相框里全是谢之长与省市领导的合影照；西面的墙上，挂着一排排镶在镜框里的奖状和奖牌，全是些"五星级文明企业""纳税模范企业"之类；北边是书柜，虽说谢之长没读过多少书，但他书柜里摆的全都是大部头、烫金的名著；书柜前边摆放着巨大的，甚至可以躺上去打滚儿的老板台，老板台上除了一些办公用品和红、黑、白三部电话机，竟还摆放着两面小旗，一面是国旗，一面是麦穗加齿轮的政协会旗；南边是会客处，沙发是一组一组的、冰箱酒柜一应俱全……赫连东山不由得感叹说："老谢，今非昔比，事儿做大了呀！"

谢之长说："不敢，不敢，这算啥？小菜儿一碟。都是政策好，省市领导的鼓励。"

赫连东山说："听说你喜欢钓鱼？一辆'丰田霸道'，后边还跟一辆冷藏车，钓上来的鱼立马就冻上。所以你这里的'鲤鱼焙面'很有名啊。"

谢之长说："是啊，是啊，星期天没事，陪领导们去水库边玩玩。赫局，哪天你有兴致，我送你一副好竿。"

接着，谢之长便兴致勃勃地讲起了钓鱼的知识……他说："鱼跟人是一样的，你得让它认你。说实话，我在塔湾水库喂的有窝儿，常年布饵儿，水库里的鱼也都习惯了。那几个布饵地方，只要竿儿往下一放，钓上个三二十斤是没有问题的。有一回，就一个窝儿，我不动竿儿，钓上来三百二十斤！我的鱼饵跟别人的不一样，我的鱼饵是特制的，有秘方。拌饵时还不能用手，不能让鱼儿闻到人气儿，一闻见人气儿，它就不吃了……"讲着钓鱼，谢之长说着说着又加了一句，"当然，那个地方，我带去的都是朋友。不是朋友，我也不带他们去。"

望着谢之长，赫连东山还是有些吃惊。这已经不是当年那个在政府机关院里挨门送花的"花客"了，这是个"人物"了。看来，每个成功者都有他与众不同的、不为人知的一面。

谢之长热情地说："赫局啊，一直想请你吃顿饭，可总是忙。我知道，你也是大忙人，不好请。今儿刚好你来了，中午不能走，说什么也得让我表示表示。"接着，他吩咐说："快，上茶，极品。"

寒暄了一阵之后，赫连东山决定单刀直入，他说："老谢，听说了吧？有人告你呀。"

谢之长倒是一副满不在乎的样子，说："告呗。这年头，做生意不容易，告我的人多了。"

赫连东山说："这可是个人命案子呀。老谢，说实话，你没事吧？"

谢之长信誓旦旦地说："我能有啥事？我一点事也没有。赫局，只要有证据，我立马跟你走。"接着又说，"赫局呀，你看，我这么大的生意，也这么大岁数了，能干那种事么？前天吧，就前天，李省长还专门来考察我的花卉生意。我这里将来要建亚洲最大的花卉市场，还有横跨三个县的花卉生产基地，产、供、销一条龙……"

赫连东山打断他说："没事就好。那吴家为啥要告你呢？"

谢之长说："一言难尽，还不是因为征地的事，跟他家老大有些过节……你看我早就忘了。嗨，这老三家一失火，硬说是我派人下的手。你说冤不冤？简直比窦娥还冤。"

赫连东山说："听说，吴家老三，在一个场合里，威胁过你？"

谢之长说："该咋说咋说，那倒没有。他一个开金店的，做的不是一路生意，我都不认识他。"

赫连东山说："噢，是这样啊。"

谢之长说："赫局，我不怕他告，告到天边也没用。前天，就前天，刘书记陪李省长来时，还专门说：老谢，你不要理他，让他告。"

赫连东山问："哪个省长？"

谢之长说："这还有假？管农口的。李德林，李省长。"

赫连东山又问："刘书记又是哪个？"

谢之长说："市政法委的刘金鼎书记，刚提的，直接管你们。我还告诉你，人家是师生关系，这李省长是刘金鼎书记的老师。"

赫连东山说："噢，噢，刘金鼎，刘书记，知道。"

离开时，谢之长一直把他送到酒店的大门外。这天，谢之长本是执意要留他在酒店吃饭的，赫连东山说他确实有事，改天吧，婉言谢绝了。

临上车前，谢之长又从跟随在他身后的酒店经理白守信手里拿过一提包装精美的茶叶，说："赫局，这是最好的雨前毛尖，极品，全国只产了一百斤。我派人弄了十斤，都是送领导的，给你一盒尝尝。"

赫连东山看了他一眼，怕引起他的警觉，没有拒绝。这时，站在谢之长身后的酒店经理白守信见他收了茶叶，就凑上前来，贴近他的耳朵，小声说："赫局，按谢总吩咐，我这里有新来的泰式按摩师。啥时，给你找个妞儿，按按？"赫连东山笑了笑，没再说什么。

白守信跟赫连东山耳语时，谢之长背过身子，装着什么也没听见。白守信见赫连东山不语，就理解为应下了的意思，赶忙小跑着拉开警车的车门，再次低声说："那行，赫叔，我等你电话。"这个白守信年轻时曾是黄淮市街面上有名的"混混儿"，被赫连东山多次处罚过，所以，他改口称他"赫叔"。

俗话说，抬手不打笑脸人。谢之长给予的不仅仅是一个笑脸，他给予你的是足够的尊重。他也不是一般地拍马屁,他让人心里舒服……那么,当你吃了他的、拿了他的之后呢?赫连东山虽然反感,但也说不出什么。

离开"花世界大酒店"后,赫连东山凭感觉,认为谢之长身上是有疑点的。一,一个做生意的正经商人,来客进门还要再三盘问,就差没搜身了。这说明他害怕。他害怕什么?二,他一开口就说是"失火"。可"纵火"还是"失火",这是公安内部开会研究的,他怎么就知道了?三,在"6·29"上访事件中,他跟吴家是有过节的,为此,"花世界"公司多出了一亿二的征地款,付出了沉重的代价。四,两人聊天时,不经意间,他曾经三次拿起扔在桌上的圆珠笔,拿起又放下,尔后再拿起……说明他内心还是很焦躁的。另外,言语间,他还有意无意地搬出了省里领导和刘金鼎书记,难道说刘金鼎也插手了?……赫连东山内心是有防范意识的。

这个谢之长,到底是怎样一个人呢?

五

在黄淮市,谢之长一直是一个标杆性的人物,是那些连做梦都想发财的人,一再谈论(操,看看人家"谢大嘴"!)和争相效仿的榜样。

最初,挂名为花卉公司经理的谢之长,也就是一个"花客"。他刚从梅陵县来到黄淮市的时候,仅开了一个门脸儿很小的花卉门市部。门市部就开在市政府对面的路边上,门前摆着几盆花,雇了两个姑娘给他支应着门市。他本人呢,就骑着一辆破自行车,车子后架上带着一盆花,在市政府大院和各科、局、委到处乱串。

那时候,他经常受到呵斥,一次次地被人从办公室里赶出来:"不要。出去!"一般的人,脸皮都臊出茧子来了。可他不然,他仍然笑盈盈的。不让进办公室,就在门外站着,见人就说:"我姓谢,我老谢呀。"机关里的年轻人笑话他说："知道，老谢，梅陵的谢大嘴，是吧？又'日白'来了？"后来次数一多，见他总是一脸的诚恳，机关里的人也就不忍心赶他走了。在市政府大院里转的时间长了，言谈话语间，他渐渐摸到了一些门道。这人极其精明，很会看眼色行事。他不卖花了，由卖改送，他开始送花了。

他送花是从机关里的县、处级干部开始的。当他掌握了一些政府院里的情况后，就从市委、市政府开始，后来一直延续到各局、委，挨个给官员们的办公室里送花……花是白送的。他不仅仅是白送，每次给官员们送花，他还带着一个花匠，给人讲如何养花，连花肥都是奉送的。你想，白送还能不要么？

也有一些"格涩"的官员，你白送他也不要。客气些的，说不会养，怕没几天给养死了。不客气的，会板着脸说："搞什么名堂？搬出去！"可他还是执意要送，改天再来。你说不会养，他替你养。他派一花匠，每十天上门巡查一次，该浇水给你浇水，该施肥施肥，这你还有啥话说呢？有的是不喜欢他送的那种花。你喜欢什么花，他就送什么花，只要你报一花名。这样一来，那些县、处级干部的办公室里，慢慢都摆上花了。后来从处级延展到了科级。当然，科级干部就没有那么多讲究了。科一级干部，他送的大多是绿色植物"发财树"。

时间一长，谢之长送花的策略就慢慢起作用了。市委、市府包括各个局委，如果搞大型活动，或是开会的礼仪用花，就只用老谢一家了。连给上一级领导部门送花，他们开口就说："找老谢。"

客观地说，老谢是个热心人。他不光是送花，熟到一定程度的时候，他还替人办事。虽然市里那些科、局级干部都是有一些能量的，但也只是在各自熟悉的领域内呼风唤雨，一超出各自分管的范围就无能为力了。这时候老谢的神通就显现出来了。他特别喜欢揽事，比如跑一个"孩子上幼儿园"的指标，比如，"为乡下亲戚安排个工作"，比如"换个煤气罐，盖个章，入个户口"什么的……只要你张了嘴，他决不让你掉地下。你就是不张口，他听说了，也会主动请缨，说："我跑，我给你跑。"

他一个"跑"字，胜过了千言万语。

市土地局长老牛，牛焕章，号称"牛魔王"，平日是谁都不服的。可他的儿子，当年考重点大学差三分没过线，一点办法也没有，两口子急得在家里抱头痛哭。这事让老谢知道了，二话不说，三上北京，四下武汉，竟然把事办成了！当录取通知书拿到手的时候，老牛感动得差点掉下泪来。他抓住谢之长的手说："老谢，老谢，你真人物！"谢之长说："牛局，你别这样说。孩子的事，是大事。我也就跑个腿儿……"老牛无以回报，就说："这样吧，老谢，我给你弄块地吧！便宜，八百块钱一亩。"当时老谢并不了解土地的行情。客观地说，那时候郊区的地价并不高，只是审批的手续复杂。谢之长说："不要，我一年才一二百万的流水，我要地干啥？"老牛说："你傻呀，不要白不要，你可以贷款么。银行那边，我去给行长说！"就这样，稀里糊涂的，谢之长把地弄到手了。

市文化局长苏灿光，北大毕业，文艺范儿十足，戴一近视镜，脖子里一年四季都挂着一条叠得方方正正的围巾。他费劲巴力地跟市里要钱排了一出地方戏。彩排那天，想请省文联的名家给指导指导，这是早已说定的事情。一听说省里来人观摩，市委、市府的主要领导也都答应了，要来观看演出。可那天突然降温，下起了鹅毛大雪！经电话联系，待要派车去接的时候，人家以身体不适为借口不来了。苏灿光是个很要面子的人，他觉得牛皮已吹出去了，市里领导都知道省里有专家要来观摩，可事到临头又不来了。这可怎么办？于是苏灿光一个人坐在剧团的小剧场里，苦着张球脸一句话也不说……文化局的干部们在他身后站了一片，谁也不知道该如何安慰他。这时候有人去找了谢之长，老谢居然满口承当，说："我去，我去请。"一直到当晚六点半，谢之长竟然把专家给请来了。其实老谢也没用什么手段，他只是在人家家门口站着，从上午十一点一直站到下午四点，这时候雪一直在下，他在那里站成了一个雪人……后来，苏灿光当了黄淮市政协副主席后，先是联名提议谢之长为省政协委员，再后又提名他为兼职的市政协副主席。

谢之长与赫连东山最初接触，是从"捞人"开始的。市税务局长徐献国的小舅子白守信，就是他从"拘留所"里捞出来的。

白守信年轻时就是个"混混儿"，好逸恶劳。但他有一特点，从小拜师习武，还会拉手风琴。他一年四季常戴着一双白手套，出门时身后常跟着一群男女"混混儿"。所以，他在社会上也小有名气，绰号"白手套"。人嘛，看上去白白净净的、风流倜傥。

白守信见人家做生意都赚了大钱，也想试试，未承想一试就栽进去了。他最初做服装生意，头一趟就被广州人骗了。买服装时，瞪大眼看着，一件一件挑……却弄回来十几包烂布头。吃了亏后他又想骗别人，听说化肥紧俏，就从东北一化肥厂进了一车皮磷肥。签合同时他就有心使诈，跟人签的是"货到付款"。可货到了，人却不见了。后来人家以"诈骗罪"把他告到了公安局，于是就被抓了。

白守信一被抓，他姐姐慌了。他姐白凤兰，人长得很漂亮，年轻时也算是黄淮市一中的校花，身后有很多追求者，后来嫁给了她的中学同学徐献国。白凤兰在家是老大，在丈夫徐献国面前，也是很强势的女人。弟弟出事了，她不能不管，所以，她一次次地逼着徐献国赶紧"捞人"。徐献国虽是市税务局的局长，却隔着系统，不便亲自出面。特别是听说案子在赫连东山手里，觉得这个人太较真、执拗，就更不愿出面了，于是就转托了谢之长。徐献国觉得，由谢之长这个"中间人"出面，也好有个转圜的余地。

赫连东山是黄淮市公安局党委委员，副处级。谢之长原是给他送过花的，被他"撅"回去了。当年秋天，老谢给他送过一盆菊花。白色的大朵菊花，开得艳艳的。赫连东山说："我不要。我一个吸烟人，屋子里狼烟洞地的，好好的花，糟践了。搬走吧。"老谢说："赫局，都有，都有啊。"赫连东山没放脸儿，说："我声明一下，我不是局长，以后别再叫我局长了。搬走。"谢之长还要说什么，看了赫连东山一眼，赶忙把头扭过去了，说：

"那好，你忙，赫局你忙。"

这会儿，谢之长又送花来了。这一次他送的是文竹。三盆文竹，由三个礼仪小姐搬着，分别送给了局长万海法，常务副局长姜保国，第三盆才是给赫连东山的。进了赫连东山的办公室，他说："赫局，听说局里边万局、姜局还有你赫局，就你们仨烟瘾大。我弄了三盆文竹，你仨一人一盆。文竹可以吸收烟里的有害物质……你别不信，这是科学呀。"

赫连东山已听出他话的意思了。送来的文竹，局长已收了，常务副局长也收了，赫连东山如果再不收，就显得过分了。再说了，赫连东山见那文竹弱弱细细，摇摇曳曳，绿雾一般盎然，的确喜人，就说："那就放下吧。多少钱？"老谢发明了一个词："试养"。他说："花是试养的。您先试着养养，不行就退。也没几个钱，回头一总算账。"赫连东山只好说："谢了。"

谢之长上午送了花，下午就又来了。进了赫连东山的办公室，他说："赫局，我又来麻烦你了。"赫连东山说："啥事，你说。"谢之长说："就，小白那事，我已经给姜局说了。姜局的意思，是让我再给你说说。"赫连东山问："哪个小白？"谢之长说："白……白守信。他姐白凤兰，都哭得不成样子了……"赫连东山说："你说的是那个诈骗案吧？"谢之长说："是，就是。这个小白是让人骗了，咽不下这口气，才……"赫连东山说："罪不轻啊，价值三十万的化肥，按法律规定，够判十年了。"谢之长忙说："是，那是。论说，年轻人，也是，初犯……赫局呀，他家里已经给东北那边赔礼道歉了，也愿意赔偿对方的一切损失。对方呢，私下里也答应撤诉了……你看，赫局，给个面子吧？"赫连东山说："我再声明一次，我不是局长，连副局长也不是，别叫我赫局。你有本事，找局长去！"

就为这件事，谢之长在四天时间里一连跑了六趟，最后手里拿着市公安局常务副局长姜保国的批条，到底把人给"捞"出来了。他不但把人给"捞"出来了，还给白守信安排了一个很体面的工作。税务局长徐献国自然对他感激不尽。从此，凡税务上的事，就由谢之长说了算了。

在这段时间里，刘金鼎调到了黄淮市。他先是当了市政府办公室副主任，后当主任，同时兼任市"招商引资办"的常务副主任。又是谢之长陪着他到深圳去招商引资的……这才有了后来的中外合资"花世界"集团公司。刘金鼎与谢之长的关系，自然不必多说。

算来也就是十多年的光景吧，谢之长的破自行车先是换了一辆七座的面包车，后来换的是"桑塔纳2000"，再后就是"奥迪"了……他的"8888"字头的专车出入市委、市府根本不用通报。

就这样，在长达十三年的时间里，"花客"谢之长以他独特的个人魅力，几乎征服了黄淮市所有的局、委、办，两个大院（市委、市政府）没有人不知道谢之长的。同时，他的"雪球"也越滚越大。据说，十年前的一块地，就那么松松地一转手，他挣了三千万！这时候，他才看出了房地产的价值。于是，从经营花卉开始，他跨行了……似乎不经意间，他不仅成了亿万富翁，还成了黑白两道通吃的人物。

据说，有一天晚上，他请香港的商人吃饭，让一位本市的副市长作陪，当众打电话说："老崔，崔市长，客人已经到了。你咋回事？我不管你这这那那，十分钟给我赶到！"结果，不到十分钟，这位姓崔的副市长气喘吁吁地出现在包间门口，说："老谢，我没迟到吧？"于是满座皆惊！

据说，一天夜里，他从睡梦中醒来，突然发现他竟然有那么多钱？！连他自己都不相信，他会有那么多的钱。他开始数账面上的"0"，数了好多遍，老天，有这么多的"0"……"0"太多，他竟然睡不着觉了。第二天早上起来，他约刘金鼎一块吃早餐。在餐桌上，他突然说："刘秘书长，金鼎啊，你看我还缺啥？"刘金鼎看了他一眼，说："文化，你最缺的是文化。"于是，老谢开始重新布置办公室。他也像政府官员那样，办公桌上新摆了两面小红旗，还新添了两排书柜，一下子买了很多书。

俗话说：腰里有钱胆子壮。谢之长自从当上了兼职的市政协副主席后，也开始注意个人形象了。他很注意包装自己，从穿戴上、礼仪上也讲究起来。他常穿的衣服仍然是两套，一套西式的，一套中式的，自然都是名牌，并不常换，但脖子里的领带和内里的白衬衣、脚上穿的皮鞋却是要天天换的。他不知听谁说的，这才是"贵族范儿"。可他做人依然很谦虚，但这种"谦虚"与以往不同，以往是"花客"的做派，很孙子。现在他是老总，是"会长"，是"主席"了，这"谦虚"由内心的骄傲撑着（或者说是由钱撑着），是刻意做出来的低调，那傲气仍止不住地往外溢。见人伸出手来，说："我老谢呀，嗯，老谢。"老谢还是老谢，中间加这么一个"嗯"，语气就大不一样了。

在某种意义上说，老谢的这种"低调"还是很迷惑人的。第一次查"纵火案"时，赫连东山就差一点栽在他手里。

六

在公安系统里，赫连东山虽然名声在外，但他办案的时候，也是受过处分的，还是一个记大过处分，差一点就脱警服了。

那是因为一个烟头。

赫连东山查"纵火案"是先从白守信查起的。那天，当他约见谢之长时，就注意到白守信的神情不对，他一直跟在谢之长的身后，眼神一躲一躲的，话很少，一直不大敢正眼看他，这其中必有缘由。尤其是，在过去的一些年份里，白守信曾因为流氓滋事，赫连东山多次处理过他，对白守信这个人，他非常了解。

另外，谢之长让白守信当"花世界大酒店"的经理，也是有原因的。第一，他姐夫是市税务局的局长，纳税上的事，就好办多了。第二，也是最重要的一条，白守信在社会上绰号"白手套"，身边有一群"混混儿"。混混儿中最有名的一个叫王小六（他右手多一指头），是个打手，不怕地痞捣乱。这个王小六最服的人就是白守信。在市井圈子里，王小六称白守信为"信哥"，那些地痞们也都跟着称白守信为"信哥"。这位"信哥"走在商业街上，屁股后跟着王小六，很有点当年上海滩杜月笙的味道。

王小六先是跟着白守信倒腾服装，赔了；后又开过一段出租车，因为打架伤了人，出租开不成了；再后就跟着白守信混日子，现在虽名义上是"花世界大酒店"的保安队长，却是什么坏事都敢做的。据衙前街的群众反映，就是这个王小六，在火灾事发前，一早一晚的，曾多次在衙前街的那个金店门前晃悠过。

所以，查"纵火案"时，经过走访外调后，赫连东山先是派预审科的民警邢志彬把王小六传唤到了市局，传唤的理由是：他涉嫌组织卖淫。当然，这只是个借口。"花世界大酒店"有一洗浴中心，中心里有很多按摩小姐。市里有规定，这里是定点的涉外酒店，一般不让乱查，但有人举报，那就另说了。赫连东山把王小六"请"来后，先是"晾"了他一晚上，第二天，他亲自讯问。

赫连东山问："小六，说说吧，最近干啥坏事了？"

因为多次被赫连东山处理过，早就是熟人了。王小六也称他为赫叔，他说："赫叔，你弄错了吧？我没干啥呀？"

赫连东山说："没干啥？没干啥会请你来？"

王小六说："真的，啥也没干。"

赫连东山说："好好想想。一般的问题，我也不会请你来。"

王小六身子歪了一下，好像身上痒似的。

站在一旁的民警小邢说："老实点！站好！你不知道这是什么地方么？"

王小六竟然说："你别吓我，我也不是吓大的。哼，你才穿上警服几天哪？"

小邢气呼呼地说："反了你了！站直了。先说说，你招了多少小姐？"

王小六顶撞说："我招不招小姐，关你啥事？"

赫连东山说："小六，口气不小啊？怎么着？你吓唬谁呢？"

这时，王小六很委屈地说："赫叔，我不是说你。这姓邢的也太……"

赫连东山说："交代你的问题，说说，前一段你都干啥了？"

王小六说："没干啥，真的没干啥。那些小姐都是中医按摩学校毕业的，签的有合同，干的都是正行。真的，我要说一句假话……"

赫连东山说："你看着我的眼睛，干的都是正行么？"

王小六低下头，嘴里嘟囔了一句："正行不正行，也不是……"

赫连东山说："小六子，我再给你点思考的时间，把谎编圆了再回答问题。"

王小六说："赫叔，在你面前，我敢编么？你就是给我一百个胆，我也不敢骗你呀。叔啊，过去就不说了，我过去是……现在，我可是干正行的，没做过违法的事呀。"

赫连东山说："那我问你，一个月前，准确地说，八月份，你去过衙前街么？"

王小六眼眨蒙了一阵儿，一口应承："去过呀，那地方我常去。"

赫连东山问："你去衙前街干啥？"

王小六说："赫叔，你能不知道？衙前街西头，老孙家的羊肉汤，那可是有名的，我好这一口儿……"

这里有一个很关键的褃节儿，赫连东山突然说："你提着桶去喝羊肉汤么？"

王小六很快回答说："饭盒，老孙家媳妇可以证明，我提的是饭盒。"

就此，赫连东山不再问了，他知道没法问了。赫连东山突然问他去没去过衙前街，本以为王小六不会承认，可他一口就应下了，连哏都没打。王小六的眼一眨蒙一眨蒙的，速度很快，就像是刚点过的豆子一样。这说明，王小六事前是做过准备的。他跟人已串好供了，再问也就没用了。就此看来，这事复杂了。这时，赫连东山的手机响了，他吩咐小邢："我出去一下，你给他录个口供。"

赫连东山没想到，在他离开讯问室短短一个半小时里，出事了。后来，报纸把这件事登出来的时候，赫连东山已经被停职了。

凭直觉，赫连东山认为，这背后一定有人指使。可怕的是，赫连东山事前竟丝毫没有察觉，一点思想准备也没有，他太大意了。在这一个半小时里，究竟发生了什么，连赫连东山自己都说不清楚。

是啊，在讯问的过程中，他出来了。他先是接了一个电话，电话是常务副局长姜保国打来的，说的是一件很扯淡的事，可他也不能不接。尔后呢，尔后他被人叫住，签了几张预审科出差的报销单据。再往下，他抽了几支烟，想想该如何对付这王小六……可接下来就出事了。

事儿不算大，可按报纸上的说法："性质很恶劣。"一个人民警察，怎么能用烟头去烫嫌疑人的脸呢？！况且，还是在没有任何证据的情况下？报纸上登出了很多个"？"和"！"。这一个个"？"和"！"就像是炸弹一样，弄得整个市公安系统灰头土脸的。

七天后，报纸又登出一篇跟踪报道，称他们两人为警察队伍中的"害群之马"，那意思很明显，是要脱他们的警服了。

就在报纸称他们是"害群之马"的这天晚上，小邢的父母带着小邢来到了赫连东山家里。老两口什么也不说，进门后就给赫连东山跪下了。小邢的母亲流着泪说："孩子还年轻，你救救他吧。"赫连东山连忙把两人搀起来，扶坐在沙发上。可这一家三口在赫连东山家哭成了一团。

是啊，一个市区的教师子弟，辛辛苦苦读了十五年书，好不容易考上了警校，毕业后又七考八考的，才当上了警察，有了一份体面的工作。邢志彬参加工作还不到四年呢，就这样被开除了，弄不好还要追究刑事责任。这一家人非气死不可！

听着这一家人的哭诉，赫连东山心乱如麻。直觉告诉他，这不是一般的算计，这是一个阴谋。这件事，不是一个两个人可以办到的。那么，这背后肯定是一个巨大的利益链。赫连东山首先想到了白守信，尔后是谢之长，谢之长身后又想到了刘……可刘金鼎现在是直接分管他们的领导。怎么办呢？

赫连东山静下心来，再一次细细地听小邢讲了当时的情景。据邢志彬说，赫连东山离开后，王小六就一直向他挑衅，不断地用言语刺激他，说："你个小屁孩儿，胎毛还没褪净呢，懂什么？去东三街打听打听，爷是干什么的？！"后来竟十分恶劣地掏出了生殖器，当面亵渎辱骂他的父母，说得很难听。就是在这时候，小邢把持不住，上前踢了他两脚！过了一会儿，小邢已冷静下来了，点上了一支烟，本想平息一下心中的怒气。可这王小六，先是在地上愣愣地蹲了一会儿，突然又冲上来，指着他的鼻子骂："孙子，你打，你再打我一下试试……"小邢这时用胳膊挡了一下，没想到他手里的烟头烫了王小六的手脖儿。就在这时，王小六趁机一把抓住了他拿烟的手，十分突兀地把烟头按在了自己的脸上！尔后哇哇大叫！……

小邢的陈述与王小六的检举是两个完全不同的版本。相比较而言，赫连东山当然相信小邢。小邢刚分来时有些内向，父母都是教师，跟了他三年多了，一向本分，没有那么多心眼。他缺的是经验，决不会这么恶。而这个王小六，本就是个滚刀肉，如果背后有人支着，是什么事都干得出来的。其实赫连东山心里很清楚，这是对着他来的，他再也不能置身事外了。

于是，当天晚上，深夜时分，他破例敲开了万局长的家门。

局长已经睡下了，却不得不披衣起床。局长什么也没说，拿出一瓶酒，两人一人一杯，就那么干喝。夜已深，酒半酣，赫连东山说："万局，这是个阴谋。"

万局长说："证据呢？"

赫连东山无言以对。

再喝。你一杯，我一杯，喝到酒瓶见底了，万局长说："丢卒保车吧。"

赫连东山说:"这个卒不能丢。卒丢了,车也就保不住了。车保不住,老将就更被动了。"

万局长说:"那只有下盲棋了。"

赫连东山说:"你给我时间,我把这个案子破了。"

万局长两手一摊,说:"没有时间了,市里一直催要处理结果,媒体也紧盯着……我顶不住了。"

赫连东山说:"那,我一个人承担责任,就别再处理小邢了,他一家人……"

万局长摇摇头,说:"你的处分是少不了的。小邢是直接责任,怕是保不住了。"

赫连东山焦急地说:"处分我背。局长,你想过没有,万一有一天,案情大白于天下,冤枉了小邢,咱良心何安哪?"

万局长说:"那你说怎么办?"

赫连东山说:"无论如何,不能开除小邢。小邢还年轻,一旦追究他的刑事责任,他这一辈子就毁了。可以,先把他调开……"

万局长沉默。

是啊,两个人都看清楚了,这里边是大有文章,可是……

过了一会儿,赫连东山问:"局长,这个案子,还查么?"

万局长气呼呼地说:"查什么查?把自己都查进去了,还查?先停下吧。"

赫连东山说:"就这么算了?"

久久,万局长说了一个字:"等。"

这一等等了七年。等到了另一个大案子出现……这场纵火案才终于案情大白。在这里,时间成了唯一的见证。当然,这是后话了。

这件事的直接后果是,赫连东山被记大过处分,停职反省三个月。民警邢志彬受的是严重警告处分,被调离市局预审科,到郊区一个派出所当民警去了。

在赫连东山停职反省的这段日子里,他开始学习下"盲棋"。一个人默默地坐在那里,面前摆着一个棋盘,闭上双眼,开始默背"炮八平九、马二进三,车一平二……"

可他心里翻江倒海。他一直在想:那个谢之长,还有刘金鼎,他们之间到底是什么关系?特别是刘金鼎,他一个市政府的秘书长,居然敢当着三百多失地的农民使"诈"?!这件事给赫连东山留下了很深的印象。是的,是他命令赫连东山带武器的,这就已经违规了。他竟然还下令开枪(虽然枪里不准装子弹),但这种直面群众的"诈术"以及所产生的后果,还是让赫连东山十分吃惊。

七

停职后,赫连东山心里很苦。

在外,他是受了处分的人。在家呢,他同样处在一种敌对的氛围里。因为观点不一致,他在家里一说话就呛。这是因为,他跟儿子之间成了"敌人"。妻子呢,在大多时间里,也站在了儿子一边,暗地里跟他较劲。

在这个世界上,谁会把自己的儿子当成"敌人"呢?

赫连东山与儿子之间的矛盾是从"打游戏"开始的。当年的赫连华生从小学二年级开始,就迷上了"打游戏",有了网瘾。最初,赫连东山因为工作忙,顾不上对儿子做耐心细致的说服教育,一直采取的是"皮带教育"。再加上他脾气暴,恨铁不成钢,下手重了些,这样一来,与妻子之间也产生了分歧。

儿子八岁那年,就是那一声"蹲下",给赫连西楚留下了终生的烙印。其实,"蹲下"是赫连东山最平常的习惯用语。

儿子从五岁半开始上学前班，八岁就在市里的重点小学读二年级了，赫连东山与儿子的斗争就从那一年开始的。在儿子刚上学前班的时候，听妻子说，幼儿园的老师总夸这孩子聪明，能举一反三，有灵性。赫连东山嘴上不说什么，心里美滋滋的。可是，一天晚上，八点钟的时候，他突然接到妻子的电话，妻子在电话里惊慌地说：儿子找不到了！

由于工作性质决定，赫连东山上下班时间是不固定的。案子来了，一个月不能回家也是常有的事。所以一直以来，都是妻子接送儿子。当他听到儿子失踪的消息后，开初并没有太着急，说先找一找，看是不是去小朋友家玩了。可是，到了九点钟，儿子仍然没有找到……他一下慌了，他害怕儿子被人贩子拐卖了。

那时，赫连东山还只是市局预审科的科长，这也是他第一次以私人名义动用公权。已到了晚上九点多了，派出所的民警都下班了，他挨个给本市的十一个派出所所长打电话……在本市公安系统，大约有一半的所长当过他的徒弟，另一半也都跟他熟识。可以说，没有人不知道"电眼"的名头。于是，这天夜里，火车站、汽车站、河边、公园以及闹市区的各个娱乐场所，出现了许多警察……到了晚上十二点，儿子终于找到了。

儿子是在小西门电影院旁边的一家游戏厅里找到的。赫连东山本是一个不苟言笑、很自律的人，很少求人办事。可这一次，他欠了这么大一个人情，本来心里就窝火，一听说儿子居然是在游戏厅里找到的，简直是怒不可遏。

见到儿子那一刻，他只说了两个字："蹲下！"

赫连东山说这两个字几乎是下意识的。接着，他顺手就把腰里的皮带抽出来了……于是，这两个字在幼小的赫连华生耳里，就像是炸雷一般！他怯生生地看了爸爸一眼，身子抖了一下，瘪着嘴，乖乖地蹲下了。没人知道当年的赫连华生从父亲眼里究竟看到了什么，然而，从第二天起，这孩子变得沉默了，尤其是在赫连东山面前，看见他就像老鼠见了猫一样，溜溜的，能躲就躲，连走路都变得轻手轻脚的。

儿子刚上初中的时候，因为旷课打游戏，曾受到学校的警告批评，说是连续旷课三次，就开除学籍。那时两口子都慌了，连夜跑到学校去给班主任赔礼道歉。最初，妻子虽护着儿子，但也反对儿子玩游戏。妻子性情平和，在父子之间起了不少缓冲作用。可后来就不行了，后来两人在教育儿子的方式方法上有了很大的矛盾，赫连东山就成了孤家寡人了。每次，他只要一开口，妻子就说：你审犯人哪？

儿子在一天天长大。客观地说，在教育儿子的问题上，赫连东山是做过让步的。他虽然脾气暴躁，至少，他自己认为，他是一让再让、一忍再忍……也可以说，他已克制到了最大极限。

在对待儿子的态度上，赫连东山是做过反思的。他也知道，孩子们都喜欢玩游戏。只要不过分，人家孩子有的，自己孩子也应该有。于是，趁着出差的机会，赫连东山虽不情愿，还是破例给儿子买了一台"任天堂"小游戏机。在儿子生日的那一天，他从提包里拿了出来，放在了桌上。他甚至故意压低声音，以和解的口吻说："游戏不是不能玩，可以玩，但不能上瘾。你只要完成作业，我批准了，每天可以打一小时……"可没等他把话说完，儿子很冷漠地瞟了一眼，说："换代了。"赫连东山怔怔地望着儿子，脑门上的火一下子就蹿起来了："啥？你说啥？"儿子扭过脸，不看他。赫连东山站起，又坐下……一忍再忍，说："不就是游戏么？换……换什么……带？"儿子不看他，用鄙夷的口吻说："你这是一代，现在都第三代了。"

真是话不投机呀。

赫连东山火冒三丈！可在这方面，他真的不懂。不就是玩嘛，不就是游戏么？玩，还分"代"？这个"代"太让他伤心了。凭感觉，赫连东山甚至在这个"代"字里读出了一种时间的意味。"换"？换什么换？难不成把老子也换了？！……可他确实不知道，在这个虚拟的世界里，儿子已经过五关斩六将，叱咤风云，达到了相当高的级别。

赫连东山一直企图把儿子引上正路。

为了不让儿子陷在游戏厅里，赫连东山采取了很多手段。首先是经济封锁，赫连东山冻结了儿子的"压岁钱"。那都是逢年过节，老人、亲戚、朋友送的，合起来有几千块。钱本来是儿子个人存放的，现在被暂时没收了，说是等他长大后还他。第二，儿子每天的两块零花钱（一块是早餐费，一块是杂用）也被取消了。20世纪90年代中期，物价还不太贵，一块钱可以买一个熟鸡蛋、一块面包、一盒牛奶。孩子毕竟是正长身体的时候，这些食品还是要保障的，只是改由家里买好，给他带上。第三条，赫连东山给儿子制定了一个作息时间表。放学回来签到，几点几分到家，在表上划一个"正"字。儿子反抗过，先是不吃早餐，绝食抗议。有一天，他突然梗着脖子说："我知道你是管监狱的，这是监狱么？"赫连东山说："这是家规。我给你说，好的生活习惯可以……"可儿子不听，儿子把头扭过去了。

作为一名侦察员，赫连东山曾经跟踪过儿子。有一段时间，赫连东山不太忙的时候，一早一晚都悄悄地跟在儿子后边。每每见儿子走进学校或是进了家门，他才放心。有一次，他看见儿子被三个大孩子截住了。这时他才发现，儿子异常地倔强，并没有屈服。三个大孩子把儿子按在地上，在校门外打成了一锅粥……正当他要上前的时候，学校里的上课铃响了，三个大孩子一哄而散。儿子从地上爬起来，拍了拍身上的土，踽踽地走进校门里去了。这时候，他还是有些心疼儿子的。当晚，儿子放学回来，他看着儿子脸上有一块青，问："怎么了？"儿子扭过脸，说："没怎么。"

赫连东山原以为，经过一段时间的校正，儿子已经戒了网瘾，可事与愿违。终于有一天傍晚，他从外边出差回来，在游戏厅里当场捉住了儿子。让他惊讶的是，儿子在一台大游戏机前坐着，两手像弹钢琴一样快速地移动，只听荧屏里枪炮声四起，炸声一片……在一片叫好声中，儿子身后居然站着那三个跟他打过架的大孩子，就像是卫兵一样。赫连东山二话不说，拧着儿子的耳朵就把他提溜出来了！

也许就是这一次，儿子眼里生出了仇恨。把儿子提溜回来之后，狂怒之下，赫连东山把儿子按在床上，扒了裤子，抽出皮带，狠抽了一顿！……当时妻子刚好下班回来，骑的车子都没扎好，就冲进屋来，说："打吧，把我们娘俩都打死算啦！"

儿子一天天大了，可父子之间，裂痕却越来越深。特别是在两人失控的时候，都说过很绝情的话。

在停职反省的这段日子里，赫连东山虽然对儿子的成长教育屡屡失败，却有了一次"侦察"成功的案例。这时儿子已读到了高中二年级。近一段时间，据妻子观察，儿子好像不再去游戏厅了，背的书包也越来越重。于是赫连东山也开始注意儿子的变化。最初，他还以为是他的"皮带教育"起了作用，但观察了几天后，他发现了新的问题。

那是一个星期六的下午，儿子放学回来后，把书包一丢，就到卫生间里去了。往常，儿子也是这样，回来把书包随手一丢，就上卫生间，这是老习惯。可那天晚上，赫连东山感觉有一点异常，好像哪里出了点差错？是的，儿子没有像往常那样把书包随便扔在客厅里，而是先把书包拿进了他自己的卧室，尔后才上卫生间。那么，书包里装的是什么？

这时候，赫连东山已是市公安局副处级侦察员了。前不久分了一套三室一厅的房子。从此，儿子也有了自己的单独空间。于是，趁儿子不备，赫连东山进了儿子的卧室，悄悄地检查了儿子的书包。这一查，就查出问题来了。问题十分严重，赫连东山在儿子的书包里发现了三盘"黄碟"！赫连东山的脸色立时就变了，黑风风的。他马上把儿子叫过来，厉声说："你作死呢！这是什么？"

儿子低下头，脸一下子黄了，蜡黄，紧接着，头上的汗就下来了。他知道，父亲是警察，这很严重。

一看书包里装有"黄碟"，妻子也慌了，说："儿啊，你这是，这是想当流氓呀？犯法呀！"

这一次，赫连东山没有像往常那样暴跳如雷，很平静地说："行啊，我看这学你是不想上了！不上就不上吧。"

接着，他先是把妻子拉到里屋，关上门，说："这事很严重，可大可小。要是坏了性情，孩子就废了！"妻子也吓坏了，搓着两手说："是啊，是啊，咋办呢？眼看明年就考大学了……"赫连东山说："这一次，你得听我的。"妻子怕他动粗，说："有一条，你不能打他，再打就把孩子打坏了。"赫连东山强压火气，说："你放心，我不打他。再说，孩子大了，打也没用。我把他带出去，跟他谈谈心。"妻子仍不放心，说："那你，真要送他去……"赫连东山小声说："放心吧，我只是吓吓他。尔后跟他好好谈一谈，决不动他一指头。"

出了里间，赫连东山对儿子说："走吧，跟我走。"

儿子眼里噙着泪，惊恐地望着他。

赫连东山说："走啊，我送你去派出所自首。"

妻子还想说点什么，赫连东山用目光制止了她，尔后，推开门走出去了。儿子勾着头，默默地跟在他的后边。

"刀片老爸"在前边走，他在后边跟着。是的，大街上从来没有这样安静过。走在路上，他什么也听不到，什么也看不到，平日的车声、人声，还有那五光十色的霓虹灯，都像潮水一样退去了，他心里只有两个字：绝望。

赫连东山没有回头。他看不见儿子的脸色，如果他回头看一眼，他就会发现死咬着嘴唇的儿子，脸色正由煞白变成红紫，脖子上的青筋正在跳跃……赫连东山正被心火烧着，一脸的懊丧。他万万没有想到，这个贪玩、叛逆、正值青春期的儿子竟然偷偷地看起了"黄碟"。这还不同于玩游戏，那都是些什么呀？男男女女光着屁股……儿子眼看着走上了邪路，万一把持不住，人就毁了。怎么办呢？

突然，身后响起了一阵"噔噔噔……"的脚步声！赫连东山扭头一看，只见儿子跑进临街的一栋楼房里去了。那时，他们刚刚走过一个街角，再走一百多米，就是人民公园了。这临街的楼房，是一栋七层楼的旅馆，儿子就这样突兀地顺着旅馆的步梯冲上楼去了。赫连东山脑子里"轰"地一下，胸口像是被火针扎了一样疼痛！他弯下腰，猛咳了一阵，突然发现，儿子大了，儿子不听他的了。

赫连东山怔怔地站在那里，好半天没回过劲来……终于，他万般无奈地、一步一步地追上楼去。

这七层楼，赫连东山每一步都走得极为痛苦。这每一步都预示着他教育的"失败"。他怎么也想不明白，父子之间，怎么就到了这一步？当他登上楼顶的时候，发现儿子站在楼顶的边缘处，脸色煞白，冲着他喊道："你别过来。你再逼我，我就跳下去！"

接着，儿子又声嘶力竭地喊道："我受够了！从现在开始，我不是你儿子。我跟你一刀两断！我是贼么，天天盯着我？凭什么？谁给你的权力？就因为生了我，你就可以毁了我么！……"

天色已晚，远处灯火璀璨。城市的夜空中飘浮着烧烤的油烟味和杂乱的音乐声，一会儿是"妹妹你坐船头……"一会儿是"潇洒走一回……"一会又是"小城故事多……"父子之间，相隔十几米的距离，却是咫尺天涯。

到了这时候，赫连东山反倒冷静下来了。是的，位置一下子颠倒过来了，他跟儿子成了谈判的对手。赫连东山一辈子都在与嫌犯较量，可这一次，较量的对手竟成了他的亲生儿子……在儿子咆哮时，赫连东山什么也没有说，他摸了摸衣兜，从兜里掏出烟来，抖着手点上，默默地吸着。他在等待，等着儿子把心里愤懑全都发泄出来。

他知道儿子心里害怕。儿子没经过什么事，儿子眼里除了恨，更多的是恐慌，他是吓坏了……如果稍不留意，哪怕有一句话说重了，他真的会跳下去。赫连东山站在那里，一句话不说，接连吸了两支烟。过了大约有一刻钟的时间，他终于开口了。

他说："儿子，你真的想从这里跳下去么？"

他说:"养活了你十七年,就为了让你从这里跳下去?"

他说:"就按你说的,你已经是大人了。生你、养你,都是我应尽的义务。那么,今天晚上,就算我最后一次尽义务。"

他说:"你记住,你可以不认这个老爸,老爸不会不认你。你现在扭过头,往前看,这是去派出所的方向么?我说带你去派出所,只是想吓吓你,让你引起足够的重视。我的本意是,带你去公园,咱爷俩好好谈一谈。"

他说:"世界很大,你要走的路还很长,现在又是你高考的关键时刻,如果你被这些污儿八糟的、不堪入目的东西诱惑了,坏了心性,荒废了学业,你这一辈子,就毁了。我说了,世界很大,你本可以走很远的路,接触更多的人,有更多的选择余地,也会有更多的人生见识……"

他说:"当然,要是真考不上,也没什么。有很多人,没什么见识,也都活得好好的。有件事,我还没跟你妈商量。儿子,如果你真的不想上大学了,不想走出去看一看这个大千世界,也没什么。我把家里的老底告诉你,咱家存有八万块钱,到时候再凑一凑,给你买一'夏利',开出租吧,也算是给你一个饭碗。就这么多了。往下,娶一媳妇,好好过你的日子,也行。"

他说:"儿子,没有人逼你,只是希望你将来过得更好。"

他说:"儿子,你真要往下跳,我也拦不住你。何去何从,你自己好好想想。"

说完,赫连东山从楼上走下去了。下楼的时候,他就像是踩在自己的心口上,心口的血一阵一阵往上涌,每一步都走得很艰难。拐过街角,他蹲在一根电线杆下面,长叹一声,忽然觉得风里有盐,那不是盐,那是他的泪。

夜深了,终于,他看见儿子从楼里走出来了。

后来,他从妻子那里得知,儿子连夜把那三盘黄碟还给人家了。按儿子的性格,无论如何,他是不会出卖朋友的,哪怕是犯了罪,这也是他宁死不去派出所的原因。

这一晚对赫连华生来说是刻骨铭心的，是他成长期的一个临界点。这也是他从赫连华生走向赫连西楚的前夜，再往前走，他就成为网络上的"西楚霸王"了。可以说，有了这一晚，他才真正走出了父亲的阴影。从此，父亲再没有动过他一指头，父亲"投降"了。至少他自己以为，他那可恶的"刀片老爸"，居然投降了。

当然，这难得的"自由"也是他自己争取来的。在上高中的最后一年，他是拼了命的。他想，他一定得考上大学，只有考上了大学，他才能彻底脱离那双眼睛的监视。所以，在考大学填写志愿时，他填的全是外地，一个是上海，一个是北京，一个是深圳，他想走得越远越好。那时候，飞出"牢笼"成了他学习的最大动力。终于，他如愿地考上了北京的一所大学，虽然是"二本"。

此后，父子之间再没说过一句话。

第四章 平原客

他们都不再说那个字。可他们心里都有了那个字。那个字在喉咙眼里卡着,面是一口也吃不下去了。李德林在饭桌上一直抽烟。尔后,他站起身来,走到窗户跟前。窗外,夕阳西下,田野里,一个浑身挂满曲线的女子正在试验田边上漫步。他知道,这人是王小美。

一

　　那天晚上发生的事情，一直让李德林耿耿于怀。

　　那天晚上吃的是油饼。油饼不是做的，是买的。徐亚男自名正言顺地（特别是生了儿子）当了副省长夫人后，不大做饭了。过去她做的小油饼很好吃，面是手工和的，在案板上盘了又盘，把面盘筋道了，再擀成圆形的饼状，抹上香油腌好的葱花，一层一层的，在鏊子上翻来翻去地烤熟，热腾腾的，吃起来软香。当然，再加上生铁锅熬出来的小米粥、一碟小咸菜，她知道李德林好这一口。可现在她懒得做了，让小保姆去学院食堂里买，食堂里的油饼吃起来油乎乎的，不是那个味了。小米粥也是让小保姆用铝锅熬的，熬的时间短，米油没有熬出来，喝着寡淡，这饭就吃得没有一点意思了。

　　也不仅仅是吃家里的饭没有胃口，由于一连串的事情，李德林对徐亚男早就看不入眼了。她的一些做派，不仅让同僚笑话，也让他面子上不好看。每当她拿起电话，说"我是李德林家的——"就让他脑子眼疼！再有，这段时间以来，他所培育的"黄淮一号"双穗小麦试验屡屡失败，连他名下的研究生都开始质疑他的"小麦理论"了，这也让他闷闷不乐。公务方面，有几个地市搞大拆大建，卖地卖疯了，越过了国务院土地政策的"红线"，受到了上边的严厉批评。他曾亲自带着调查组下去处理过两起"农田商用"的非法事件,但他是分管"农口"的,仍有不可推卸的责任。省长专门把他叫去谈了话,省长说:老李呀,你是小麦专家,不知道土地的重要么?就这一句,让李德林无地自容。就这样,一连串的事情叠加在一起,使他的压力越来越大,心绪极坏。

徐亚男只知道他每天夹着个皮包,坐着专车,体体面面地出门去了,并不知道他晚上夹带回来的,是怎样的一副心情,也不可能替他排遣,交流就更谈不上了。所以,回到家里,看见徐亚男贴一脸的黄瓜片子,在他面前扭来扭去,还走着掉着……让李德林恶心得直想吐。是呀,你朴实点也就罢了,可徐亚男偏偏跟城里人学,毛病。有一次,徐亚男突然拿出一个纸片,纸片上写着一串英文字母,她问:"球球他爸,这个牌子是抹脸用的吧?"李德林一看,是美国的"坏灰"。李德林说:"是谁骗你的?——抹墙的。"还有一次,李德林刚一进门,徐亚男就说:"这个老薛不接我电话,孩儿他表舅的事,也不是啥大事,你能不能……"李德林大怒:"谁让你给薛书记打电话了?以后不要动不动就给人家打电话。下不为例!"他脸本来就黑,在家里话也少,又是一个轻易不发火的人,自然看不出什么端倪。可李德林已忍无可忍。

吃了晚饭,看了一会儿《新闻联播》,李德林就斜靠在沙发上看文件。就这么看着看着,他身子往下一出溜儿,睡着了。其实他并没有睡死,他只是把眼闭上了……这是他准备"分居"的前奏,以前就是这样。这就是说,他不打算回房间跟徐亚男一个床睡了。

开始的时候,徐亚男只是在客厅里走来走去,一会儿拿点这,一会儿又拿点那,动静很大,希望能引起他的注意。可他脑袋昏昏的,蒙蒙眬眬的,已有些睡意了。后来,徐亚男从卧室里拿了一床毛毯盖在了他身上,仍是希望引起他的注意,可他纹丝不动。

到了半夜时分,徐亚男穿着真丝睡衣从卧室里走出来,走到他跟前,解开他的皮带扣，动作很大地去掏他的裤裆……这时候李德林迷迷糊糊的，猛一下惊醒，说："你干什么？"徐亚男一边掏着一边说："'鸟'哪，飞了？"李德林惊慌失措地坐起身，说："啥……你干啥？"徐亚男抓着他的下身，仍不松手，说："我找'鸟'。咦，咋软咪拉乎的。飞哪了？打野食去了？"

李德林用手推了她一下："胡说。"

徐亚男拽着他说："你起来，你给我起来。"

李德林说："干啥？都下半夜了。"

徐亚男说："干啥？你说干啥？该交'公粮'了。"

李德林没好气地说："睡去吧。我累了，没心情。"

徐亚男说："你没有，我有。起来。"

李德林说："这样，这样吧。你坐下，咱好好谈谈。"

徐亚男说："'公粮'你多长时间没交了？说吧，你是不是在外头卖'余粮'了？谈啥谈，要谈咱被窝里谈去。"

李德林说："彩呀，坐，你坐。咱好长时间没交心了。你坐下，咱交交心。"

徐亚男早就把名字改了，她最讨厌有人叫她"彩"。她都这样了，还能让人"踩"么？她怔了一下，大怒："交啥心？一个大活人都交给你了，还想咋？！你想尻就尻，想日就日。想尻了还得让人喊出来，这会儿不想尻了，就撂一边了……你啥人哪？"

李德林一下子目瞪口呆，说："你……你……怎么……"

徐亚男急不择口，说："咋，你在外边打野食，吃饱喝足了。偷存私房钱不说，回家来连'公粮'也不交了。把你爹叫起来，让他评评理！"

一听这话，李德林白了她一眼，勃然大怒："怎么？我爹死了，你还要把他老人家从坟里拉出来么？！"

一提起父亲，李德林心里就隐隐作痛。父亲已经走了，父亲是去年冬天走的。自从徐亚男生了孩子后，父亲的身体状况每况愈下，渐渐就不招徐亚男待见了。老人喜欢孙子，抱出去摔了一跤，孩子脸上蹭破了一点油皮。从此之后，徐亚男碰都不让他碰了。每每还用小话刺激他，动不动就说："老木坷嚓眼的，别再摔了孩子，一边去。"家里有很多进口奶粉，一桶一桶地堆着，本是让老人和孩子一块喝的，可徐亚男却把奶粉藏起来了，只让孩子喝。有两次，李德林下班回来早一些，就见老人在院子外边呆呆地坐着，像个傻子似的。李德林问："爹，你怎么在这儿坐着呢？"老人也没说什么。老人说："我晒晒，晒晒虫儿不打。"李德林把他扶起来，说："回屋吧，天都黑了。"后来，父亲突然提出来要回乡下，李德林劝了很多次，都没劝住，他执意要走。父亲回乡不到半年时间，突然就去世了。父亲一直到去世，都没说过徐亚男一句坏话。可后来，李德林听人说，只要李德林一出门，徐亚男就把老人赶到门外去了，美其名曰："晒晒虫儿不打。"

徐亚男知道自己说漏了嘴，脸上有了些怯意，身子不由往后退了一步。

这时，李德林终于把那句话说出来了。他冷冷地说："离婚吧，这日子没法过了。"

徐亚男怔了一下："你说啥？"

李德林很坚决地说："离婚。"

徐亚男一下子跳起来，说："我说呢，船在这儿弯着呢。日絮了是吧？尻够了是吧？想换新花样了是吧？好啊，离，我现在就成全你，马上离！……"说着，她茫然地扭了一圈儿，两只手像是要抓住什么。可她突然拐进里屋，把孩子从床上一把抱起来，孩子被惊着了，"哇"的一声哭起来。徐亚男把孩子抱到厅里，当着李德林的面，把孩子高高地举起来，大声说："离，离吧！既然你想让俺娘们死，这孩子我也不要了，当你面摔死，不留后患！省得将来后娘折磨他……"

李德林脑子里"嗡"的一声，一下子短路了。他惊慌失措地从沙发上爬起来，张口结舌地说："你，你，你……这是干什么？"

徐亚男说："你不是要离婚么？离吧。反正是个死，孩子前脚走，我后脚跟上，不拦你。"

李德林没有主意了，他慌忙说："放下，你先把孩子放下，有话好好说。"

徐亚男大声喝道："姓李的，我告诉你，想离婚，门儿都没有，除非我死了！"

孩子哇哇地哭着，嗓子都哭哑了……

李德林一下子心软了。他说："算了，算了，我服了你了。把孩子抱进去吧。"

徐亚男说："咋，不离了？离呗，离。"

李德林两手捧着头，不语。

徐亚男哄着孩子说："乖，乖乖，不哭了，咱不哭了。看看你爸，你爸哄你玩呢。你爸是孬种，他的良心让狗吃了。"

接着，她把孩子哄得不哭了，交给保姆，重又走回客厅，对李德林说："不离了？不离，走，交'公粮'去。"

这天夜里，李德林最终还是交了"公粮"。虽然这里边有一些胁迫的意味，但主要动力竟是来源于"仇恨"。最初，徐亚男的粗暴已经把他吓坏了，他的身体已交不起"公粮"了。可是，作为一个副省级干部，在外已经很少有人这样威胁他了，他心中自然有股火，正是这股难消的邪火，重新点燃了他。当他被"押"回卧室后，徐亚男脱得赤条条地躺在床上，身子扭到一边，给他个屁股，却又不理他了。李德林默默地上了床，当他躺下来之后，徐亚男突然转过身来，说："尻吧，你要能尻死我，算你有本事。"这句粗话差点让他泄了。于是，他闭上眼睛，带着满腔怒火，把这个恶女人想象成他的前妻罗秋旖，义无反顾地翻身上马！夜深时，两人像是都成了野兽，两人的性欲完全是由仇恨激发起来的。徐亚男突然大声叫起床来了，那嚎叫声就像是母狼一样！到了最后，徐亚男叫着叫着，突然摆头咬住了他的胳膊，一直咬出血来还不松口，尔后说："我得叫你记住我。"

这也是李德林最后一次交"公粮"。

事毕，李德林一夜都没合眼。虽然睡在一张床上，虽然也交了"公粮"，可此时此刻他们却成了"敌人"。在徐亚男的呼噜声中，李德林心里反反复复地想着一个字：离。

心需离，一定要离。

可是，怎么离呢？

二

从此，李德林不愿回家吃饭了。

除了会议上的应酬之外，李德林在外边吃饭的次数越来越多。省城有大大小小的烩面馆几百家（这也是本地的一大特色），刘金鼎曾经陪着李德林吃过二十六家。

凡与小麦有关的食品，尤其是面食，一直是李德林的最爱。最早当然是在顺城街吃的，顺城街的马家烩面，面好、汤好、味正，是用大马勺下的，一勺一碗。但顺城街的马家烩面做的是街边生意，又脏又乱，人还多，且多是打工一族，老得站在街边上排队。排着排着就烦了，有一次刘金鼎说："老师，咱换一家吧？"李德林随口说："你瞅着好地方，换一家。"

于是，刘金鼎每次来省城，见到好的烩面馆，就约上李德林去吃一次。吃了，刘金鼎问："咋样？"李德林说："不过如此。"刘金鼎也跟着说，"一般一般。"于是就再换一家。

俗话说，风气是染出来的，胃口是养出来的。开饭馆的商人都很精明，有人率先打出了"滋补烩面"的牌子，滋补烩面是用小山羊肉、腿骨做成高汤，汤里加上党参、黄芪、白芷、枸杞等各种中药，熬上一天，去了腥膻和火气，下一碗用鸡蛋和成的醒面在汤里，再加香菜、糖蒜、辣椒油，味道反而更敦厚了。"滋补烩面"的牌子刚一打出来,刘金鼎就拉上李德林去吃了一次。冬日里,两人吃了一头大汗。刘金鼎问:"老师,咋样?"李德林说:"嗯,还行。"在刘金鼎看来,这一句"还行",已是很高的评价。

可十天半月过后,再去吃,就不行了。商人大多是急功近利的,牌子闯下来,不好好守着。肉也不一定是小山羊肉了,汤也不一定是腿骨熬的高汤了。中药味仿佛还在,可汤里就漂着几粒枸杞。香菜、糖蒜、辣椒油什么的,都不新鲜了,吃起来味道就差了很多。两人吃了,不等老师说,刘金鼎就先摇头,说:"不行了,这家不行了,换地方吧。"

市面上,生意是日日新的。不久,又有人挂出了"三鲜烩面"的牌子。"三鲜烩面"的广告做得也很好,号称用的是内蒙古呼伦贝尔的羊肉,羊是吃大草原肥美水草长大的;海参、鱿鱼都是远海打捞,三鲜么。汤定然是高汤了,每碗面汤里还漂着一个鹌鹑蛋,号称天上飞的、地上跑的、水里游的"海、陆、空"全齐。面呢,也自称是用一等加拿大高筋粉和成,扛子轧出来,用小磨香油一片片浸着,现吃现下。刘金鼎又拉上李德林去吃了两次,觉得还行。到了第三次,吃到半道上,邻桌的几个年轻人打起来了,汤水四溅,啤酒瓶横飞!刘金鼎赶忙拽上李德林,说:"走,咱走。你看乱得。"

自然而然的,也不是执意的,不知从哪一天开始,两人就不在街边店里吃了。此后就进了高档些的饭店了。高档饭店里一般都有雅间,雅间里安安静静的,夏有空调、冬有暖气,还有服务员随时侍候着,有什么事只要招呼一声,人就过来了。特别是,一切都按李德林的吩咐办,要几个净菜,喝几盅小酒,简简单单,最后自然是上烩面。两人喝到兴处,说些私密性的话,也不会让人听到。高档饭店里的面食,自然十分讲究,就是贵一些。刘金鼎不怕贵,他有签单权。每每吃过,当刘金鼎给老师递牙签的时候,李德林会对服务员说:"结账吧。"服务员笑了。刘金鼎就说:"走吧老师,结过了。"李德林会说:"该我结的,下不为例。"可次数一多,李德林也就不再说什么了。

平日里，李德林吃饭简单，原是只要面好，菜是不讲究的。现在进了高档饭店，吃着吃着，嘴就吃"刁"了，也不尽在一家吃，是选着吃的。大饭店里都有招牌菜，或者说是特色菜，来了自然要尝一尝。尝过了，刘金鼎问："不错吧？"李德林会说："不错。"有时也会说："一般。"

按李德林的习惯，无论多高级的餐厅，吃到最后，还是要上面，不过是大碗改小碗了。面也不单是烩面了，各种面都会尝一尝，当然要上最好的。比如，有一种"伊府面"，号称是扬州知府呈送皇家的贡品，面是用鸡蛋清和的，放在热油里炸了，用清亮鸡汤煨出来，加上新鲜的虾仁等，吃了别是一番风味。再比如一个四川的"担担面"，用清水煮了，拌上三十一种调料（这也只有高档饭店才有），清清爽爽的，似不见一丝油星儿，但筋道无比，香辣可口。这让轻易不夸口的李德林也会说上一个字："好！"

在这样一个时期里，社会风气也跟着悄然发生了变化。先还是吃，全民性的吃，天上飞的、地下跑着、水里游着……换着法儿吃。当然，吃的档次有高有低，可吃着吃着，升级了。也似乎是一夜之间，省城的大街上像雨后春笋一般，到处都是"发廊"和"脚屋"。这是一种很奇特的现象，仿佛在陡然间，全民都喜欢上了"洗头"和"洗脚"。以保健名义开始的全民性的"洗涤"，首先变成了一种商业化的接待方式，或者叫做新的"待客方式"。从此，所谓的"洗一洗"逐渐演绎成了一种娱乐性消费的隐语（你懂的）。那么，接下去价格就涨上来了，最早从二十块开始的消费，上升到了六十、八十、一百……此后就上不封顶了。人们从上到下"洗"过之后，歌厅就应运而生了。以"卡拉OK"打头的霓虹灯闪烁在大街小巷的每一个角落，"潇洒走一回"成了全民传唱的歌曲。随着麦克风里"风尘滚滚，痴痴情深……"的歌唱，有那么一段时间，在霓虹灯的照耀下，站在歌厅门前，你就会发现，大玻璃窗里喷了香水的姑娘已站成了一排，她们一个个腰间挂着号牌，任你挑选……有一句话叫"开放搞活"，这是从肉体到灵魂的全面开放了。爽！

也就是在这段时间里，像李德林这样级别的官员，显然是不屑于去"脚屋"和"歌厅"的。不过，两人吃饭的档次在不知不觉中慢慢升上来了。有时候，喝过了几杯小酒后，李德林就有些犯晕，露出精力不支的样子。刘金鼎赶忙问："老师，累了吧？"李德林说："还行。这一阵儿会太多，有点乏，没事。"可刘金鼎是个有心人，就记下了。下一次，再吃饭的时候，干脆就挪到五星级大酒店里去了。每次来，先订房间。既然是五星级，这里的服务就更加周到，吃了、喝了、开一房，躺下来歇一歇，说些更为体己的话。就这么吃着、吃着……刘金鼎当上了黄淮市的常务副市长了，签个单什么的，更不在话下。

有一天晚上，两人在一家五星级酒店里吃了晚饭，刘金鼎试着说："老师，累了一天了，按按吧？"在这个时候，"按按"已是最普遍的说法儿了，这个"省略句"已家喻户晓。李德林先是怔了一下，说："按按？按按就按按。"

省城的五星级的大酒店，也就那么几家，服务是最上乘的。只要在房间里按一铃，两个小姑娘就来了。当然做的是中医按摩，全身保健之类。这些小姑娘都是有些姿色的，且都是中医学院出来的（五星级的服务，价格自然昂贵）。她们穿着超短裙，一扭一扭地走进来，见了客人，彬彬有礼，不问来路，一律统称"先生"。尔后，在床边上贴身坐了，像女儿，也像是丫环，小手柔柔的、软软的，从脑门一直按到脚趾头，一穴一穴走，一路走下去，轻轻重重、该痒的地方痒、该热的地方热，弹琴一般，一个半小时下来，自然神清气爽。

尔后，服务员再送上一壶菊花茶，热毛巾，水果之类……刘金鼎说："老师，还行吧？"

李德林说："好，真好，我这老腰，舒服多了。"

关上门，两个人的时候，刘金鼎说："老师，有些话，在一些场合上不便说。这儿就咱俩，我给你说说。"

李德林说："你说。"

刘金鼎说："老师呀，你现在是省级干部了，有时候，我是说该'端'的时候，也得'端'着点。"

这个"端"用得好，虽有点含糊，可引申、注解的地方太多了，得细品。李德林"噢"了一声。

刘金鼎说："老师呀，你的讲话，我听过多次，是很亲民，但也得给他们来点'中西合璧'，'狗得毛尼'什么的，该'跩'也得给他们'跩'几句。这幽默里含着学问呢，这样他们才会服你。"

这个平原上的土语"跩"字，含义丰富，李德林不置可否。

刘金鼎说："老师啊，我最服你的一点，是'数字感'。据我观察，在所有的省部级官员中，你对数字的记忆是最好的。人口、土地、亩数、产量、单株的粒数等等，你可以精确到小数点的后三位。在给上边汇报工作时，你一串数字下来，能把人打懵。无论哪位领导，听了你的汇报，都会留下深刻印象，所以，你不妨强化一下……"

关于对数字的记忆，李德林是有自信的，于是他随口"嗯"了一声。

往下，刘金鼎试探着说："老师，有些事情，你的语气也该变变了。对下边有什么要求，你不能老用商量的语气。你跟他们商量什么？他是下级，你是上级，该发威就得发威，该下命令就得下命令。你是主管省长啊，你说是不是？"

李德林不语。

刘金鼎说："比如薛之恒薛书记，他虽然跟你是老同学，但他毕竟是下级，他老跟你开玩笑，这就不合适了。他也不过就是个厅级干部，哪能那么随便。你说是不是？像我吧，你怎么批评，怎么骂都行，再骂，我也是你的学生，就像自己的孩子一样。可有些人，有些事，你就得区别对待了，到了关键时候，还是要用靠得住的人。"

李德林依旧不置可否地"嗯"了一声。

再往下，两人交心的时候，话就越说越往深处走了。刘金鼎说："老师啊，你现在是省级领导，终究还是要往上走的。我知道，我知道你是小麦专家，有自己的专长，不看重这些。可你已经到了这个级别了，不可能不往上走。你说是不是？你要再往上走，就不能光靠'口碑'了。《史记》上说，当年一个小小的'平原君'，就有三千门客……说到根儿上，老师，你得有自己的班底呀。"

李德林不以为然，叱道："那我们成什么了？邪门歪道。难不成还要弄一些'爪牙'？"

刘金鼎说："老师呀，古时候，'爪牙'不含贬义，那是利器，到了关键时候，连那些'鸡鸣狗盗之徒'，都是有用的。当然了，我们是现代人。你看，无论哪一任的美国总统，都有自己的班底……"

往下，李德林只是默默地听着，有时还呼噜两声，看上去像是睡着了。

可刘金鼎还在那儿不停地白话呢。他说："老师啊，如果有一天，你熬成了副国级，那就是国家领导人了。说不定，是要进中南海的。你考虑过没有，到时候，你身边的人……"

李德林突然睁开眼，很严厉地制止说："打住。这不是咱考虑的事情。不要再说了。"

刘金鼎解释说："我是说，假如。现在不都提倡专家治国么，老师，这也不是不可能啊！我看，按你的条件，当一副国级，绰绰有余。你是早晚要进中南海的人，真有这一天，你身边的人，得有点品味才行啊。有些事情，现在想想，我都有点后悔了。"

李德林一怔，说："你后悔个啥？"

刘金鼎说："老师啊，掏心窝子说，我真不该把她介绍给你，你看看那徐二彩，成什么样子了。真给你丢人！"

这就像是一记重锤，一下子砸到李德林心窝里去了，于是李德林的呼吸一下子变粗了。

看李德林没有反感，刘金鼎接着说："让她去你那儿，本意是让他好好照顾老人，好好侍候你呢。说句不中听的话，她也就是个粗使丫头，干保姆的料。原来吧，还有个朴实劲。现在呢，就只剩下个粗俗了。就那个样子，出门还招招摇摇的，让人笑话。家里来个人吧，她坐在沙发上，让你去倒茶，反了她了！她呢，还一会儿抠抠鼻子，一会儿摸摸脚……真叫人看不下去。她是省长夫人哪，得有点……是吧？"

听着听着，李德林忽一下坐了起来，长叹一声，说："老弟呀，我是度日如年哪。她这个人，怎么会是这样？当初我怎么就没看出来呢？……唉，实话给你说吧，现在我是一看见她脑子眼疼！哪怕是一天、一小时、一分钟，我也跟她过不下去了。"

这时，刘金鼎又加了把火。他说："说心里话，你身边如果还是罗老师……我不支持你离婚。她这个人，粗俗不堪，一点品味也没有，太丢你的人了。你要是离婚，我坚决支持！"

李德林连连摇头叹息说："是啊，你不知道，没法说……这段时间，这个女人都快把我逼疯了。"

刘金鼎说："她，就她？凭什么？这还不好说，给俩钱儿，叫她滚蛋。"

李德林叹一声："她要不离呢？"

刘金鼎说："敢？反了她了。"

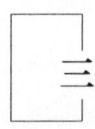

三

自从李德林提出离婚后，徐亚男每天都提心吊胆的，过的是一种在针尖上行走的日子。

徐亚男有她自己的委屈。原来只是侍候老的，怎么侍候都行。现在把老的发送走了，她也该喘口气了吧。可她不光要侍候男人，还要看护小的。俗话说：母以子贵。生了儿子后，她就是堂堂正正的副省长夫人了。既然是正牌的省长夫人，她当然要跟过去不一样了。

相对来说，在她眼里，孩子肯定是第一位的。她把所有的心思都用在了孩子身上了。是啊，孩子太小，整日里哭哭闹闹的，不是发烧就是感冒……这些，就够她心烦了。自然就顾不上再去给他烙小油馍、做酸汤面叶儿、熬小米粥，变着样儿改善生活了。虽说男人好这一口，可男人整天在外边出席各种宴会，什么没吃过？再说，她也实在是顾不过来呀。没想到，男人说变心就变心。从男人看她的眼神儿里，她发现危机正在一日日迫近。

也就是在这段日子里，她的感觉变得异常敏锐。比如，门突然响了一下，厨房里碗碎了一个，卫生间里的马桶"哗啦"一声，都会让她心惊肉跳！一旦看见小保姆慌慌张张的样子，她眼都黑了，说："你踩炮上了？也逼我死呢。"

小保姆已换过两个了，又新来一个，还是看见她就慌，就好像她眼里藏着一把剜人的锥子。小保姆刚来的时候，她让她称她"徐阿姨"。后来又觉得把她喊"老"了，又让改口称她"徐姐"。"徐姐"叫了没几日，又觉得把她叫"低"了，再次让她改口称她为"徐老师"（她徐亚男现在是"农科大"图书馆挂名的资料员，也算是教育界人士了，有何不可？）。小保姆发现，这个"徐老师"有点神经质，怪怪的。她走路一阵风，喜怒无常，常常是穿着睡衣，突然就出现在她面前，说："你慌张个啥？"

小保姆很委屈地说："阿姨，我没慌。"

徐亚男眼一瞪，说："叫我啥？"

小保姆赶忙说："徐……徐老师，我真没慌。"

徐亚男说："还敢说瞎话。没慌？半夜窜出来几趟，还穿件红褂子，想狐狸谁呢？"

小保姆很委屈，说："我那褂子小了，只能贴身穿……我，真是拉肚子。"

徐亚男说:"犟嘴,还敢犟嘴?又偷吃啥了?你以为我眼瞎呀,在厨房那会儿,你跟老头嘀咕啥呢?"

小保姆说:"我是想……想给爷爷(徐亚男命令小保姆称李德林'爷爷')说说我兄弟考大学的事……"

徐亚男说:"你为啥不给我说?记住,以后有啥事给我说。"

过一会儿,徐亚男突然又变一脸儿,从里屋拿出一块布料,说:"给,拿去吧。这可是块好料子,做件衣服。只要跟我一心,我啥事都会帮你。"

每次,只要李德林一进门,"哧溜"一下,徐亚男就躲到里屋去了。她躲进里屋,藏在门后,拉开一个小缝儿,先是悄悄地观察他一会儿,看他脸色有什么变化,尔后再漫不经心地走出来,说:"回来了?"

李德林"噢"一声,就走进书房里去了。

李德林一进书房,徐亚男马上跑到衣架前,把李德林穿的西装从衣架上取下来,像警犬一样上下嗅一遍,再把里里外外的衣兜搜查一通……有时,被李德林撞见了,她就说:"这衣服该干洗了吧?"

等李德林上卫生间的时候,她就飞快地跑进书房,把李德林的公文包检查一遍。如果没有发现什么可疑的东西,心才安下来。如果发现了他跟"前窝儿"有联系的蛛丝马迹,那就是一顿大吵大闹。自从李德林嘴里说出"离婚"二字后,徐亚男就有了高度的防范意识,户口本和结婚证她早就藏起来了。有一日,她觉得藏得不牢靠,一天竟然换了三个地方。后来,她干脆拿到了"农科大"的资料室,把户口本和结婚证书锁进资料室的保险柜里了。

实际上,两人已分居很长一段时间了。在这些日子里,李德林一直找理由睡在书房里。从李德林这边来说,这是又一次冷战……谁先受不了,谁就失败了。在徐亚男看来,这铁定是"老头"有外心了,他是在故意冷落她。于是,一天深夜,李德林从睡梦中醒来,听见了"咔嚓、咔嚓"的声音。这时候他发现,徐亚男披着件睡衣,赤条条地跪在床边上,跟前亮着一支小手电，一手拿着指甲剪，一手抓着他的脚趾头，正在给他剪脚趾甲呢。李德林下意识地想探起身，徐亚男忙抓住他的一只脚脖儿，说："别动，别动。你一动，剪住肉了。"

李德林没好气地说："都下半夜了，你这是干啥？"

徐亚男说："我看你脚趾甲长了，该剪了。"

李德林愣愣地望着她，说："算了，起来吧。别冻着了。"

徐亚男也不说话，仍埋头"咔嚓、咔嚓"地剪着，她是真心想把他给"暖"回来。一直到给李德林剪完了脚趾甲，徐亚男才说："球球他爸，能不离么？咱好好过日子，不行么？"在黑夜里，她的眼神也是"跪"着的。她两眼泪汪汪的，分明在企求说：球球他爸，只要不离婚，我愿意给你当牛做马。

在这么一个夜深人静的时刻，李德林心一下子软了。他默默地坐起身来，一只手去床头上摸烟……过了一会儿，他说："去睡吧。"

徐亚男眼巴巴地望着他，说："你不在，我睡不着。"

李德林默默地吸着烟，什么也没说。

这时，徐亚男欠身移坐在了这张单人床的床边上，突然说："我再问你一句，能不离么？"

就因为徐亚男多问了这一句，李德林那颗原本已有些活络的心又硬下来了。他说："彩，还是离了吧。我老了，身上毛病多。你还年轻，离了对你我都好。你放心，孩子……"

徐亚男望着他，眼里的火星子一炸一炸的，那剃掉又重新画上的眉毛一时间高了许多，假眉下拧成了一道很突兀的棱儿，人像是变了形，看上去十分狰狞。她忽地站起身来，把手里的小剪刀往地上一摔，愤然说："离，离就离。你准备钱吧。"

李德林身子直了一下，说："多少？"

徐亚男知道他拿不出多少钱，张口就说："一百万！"

李德林怔了一下，说："工资卡在你手里。你也知道，我一时拿不出这么多。"

徐亚男说："那我不管。一百万，少一分也不行！"说完，像打了胜仗一样，扭头走了。

这天夜里，李德林在书房里咳嗽了一夜。

第二天上午，李德林想跟徐亚男再谈一谈，可徐亚男一早就抱着孩子，坐着他的专车回娘家去了。于是，李德林赶忙打电话把刘金鼎招来，想跟他商量一下借钱的事。

刘金鼎接了电话后，匆匆赶来了，一进门就问："老师，咋样？"

李德林正在屋子里踱步，见他来了，马上说："有希望，她吐口了，同意离婚。"

刘金鼎说："好哇，好！只要她吐口，事就好办了。办办办，赶紧办。"

李德林迟疑了一下，说："可，她狮子大张口，要一百万哪！……"

刘金鼎说："给她。给给给，赶紧给。"

李德林说："'黄淮一号'还在试验中，其他的专利还没有批下来。工资卡在她手里，我一时上哪儿凑那么多钱呢……"

刘金鼎说："先不说钱，钱不是问题，我找俩企业界的朋友，让人马上把钱送来。"

李德林挠了挠头，又摇摇头，说："这，怕不合适吧？就是能借，我一时也还不上。不妥，不妥。"

刘金鼎催促说："老师啊，到这时候了，快刀斩乱麻，不敢再拖了。趁着她吐口了，赶紧把婚先离了，其他的以后再说。能用钱解决的问题，都不算事儿。"

李德林在屋子里来来回回地走着，踱了一阵儿后，他拍拍脑袋，长叹一声，终于说："这，这是把我逼到墙角里了，实在是……那这样吧，算我借的。我现在就给你打个欠条儿。"

刘金鼎朝里屋看了看，努努嘴，小声说："她人呢？"

李德林说："走了，回娘家去了。"接着，他又叹了一声，说："唉，孩子还小……"

刘金鼎说："老师呀，孩子的事你不用愁，孩子早晚是你的。当务之急，是赶紧把事办了，迟则生变。"

李德林一听，觉得有道理，说："那好，钱的事就拜托你了。说清楚，算我借的。"

刘金鼎说："钱的事，你放心。下午五点以前，我让人送来。"

出了门，刘金鼎就给谢之长打了个电话，他说："老叔，给你个机会，准备一百万现金，李省长有急用。"

可是，两天后，徐亚男抱着孩子回来了，看上去还一脸喜色。她一进门就说："球球他爸，孩子会背唐诗了。他姨父教他的。球球，给你爸背一个'白日依山尽'……"

李德林拉开书房的门，从里边走出来，带着一脸愁容说："孩子先让保姆看着。你来一下，我有事跟你说。"

徐亚男跟着李德林进了书房，待门关上后，李德林说："你坐，坐吧。"尔后，他打开放在书桌上的一个小皮箱，说："钱我已经给你准备好了。你点点？明天咱就去办手续吧。"

徐亚男一脸无辜地说："办啥手续？"

李德林说："不是说好的么？离婚。"

徐亚男说："我说跟你离婚了么？"

李德林望着她，心里一沉。

徐亚男看了一眼桌上的小皮箱："这是多少啊？"

李德林说："一百万，钱是我借的。你不是要一百万么？钱我给你凑齐了。"

徐亚男却说:"我一个黄花闺女嫁给你,就是要跟你好好儿过日子的。我啥时说要离婚了?"

李德林气不打一处来,说:"你?!……"

徐亚男看了看书桌上的钱,说:"球球他爸,这钱还是留着给球球当学费吧。要没别的事,我做饭去了。"

李德林怒不可遏:"你站住。婚是一定要离!我一分钟也不愿跟你过了!必须离!"

徐亚男冷笑一声,说:"行啊,离就离,钱上再加个零,我就跟你离。"说着,她把桌上的钱箱提在手里,"这钱我先收着,等你攒够了,咱就离。"说完,提上钱回卧室去了。

李德林愣愣地站在那里,徐亚男果然变卦了。她是在刁难他,再加一个"0",就是一千万,他上哪儿去给她弄一千万呢?

夜半时分,徐亚男穿着一身白色的真丝睡衣,披头散发地闯进了书房。影影绰绰、朦朦胧胧地,突见床前立一人,鬼魂似的,李德林吓了一跳。拉开灯,他抬眼一看,徐亚男在床头前站着,手里竟然掂着一把菜刀!

李德林慌忙坐起,说:"你疯了?!"

徐亚男恶狠狠地说:"早晚也是个死,我先给你试试刀……"说着,她撩开衣袖,在自己手腕上划了一刀,一条鲜红的血线立时就溅出来了!

李德林慌忙从床上爬起来,按住她的手,说:"你,你……冷静,你冷静。你坐下来,咱好好谈。还有孩子呢,是不是?"说着,也来不及找鞋了,就光着脚跑出去,四下里扒着找到纱布,给她包上。

徐亚男仍站在那里,说:"两眼一闭,一了百了。孩子,你还会想孩子?"

李德林说:"你坐下,你先坐下……"

徐亚男说:"要想离婚,还有一条路,两条路任你选。"

李德林说:"你说。"

徐亚男说："我这儿有个小本儿，我把它交上去，你就等着住监狱吧。"

李德林一惊，说："啥、啥小本儿？"

徐亚男举了举左手里攥着的小记事本，说："逢年过节，孩子满月，还有你爹生病住院收的礼钱，一笔一笔，我都给你记着呢。"

李德林气急败坏地说："谁让你收了？"

徐亚男说："你，就是你让我收的。"

听她这么一说，李德林彻底绝望了。

四

这个地方叫"梅陵植物园"，又被人称为"梅庄"。

"梅庄"建在黄河边上，占地三百亩，庄园共分三大块。一块叫"自然饭庄"，是一个具有现代化功能，可以随时调节温、湿度的室内植物园。植物园上方是由铝合金柱子支撑的玻璃钢穹顶，下边种有各种瓜果蔬菜，在一畦一畦的瓜果蔬菜之间，是一个个四人或八人的连体的欧式白色饭桌。瓜果蔬菜都是现吃现摘，后边还有现养的鸡、鸭、鱼，也都是现吃现做。这里是对外营业的，生意不错。星期天，有很多来黄河边游玩的年轻人，双双对对地来吃"自然"。

另一块则是会所性质，是不对外的。这是一座仿白宫式的椭圆形的大楼，又叫"大白楼"。楼里有完备的住宿、餐饮、洗浴设施，号称是超五星级的服务。且三楼以上全是套间，套间里装有现代化的麻将设备和温泉洗浴功能，主要是对"VIP"服务。所谓的"VIP"主要针对两种人：一种是相当级别的官员，官员是免费的，一人送十万元的贵宾卡，用完再续；另一种是对大商人的，商人要花钱买，也是十万为限，用完再买。只有少量房间空闲的时候，才对外营业。

还有一块占地五十亩，原是要做"小麦实验基地"的，结果又减掉了二十亩，弄成了一个"花卉观赏园"。这样一来，以"小麦实验基地"名义批下来的三百亩地，实际上就剩下三十亩了。那块临时加进来的"花卉观赏园"，是谢之长自作主张弄进来的，他兼着这里的董事长呢。那些花卉都号称是"珍品"，每盆至少上万。一些官员观赏后，想要的话，自然有人掏钱买。

这个"梅庄"可以说是经刘金鼎一手策划搞起来的。刘金鼎每次来省城都要陪李德林去吃面。吃着吃着就不解瘾了，老是到处找地方也找烦了，就觉得应该有一个属于自己的地方。有一次，他对李德林说："老师，咱得有一个据点。"当时李德林并不在意，说："啥'据点'？"刘金鼎说："我是说，得有个吃饭的地方。"李德林不以为然，说："不就吃碗面么，吃饭的地方到处都是。"刘金鼎说："我是说，得有个咱'自己'的地方，可以常年聚会。"李德林随口说："哪有这样的地方？"刘金鼎没有多说什么，只说："这事交给我吧。"于是就有了这个"梅陵植物园"。

刘金鼎一直认为自己是最懂老师的，他相信李德林早晚有一天会成为国家级的领导人。对此，他深信不疑。一想到这里，他就会激动不已。是啊，当了国家领导人之后，老师手下得有个亲信班子，有一些靠得住的人才行。史书上说，当年一个小小的"平原君"就有三千门客，那一个个都是死士呀……何况是未来的国家领导人呢？他想，有些事必须事先做好准备。老师想不到的，他要替老师想到。虽然未来不可知的因素很多，他一时还想得不是十分周全，但先搞一个"据点"，慢慢给老师储备一些人才，他已经非常明晰了。在这方面，他很愿意向两种人学习：一种是犹太人；一种是山西人。

作为黄淮市的常务副市长，刘金鼎曾经带团出访过以色列。他本是去参观考察以色列的"滴灌技术"及现代化农业设施的。但在以色列的首都特拉维夫，刘金鼎顺便参观了当年犹太人建的一个"大流散纪念馆"。在这个纪念馆里，刘金鼎感触特别多。一是犹太人的精明。当年犹太人曾经两次被灭国，国人四处逃亡，流散到世界各地。可他们逃跑的时候，只带两样东西：一个是黄金，一个是"知识"（在脑袋里装着呢）。更让人值得钦佩的是，这犹太人无论逃到世界任何一个地方，只要有十个人，就马上选出一个精神领袖，也就是领导人。由这个领导者与逃往其他地方的犹太精英人士保持通信联络，尔后由"点"连成"线"，由"线"再连成"片"……于是，一个被消灭的民族又重新复活了。尔后，复国了。

当时，刘金鼎在那张闪烁着一个个小灯的世界"流散图"前站了很久，那上面的一处处标注给他留下了极为深刻的印象。

从以色列回来后，刘金鼎就动了建"据点"的念头，于是才有了这个占地三百亩的"梅陵植物园"。"梅庄"虽说是刘金鼎一手搞起来的，但他并未出一分钱，他出的是"点子"和"关系"（借用李德林的名义，打着搞农业科学研究的旗号，地是他跑下来的）。资金先是由"花世界集团"谢之长出的大头，几个财大气粗的煤矿矿主也跟着出了些钱（后来在基建过程中一再追加经费时，这些矿主也都成了这里的股东，是当然的"VIP"）。在工商局公开注册的登记证上，名义上谢之长是这里的董事长。至于总经理，刘金鼎另有人选。说白了，这里就是刘金鼎的一个"据点"。

刘金鼎的"据点理论"最早只透给了谢之长一个人。有一次，两人在一块吃饭。饭是谢之长请的，有人托他找刘金鼎办事，刘金鼎就让他把饭局定在了花世界大酒店。（谢之长本是有恩于刘金鼎的，可以说是刘金鼎的恩公。但恩情就像是存款，"基数"在那儿放着，你一次次地套取，不停地取，取着取着就成"负数"了。）自从刘金鼎当了常务副市长后，老谢的身段就很自觉地放下来了，也开始请刘市长吃饭了。刘市长到了，酒店经理白守信热巴巴地跑来作陪，于是三人就凑在了一起，边吃边聊。酒至半酣，说了一些闲话后，刘金鼎说："白总，忙你的去吧。我有些事想跟老谢说说。"白守信很识相地说:"那好,你们谈。有事叫我。"等白守信离开后,刘金鼎说:"老叔,你不是总问我你还缺啥么?"谢之长说:"是啊,你不说了,让我弄点'文化',我正弄着呢。我买的那些书你都看见了吧。你再看看,我还缺啥?"刘金鼎说:"老叔啊,我让你补点文化,主要说的是'视野'和'境界'。我知道你一直想把事儿做大,那我问你,想不想进军省城?"谢之长说:"想啊,咋不想。你给支支招儿。"刘金鼎说:"那好,你先喝三杯,我给你出个主意。"谢之长二话不说,端起酒连喝三杯,尔后亮了亮杯底,说:"说吧。"刘金鼎说:"你知道明清时期山西的商人是怎么发展起来的么?"谢之长虽读书不多,但他刚刚看了中央台播的《乔家大院》,就说:"谁不知道'乔家大院'呀。我知道,晋商名气大。你看山西那些煤老板,一个个牛气得很哪……"刘金鼎说:"你知道他们为什么会闻名全国么?"谢之长说:"你说,你说。"刘金鼎说:"头一条,也是最重要的一条,他们有'据点意识'。"这个"据点意识"显得很高深,把谢之长给说愣了,他不知往下该怎么接了。刘金鼎说:"老叔啊,你也跑过很多地方,可你注意到了没有,凡大城市,也不光是大城市,稍稍像样一点的城市,都会有一个'山陕会馆'。"谢之长连连点点头,说:"哦,哦,是,那是,各地都有,我还参观过呢。"刘金鼎说:"是吧。几百年过去了,现在一处一处的'山陕会馆'都成古迹了,居然大多还完好无损。你知道这些会馆是干什么用的?"此时的谢之长只剩下点头的份了:"对,你说得对。你说,往下说。"刘金鼎说:"山陕的商人实在是太精明了。他们走南跑北,去全国各地做生意,每到一地,首先要找一个落脚点,也就是他们的据点。有了据点后,他们请客吃饭,建立与各路人的联系,于是就有了属于自己的地盘了。这也是他们能把生意做向全国的重要原因……"谢之长听了,说:"有道理,你说得有道理。"刘金鼎说:"老叔,想不想在省城弄一个?"谢之长说:"弄,咱也弄一个,不就是钱么。这钱花得值。"刘金鼎说:"要弄就弄个像样的会所,既可对外,也可对内,说不定还挣钱呢。"

主要是请上边领导吃个饭，联络联络各个方面，招揽些人才，人家也愿意去。"接着，刘金鼎还进一步启发说："有了据点，在省城发展就有了根基。有了根基就等于一只脚伸进了省城。这是个信息时代，将来八面来风，捡钱都捡不及……"听着听着，谢之长动心了，他一拍桌子说："干！咱说干就干。得多少钱？我出一千五百万，咋样？"刘金鼎想了想说："地的事，我来跑。黄河滩地，也不花多少钱。另外，我找找李省长，想办法在扶贫资金里再调剂个四五百万，咱这儿对外是'小麦研究基地'，也可以说是'新农合'的一个试点嘛，一两千万也就差不多了。不够再说，一些个矿主也争着想投资哪……"话说到这里，在门外偷听的白守信一看有利可图，就推门进来说："谢总，刘市长，你们带带我，让我也算一份吧，一小份。我跟我姐夫合出三百万，沾点仙气，叫我也算一份呗。"白守信是谢之长的亲信，他姐夫又是市里的税务局长，刘金鼎也不好说什么，很勉强地默认了。于是，三人一拍即合。当时还说定，刘金鼎和谢之长各占百分之三十五的股份，白守信占了百分之五，其余的股份另说（后来给了几个煤矿的矿主）。这也成了三人间的秘密，不对外的。

"梅庄"建成后，由于地是借用李德林搞"小麦实验基地"的名义跑下来的，批文经过一层层盖章，上边都写的是"小麦实验基地"。名义上它姓"公"，是省里特批的，国家每年有少量的研究经费投入；暗地里，它又有私人资金注入，是股份制的，于是这么个地方就成了"半公半私"或者说是"公私合营"式的会所，其中有很含糊的部分。所以，刘金鼎物色来"梅庄"的第一个女人，是王小美。于是，王小美就成了梅陵农科所派驻省城"小麦实验基地"的第一任主任，同时也是这里主管财务的总经理。这里花的每一笔钱，都要王小美签字才能生效。

让王小美作为总经理参与管理这个地方，刘金鼎是有深意的。

刘金鼎跟王小美原是中学同学，两人曾经是同桌。早年两个人还偷偷地递过"纸条"，这就有点青梅竹马的意思了。只可惜后来王小美家里出了些变故，王小美险些自杀，为此休学一年，两人就分开了。再后，当两人再次见面的时候，王小美已是结过婚又要离婚的女人了。在同学聚会的那天晚上，王小美就说了一句话，她说："你背过我。"这句话让刘金鼎心里一动。

后来刘金鼎才知道，王小美因病休学后，勉强上了一个本地的师范，毕业后靠父亲的老关系分到了县农业局，后来嫁给了局长的儿子。可局长的儿子是个酒鬼，经常喝醉了酒打她……她实在不堪忍受，就提出离婚，可那男的就是不离。也就是前不久，她还是在刘金鼎的帮助下，终于离了婚。可那酒鬼男人仍然一直纠缠她，所以她很想调到省里来。

刘金鼎就是在这种情况下，把王小美带到"梅庄"来的。表面上是让她出来散散心，躲开前夫的纠缠，实际上他有两方面的考虑：一是让她替他牢牢地掌管着"梅庄"的财务大权；二是想找机会把她介绍给恩师李德林。他自认为，他并无私心。他这是给将会成为"国家领导人"的老师，物色合适人选。

这时的王小美也就年近四十岁，人看上去还秀气、小巧玲珑的，虽徐娘半老，但风韵犹存。由于她年轻时得过忧郁症，经过治疗，已经好了，只是话少，平时安安静静的，倒看不出什么。

刘金鼎在梅陵当县政府办公室主任时，也就是那次同学聚会之后，跟王小美有过一些接触，两人间的情感是比较复杂的。王小美因为离婚的事曾经找过他，对刘金鼎来说，虽然旧情难忘，可那时刘金鼎刚新婚不久，还是有些顾忌的。后来，刘金鼎调到了市里，两人反而慢慢就走得近了。终于有一天，刘金鼎在市里的宾馆里开了房间，把王小美约出来"叙旧"。王小美看上去柔柔顺顺的，可当两人躺在床上的时候，王小美说了一句话，就是这句话结束了两人进一步互相走近的可能性。王小美睁着两只大眼睛，很平静地望着他，说："你不是点燃我的那个人。"

当王小美说了这句话后，刘金鼎心里凉了半截，火焰一落，下边竟然软了。过一会儿，刘金鼎心犹不甘，不相信有这回事，他再次冲动起来，试着想强行进入王小美的身体，可王小美就光焰焰地在那儿躺着，并没阻拦他，可他始终没有进去。这时，刘金鼎说了一句很难听的本地土话，他说："你不是'石女'吧？"王小美说："不是。"后来，两人躺在床上说了一会儿话，各自默默地穿衣起床。临走的时候，刘金鼎说："小美，你相信我么？"王小美说："相信。"刘金鼎说："我给你找个人。"

"梅庄"正式开张剪彩的那一天，李德林并没有到场。刘金鼎是故意不请他来的，刘金鼎是怕这个说不清来路、又"公私兼顾"的项目在李德林的查问下露了馅。他是等"梅庄"开张了一段时间后，才把他单独请来的，那一天的接待由王小美全程陪同。李德林来到"梅庄"后，刘金鼎就让王小美领着李副省长先去看了"小麦试验田"。当三人站在"实验田"的地边上，刘金鼎对李德林介绍说："老师，咱这个项目算是合资的。这位是梅陵县农业局派来的王小美同志，也是咱实验基地的主任。"李德林回头看了王小美一眼，"噢"了一声，说："好哇。"接着，他漫不经心地随口问："梅陵现在一年种多少小麦？"王小美说："三十七万八千四百五十七亩六分。"李德林又回头看了她一眼，说："一亩播多少种子？"王小美说："一亩播出三十五斤上下。"李德林说："噢，种的都啥品种？"王小美说："城东是'梅陵七号'，城西是'矮败'。"李德林说："噢噢，那亩产呢？"王小美说："九百到一千二百斤。'梅陵七'最高达到一千三百五十七斤。"此时，李德林再次回头看了她一眼，说："你怎么一口清啊？"王小美微微笑了笑，并没有解释。李德林说："好啊，看来你这个主任是选对了。"可李德林并不知道，王小美在县农业局一直当统计员。

不知道为什么，也许在王小美的内心深处一直有"恋父情结"，或者是别的什么？初一见面，王小美就对这个身为副省长的温和老者印象极好。也许是在县里她见惯了那些基层科局长们喝五吆六的样子，猛一下见了这么一个和蔼可亲的省级领导，心里一下子就有了很多的暖意。

中午吃饭的时候，在刘金鼎的特意安排下，菜自然是选最好、最精致的上。十二个菜，六热六凉。凉的：一个是油炸花生米，一个是卤猪蹄，一个是凉拌海带丝，这三样是传统项目，李德林好这一口儿，必上的；其他三道，生鱼片是从日本空运的，酱猪颈肉是泰国的，还有一道培根菠菜派是法式的。热的：一道是"梅庄烧土鸡"，一道是"梅庄仔鸭"（刘金鼎专门介绍说，鸡鸭都是在植物园里散养的，不打药、不喂人工饲料，纯天然）；往下，一道是"三鞭烧鹿肉"，一道是"西芹炒百合"，一道是空运的"法式蜗牛"，还有一道是"鲤鱼焙面"。因为李德林留过洋，菜也算是中西合璧。最后上的是烩面。

　　这天中午，出人意料地，李德林兴致很高，还没等酒拿上来，他竟然主动要求说："喝两杯吧。"待存放三十年的精品五粮液倒上的时候，他很主动地端起酒来，说："王主任，我得敬你一杯。基地交给你，我就放心了。"不料，王小美虽然很大方地站起来回敬他，却执意不喝酒，她端的是饮料，而且声明说，自己酒精过敏。李德林也不勉强，说："那好，你喝饮料。我喝。"说完，一饮而尽。

　　这时，刘金鼎端起酒来，说："老师，我先喝三杯，尔后再敬你三杯。喝完这三杯酒，我有三句话要说。"刘金鼎喝完三杯酒，又给老师敬了三杯，尔后说："老师，从今往后，梅庄就是你的基地了。无论你啥时来，吃住都由王主任负责接待。你也看了，咱梅庄有温泉、有桑拿，也是准五星级服务。这是第一句话。我要说的第二句是，这些服务设施，都是咱老家的商人投资建起来的，也叫'以商养农'，不以盈利为目的。但我看对外的这一部分，生意不错，很可能赚钱。我的意思是，梅庄没有花国家一分钱，这点请老师放心。第三句，我是代王小美王主任说的。王主任知道你是全国著名的小麦专家，是咱家乡的骄傲，很想拜你为师，希望你能带一带她。"

　　在省城附近，黄河边上，有了这么一块"小麦实验基地"，况且还没花国家的钱，再加上有王小美在场，李德林自然高兴。他也端起酒来，又连喝了三杯，说："好，金鼎，这个事办得好。"

刘金鼎又敦促说："王主任，你不是要拜师么？还不敬老师三杯？心不诚啊。"

王小美站起身来，端起饮料，大大方方地走到李德林跟前，并没有像常人那样叫他"省长"，只说："老李，我敬您。"

刘金鼎赶忙说："小美，这是省长啊……你……你……酒都不端，这、这不好吧？"

王小美说："我说过，我酒精过敏，确实不能喝。心里有。"

这时，李德林接过话头，用赞许的口吻说："心里有就行，我喝。"

往下，王小美最打动李德林的一句话是："老李，酒还是不要多喝，多喝伤身。不过，我看你眼里有寒气，心里有淤积，喝两杯发散一下也好。"

李德林怔怔地望着她："噢，你怎么看出来的？"

王小美说："感觉。"

为这两个字，李德林又喝了两杯，说："知我者，王主任也。"

往下，等烩面端上来的时候，李德林酒喝得猛，已经有几分醉意了。其实，他是心里窝着事，已连续很多天都没睡好觉了，就此头一晕，歪倒在饭桌上，嘴里还不停地说："没事，我没事，没喝几杯。"

这时，刘金鼎和王小美赶忙把他扶起来，往房间里送。谁也没想到，当两人把他扶到房间门口时，他突然腰一直，推开两人，猛地喝道："开门，我，李德林，来自中国！开门！我，李德林……"可他却一头扑倒在地上了。

等李德林从床上醒来的时候，已是傍晚时分了。他睁开眼，见窗帘已经拉上了，屋里半明半暗开着一盏小灯，床头柜上，放着一杯苏打水。还有，他的外衣已经被人脱掉了，领带、衣裤等整整齐齐地摆放在床边的一个西式长榻上……隔着一扇玻璃，他看见外间的沙发上，坐着一个女人，她就是王小美。于是，他隐隐约约地记起，当他被扶到床上躺下时，有人用热毛巾给他擦了脸、手，脱去了鞋，解开了勒在脖子上的领带……他吐了么？他记不起来了。他只知道，他现在干干净净地在床上躺着。不知为什么，他突然满脸是泪。

等李德林穿好衣服，来到客厅时，王小美一抬头，见李德林起来了，就说："您醒了？"

可李德林没有回话，他默默地走到一个单人沙发前，坐下来，两手捧着头，像个孩子似的，居然呜呜地哭起来了。

王小美愣了片刻，说不清究竟是什么点燃了她心中的柔情，她站起身，默默地坐过来，偎坐在那只单人沙发的椅靠上，抱住了李德林的头……过了片刻，她柔声说："好些了么？"

这天晚上，当李德林离开"梅庄"时，临上车前，忍不住回头再一次望了望眼前的这座白楼，对刘金鼎说："不错。我要有王主任这样的秘书，多好。"

刘金鼎赶忙说："你把她调过去就是了。"

李德林回了他两个字："不妥。"

五

其实，徐亚男也曾经动过离婚的念头。

当两人分居了很长一段时间后，徐亚男心里已经有些活络了。她想，这姓李的既然铁了心不跟她过了，我热脸贴他个冷屁股，这么熬下去也实在是没啥意思。自己呢，也还年轻，只要能给一百万，离就离吧。可分手前，她得给家里人交代一声，商量个办法，免得吃亏。于是，她就坐着车、抱着孩子回梅陵去了。

然而，在回乡的路上，在踏上大徐庄的第一步，徐亚男先先就感受到了做姑娘时的卑微。她的脚刚一落地，就觉得自己小下去了。她仿佛正一步步走回昔日的"徐二彩",她甚至看见了当年"徐二彩"可怜巴巴的样子。她仍然记得,那是一个没人肯搭理的"柴禾妞"。早年,她袖着手在村子里行走,是没人跟她打招呼的,就是偶尔有人叫她一声"——彩呀",也是恶声恶气的。

下了车,徐亚男怔怔地站在村口上,是乡亲们唤回了她的神思。阳光照在身上,就像是照出了她身上的光环。那一身米黄色的连衣裙引来了一串无比惊讶的"哟哟哟,呀嗨!……"这是从乡亲们嘴里发出来的。

徐亚男没想到,她这次回娘家,受到了前所未有的尊崇。她坐的车一进大徐庄,立时就有乡亲围上来了,有叫"姐"的,有喊"姑"的,还有称她"姑奶奶"的……一个昔日的小姐妹,用无比羡慕的口吻说:"姐,你身上真香。"

在村街里,大老远,村长"老驴脸"像兔子一样一窜一窜地跑过来,喷着唾沫星子,一连声地说:"呀呀呀,咱亚男回来了!老天爷,亚男回来了!咦,赶紧,叫我接住。先去村办坐会儿?"接着又说,"省长呢,省长没回来?忙,我知道他忙,恁多事,都是国家的大事……听说中东那边又打起来了。"

村会计绰号"杠头",原是很骄傲的一个人。当姑娘的时候,她曾经偷偷地暗恋过这个穿过军装的男人。就因为他当过两年兵,就因为他在北京"人民大会堂"站过岗、当过警卫,过去从来不拿正眼看她。这会儿"杠头"竟也讪讪地凑过来,说:"姑(按村里排的辈分),啥时给省长说说,把咱村的路也给修修。这还不是你一句话的事?"这一声"姑",差点把徐亚男的眼泪喊出来。

一时,村里的三叔二大爷们,也都凑上前来,七嘴八舌地说:咱亚男是省长家眷,咱也跟着沾沾光。回去给吹吹枕头风,早晚的事。

"老驴脸"说:"都别围着了,也别瞎嚓嚓了。让咱亚男先回家,见见老太太。亚男回来,这叫'省亲',可得多住些日子。"

就这样，徐亚男在村人的簇拥下，昂然地走过了半条村街。尔后，一进院门，两个弟媳妇，一溜小跑迎上来，抢着从乡亲手里接过孩子，"姐"前"姐"后地叫着，有端洗脸水的，有切西瓜的，忙得就像是接驾。老二旺才追着屁股大声喊道（他是故意让村里人都听见）："姐，姐呀，咱司机师傅安排哪呀，睡村长家？"徐亚男说："不用，他马上就走。"

进了家门，屁股还没坐热，一干亲戚们就先后找来了。三婶掂来了五斤小磨香油，进门先说了一串子客气话，自然也不敢再叫她"彩"了，也不知该叫她什么，就说："球球他妈，恁大侄子，恁二嫂跟前的老大，今年考大学，学习不错，你帮帮他吧。"

没等徐亚男开口，老二旺才抢着把话头接过来了。旺才说："不就是到时查个分么？三婶，这事不用找我姐，我就能给你办。我认识县教育局长的小舅子，在一块喝几回酒了。"

徐亚男看了老二一眼，旺才说："真的，姐，真的。县教育局的王局长，想动动，都请我喝三回酒了。说啥时方便，让你给县委书记老唐递个话。"

五婶家开着瓜园，就让人送来了两麻袋西瓜。五婶说："也没啥拿，自己的园，自己种的瓜，上饼的，可甜。男，亚男，你能不能给镇上税务所的人说说，别动不动就开税票，咱种个瓜也不容易……"

六爷挂着拐杖进了门，颤巍巍地递上一个红包，说是给球球的。六爷说："你看，上回吃'面条'时我不在，这回补上。老少，是个意思。恁兄弟东胜，在外头做了几年生意，赔了，心里窝躁，说是吸了几口'白面'，让公安局抓进去了。我听说狗蛋（旺才）前段犯事，都放出来了。亚男，你能不能也给县上说说？"

旺才马上打断说："六叔，事儿跟事儿不一样。东胜哥是贩毒，那是重罪！……"

天黑的时候，十八里外小陈庄的老姨夫听说信儿也赶来了，背来一大捆粉条，进门后他说："彩呀，见你一面老不容易呀。小时候你大姨对你不赖，还给你缝过虎头帽子呢。如今你占住步了，给你老二兄弟建秋找个职事呗……"

从徐亚男进门那一刻起，家里就像是赶庙会一样，乡亲们陆陆续续的，来了又走了。有的是有事相求，有的也没什么事，只是诉诉往日的友情，表示一下亲近，也许以后会有事求到门上也说不定。他（她）们也不全是巴结，这里边包含着"抬举"和"骄傲"，为村里出了一个"省长夫人"而骄傲，当然也还有看"景"的心态。乡邻们都觉得，只从这徐二彩嫁了省长，不光是改了名字，人也不一样了。那么，既然（长相并不出众的）"徐二彩"都能嫁得这样好，好像自家的闺女也就有了盼头似的。

再晚些时候，村长"老驴脸"分别领着五六个乡镇干部进了徐家（他一次只领一个）。干部们进门后都很谦和，也都说没什么事，就是来看看"嫂子"。来了也不多坐，临走时都会留下一个信封，说：也没啥拿，是个意思。那"意思"五千块钱左右（信封里还夹有个人简历）。放下"意思"后，又会留下一句话：都工作这么多年了，请嫂子方便的时候，给县里唐书记打个招呼。"老驴脸"很兴奋，每次都适时补上一句："放心，都是自家亲戚，我给盯着。"

夜深的时候，家里就剩下自家亲一窝了。徐亚男终于开了口，她说："我这次回来，是想给你们说一声，别再给我揽事了。我过不下去了，我得离婚。"

立时，一家人的脸都黄了，面面相觑。那沉默像山一样，压得人喘不过气来。家里人，自己的亲人看她，就像是看一个怪物，仿佛在说：你都掉福窝里了，还想咋？！

过了一会儿，老二旺才抢先说："姐，你疯了？过得好好的，离哪门子婚呢。"老二媳妇跟着说："姐呀，一家人都指望着你呢，你可千万不能离。"娘叹了一声，说："你带着孩子，离了这日子咋过？"老大旺家说：

"是啊。真不能过了？不是对你挺好么……"爹是老实人，只咳嗽了两声，说："你可要想好啊。这这……是吧？"

徐亚男说："他说了，离了给我一百万。"

旺才眼一亮，说："给一百万？论说，不少，这不是个小数。叫我想想，叫我再想想。"

旺才媳妇也跟着说："老天，一百……万哪，可真不少！"

过了会儿，旺才突然说："不离！给一百万也不离，要离就多要些。哎，等等，他能答应给钱，是不是有外心了？这叫包二奶，姐，那不能轻饶他！"

旺才媳妇再次跟进说："就是，敢出这个价，肯定是外边有头儿了。那钱，他给了么？"

旺家摇摇头，说："我琢磨着，不光是钱的事吧？……"

旺家媳妇说："姐，你可得长心哪，可得拿定主意呀。"

娘说："这要是离了，往后，就该让村里人说闲话了……"

旺才说："娘说得对，千万不能离。你要离了，可啥都不是了。早些年，五婶成天站在村街里骂，说咱家多占了他家一沟田。现在跟鳖一样，吭都不敢吭……叫我说，赶紧给大姐夫打电话，他也是官面上的人，让他回来，给出出主意，参谋参谋。"

徐亚男在省城已待了那么多日子，她看人的目光已习惯于居高临下了。她突然发现她的家人一个个都很蠢，说的全都是屁话。这让她很失望，她觉得他们拿不出什么好主意来。望着家人，她眼里渐渐有了泪。她眼里含着泪说："不用，叫我再想想。"

这天夜里，徐亚男独自一人，在院子里站了很久。乡下的夜，依旧很黑。七月天，无比燠热，蚊子一群一群地在头顶上打旋儿。不远处，有人对着墙根撒尿，哗哗的，尿气从房后飘过来，腥叽叽的。还有父亲的咳嗽声，连绵不绝。是的，这样的日子，受蚊虫叮咬的日子，她已经不习惯了，也受不了了。

后半夜，娘从屋里走出来，站在她身后，说："彩，睡吧。"

徐亚男不语。

娘说："大主意还是你自己拿，别光听他们说。"

片刻，徐亚男终于开口说："半年多了，他都不跟我一个床，他不要我了。"

娘说："是嫌你……"

她说："娘，我不想活了。"

娘问："打你么？"

徐亚男摇摇头，说："他敢？"

娘说："只要不打你，该忍的，就忍了吧。"

娘还说："各人有各人的算盘，谁的话也别听，自己拿主意吧。人是活脸的，要是不要脸了，论说，也能活，活得差一些罢了。如今好不容易有了脸气，再把脸丢了，让人瞧不起，就难活了……要实在是过不下去了，真想离，就走得远远的，别再回来了。"

末了，徐亚男说："娘，去睡吧。"

天快亮的时候，徐亚男独自一人，悄悄地抱起熟睡中的孩子，离开了大徐庄。这时候夜气正在慢慢飘散，风稍稍凉了一些，瓦屋的兽头依稀可见，已不那么狰狞。东方欲晓，村街里静无一人。徐亚男快步走着，心里很孤独。

她明白，这里没有人能帮助她，往后的路，只有靠自己走了。

六

不知不觉的，李德林迷上了王小美。

客观地说，李德林并不是一个贪色的人。但在官场里行走，每天都像是在战场上一样，真像是刘金鼎说的那样，他得"端"着。他本质上并不是一个"端"得住的人，可在一些场合，他必须得"端"。你是副省长，你说的每一句话，都有可能成为"指示"或者是"政策"。万一有哪一句说错了，或者不准确，就有可能给下边造成误解，或者是利用的借口。这就得一天到晚提着心气，很累呀！在外边得"端"着，回到家里呢，本该可以松下来，喘口气了，可他如今就像是从一个"战场"转移到了另一个"战场"，面对徐亚男的种种猜疑、盘查，仍然需要打起十二分的精神来对付……他真是不堪重负啊！

　　人都是有气场的，气场合与不合差别极大。有的人相互间并不认识，也从未打过交道，但第一次见面就会产生敌意。奇怪的是，李德林跟王小美第一次见面，相互之间就产生了好感。那天，李德林离开"梅庄"后，眼前总闪现着一个女人的影子。这个女人小巧、干练，白白净净的，她的鼻尖上亮着一粒汗珠，汪着两只大大的、鹿一样的眼睛。不知怎的，这双眼睛就像是一下子种在他心里了，忘不掉了。

　　两个人的爱情是从沉默开始的。

　　最早，李德林只是想到王小美那里坐一坐，也就是坐一坐。王小美曾经得过忧郁症，本来就话少，你问一句，她说一句，你不问，她也就不说了。虽然不说话，但她鼻尖上总是亮着一粒汗珠，晶莹莹的一粒儿，好像随时都会落下来，可它就是不掉，就那么亮着。就像是微缩的月光，或者是一面小镜子，把他的心一下子照亮了。每当李德林心情烦躁的时候，在王小美这里坐上一会儿，他的心慢慢就安静下来了。在王小美这里，他得到了两个字：安详。所以，一有空闲，他的心就游到"梅庄"来了。

　　早些时候，李德林每次来，都是刘金鼎主动约他。慢慢，是他开始约刘金鼎了。后来，两人再约时，刘金鼎推说有什么事情耽搁了，他就干脆一个人来了。最先，还是找了一些借口的，比如问一问"小麦实验田"的事情，说一说小麦冬播的具体要求，等等。后来干脆就不找借口了，来了就来了。

梅庄这边，副省长来了，作为总经理，王小美自然要亲自陪的。就这样一来二去，两人越走越近。这种"近"是藏在心底里的，双方都没有说透。王小美本来就有恋父情结，加上她原来的丈夫是个酒鬼，喝了酒就打人，她是常年在挨打受气、百般屈辱的日子里熬过来的。现在有这么一个男人，且不说还是一个高官，一个曾留学美国的生物学博士，国内有名的小麦专家；就凭着这么一个儒雅的男人，有慈父一般情怀的男人，不管喝没喝酒都不会打她骂她。仅就这一点，就让她心动。是啊，两人就这么默默地坐着，那种默契是含在眼神里的。王小美那温润的目光像水，像止痛散，像还未成熟时的青绿色的麦芒儿，就是古人说的那种"润物细无声"。仿佛什么都不用说，也仿佛什么都说了。一个微小的动作，比如给茶杯里续上一些开水，也或者挪动一下烟灰缸什么的，就有很多的意会。两人之间，不用开口，就像是在说悄悄话，梦幻一般的悄悄话。这悄悄话，真好！

坐久了，两人还是说一些话的。李德林会给她讲他在美国读书的事情。当他谈起他的犹太人导师，讲维尼教授讲课时的神情……说到这里的时候，王小美微微地笑了，识趣地接上一句："我，李德林，来自中国。"李德林也笑了："对，就是这样。维尼教授挥动着两只手，说：'大声，你要大声说出来。'他还说：'要相信自己。'"

这时候，王小美说："有一本书，也是美国人写的，《老人与海》。你看过么？"

李德林说："噢，海明威的。看过，当然看过。"

王小美说："一个打鱼的老人，出海八十四天，一无所获……"

李德林说："是啊，一个老人，与大海搏斗，与鲨鱼搏斗，虽败犹荣……"

王小美说："虽然两手空空，他还是回来了。"

李德林说："是啊，回来了。"

王小美说："像大海一样，安静，忧伤。"

李德林说："人都会经历失败，像命运一样。不过，那是一个又一个的逗号……"

　　王小美说："逗号么？"

　　李德林说："逗号。"

　　王小美说："逗号好。"

　　李德林说："还是你说得好：安静，忧伤。"过了一会儿，他又补充说："和你坐在一起的时候，就是这种感觉。"

　　王小美说："是么？"

　　李德林说："是……"接着，他又赶忙说："不，不完全对。我得修正一下，跟你坐在一起，是安详。"

　　此后，每次开完会，李德林就会忍不住跑到王小美这里坐一坐。

　　有时候，坐的时间长了，李德林不由得会晃一晃脖颈。晃的时候，他的颈椎会"咔咔"地响。此刻，王小美站起身来，说："你的颈椎有问题，我给你按按。"说着，就站在他身后，两手放在他的脖颈处，从"肩井"开始按起，接着是"大抒""大椎""风池"，一个穴位一个穴位走……那手先是有一点点凉，凉润润的，弹弹的，像羽毛一样轻柔，慢慢就重了。按着，她说："麻么？"他回道："麻。"她说："你闭上眼。"他听话地闭上眼睛，还是忍不住问："你怎么会这一手？"她说："我生病的时候，学过一段中医。以前，我也给我父亲按过。"他说："真好，真舒服。"

　　两人之间，谁也没有暗示过什么，就这么坐着，坐着，偶尔给他按一按颈椎……后来，有一天，不知怎的，他抓住了她的手。她说："怎么了？"他喃喃地说："小美，小美，小美呀……"她蹲下身来，问："疼么？"可是，当两人目光相对的时候，她却发现他泪流满面。

　　王小美顺从地依着他在沙发上坐下来，两手抱住了他的头。他喃喃地说："怎么不让我早一点认识你呢？"

　　她说："都当省长了，还是一身的孩子气。"

他说:"傻气吧?"

她说:"傻气。"

他说:"你的手真软,像烙铁。"

她说:"烙铁软么?"

他说:"烫,我心烫。"

她说:"我也……有点烫,你的骨头烫。"

他说:"小美,小美,小美,小美呀……"

她说:"你别这样叫我,我心乱。"

他说:"好,我不叫了。"

过一会儿,他说:"小……我忍不住了。小,我想亲你。"

她不语。

他说:"我真的……"

她默默地说:"那犹太人,那导师,会怎么说……"

他一下子抱住了她。

她说:"爸呀,爸爸爸爸……我的亲爸呀!"

很好,两人在一起,真的很好,无比地好。这种好是别人无法体会的。点燃是相互地、慢地、体验性地,一点一点地就烧起来了。两人的身体就像是火里的冰,先是一点点地熔化,尔后是慢慢地、一个泡儿一个泡儿地沸腾,沸腾到了一定的程度时,水先是化成了汽,尔后才演化成了火。先是蓝色的小火苗,烟烟地,接下去才是红,冒着蒸腾雾气的红色。这时候,红色的慢燃必须再一次达到一定的温度才会真正燃烧起来。可一旦燃烧起来,就是天高水长,烈焰灼灼,波涛汹涌……古人曾把这种状态称为"水火兼济"。水火兼济呀!李德林无论如何都想象不到(虽然他已经结过两次婚了),两人能达到如此般的"妙境"。可他仍然很诧异,一个女人的身体里竟然会有那么多的水?!

后来就遇上了徐亚男"捉奸"的事。那天晚上,当警察破门而入的时候，李德林的腿竟然不由自主地抖起来了，倒是王小美显得异常平静。王小美离婚前曾跟那个酗酒的男人经历过多次打斗、厮杀，什么样的场面都见识过了……所以，警察进来后，她却一点也不慌张。当时两人都在沙发上坐着，她只是轻轻地在李德林的腿上按了一下，说："还记得那个犹太人的话么？我们并没有做错什么，你慌什么？"

在王小美目光的注视下，李德林这才平静下来。那警长带着两个民警进门后，先是怔了一下，呆呆地望着李德林（他们曾不止一次在电视画面上看到过这个人）……一时竟不知该说什么了。

这时，倒是王小美抢先开口了。王小美说："吴警官，我正给李省长汇报工作，你们进来干什么？"

吴警长像傻了似的，这个李省长他在电视上是看到过的，没想到是一个小老头。他怔怔地四处看了看，片刻才慌忙站直身子，整了整警服，给李德林敬了个礼，说："我、我们接到报报报……报案……对不起，实在对不起……王……王主任，误会，这是个误会。"

李德林没有吭声，王小美很平和地说："既然是误会，你们出去吧。"

吴警长像个没头苍蝇似的，他再次敬了个礼，连声说："对不起，实在对不起……打打打……打扰了。"说着，慌忙退出去了。

就在这时，门外传来了徐亚男的吵闹声……

两个人谁也没有说话，就看着门口，等待着徐亚男冲进来。就是这一刻，两个人的心一下子贴在了一起。

李德林说："小美。"

王小美"嗯"了一声。

李德林抬起头，望着她，说："已经这样了。"

王小美也默默地望着他，说："已经这样了。"

李德林说："那就，等吧。"

王小美说："等吧。"

楼道里传来一片杂乱的冲撞声。在徐亚男不绝于耳的骂声中，房间里异常安静……

然而，最终，徐亚男没有闯进来，她被刘金鼎等人强行拽走了。夜半，当王小美走出房间时，却发现楼道里非常静谧，一个人也没有。

可是，李德林始终都弄不明白，他所乘坐的"7"号车无论在什么地方出现，用不了多久，徐亚男就跟过来了，就好像被人定位了一样。他还特意让警卫局的人查了一次，可什么装置也没有查到。

此后，李德林一出门就格外小心。

七

一个人的战争是很痛苦的。

自分居后，徐亚男一直活得像猫一样警惕。

夜里，只要一个人在屋里，她就会胡思乱想，她眼前的空气里老是会出现女人的幻影。在睡梦中，她看见一个个妖艳女子向李德林扑来……她冲上去，像母狼一样跟她们撕着头发搏斗、厮杀！醒来时，她却孤零零地躺在床上，身上一点力气也没有了。

徐亚男并没学过"跟踪学"，但她在实践中边干边学，并且，在"农科大"生活区里，她甚至还成功地培养了一个"包打听"。

这个"包打听"姓周，是个收破烂的，人们都叫他"小周"。其实"小周"并不小，至少四十岁靠上，胖胖的，人很精明。小周靠着一个在"农科大"管后勤的亲戚，不到二十岁就在"农科大"打零工，开始连住的地方都没有。最早，他在"农科大"旧日的防空洞里铺了一张床，后来才慢慢升到地面上来。他先在农大后勤处的库房旁边搭建了一间小房，再后就成了"农科大"生活区专职收破烂的。这一收就是二十多年。如今他已经把家安在省城，娶了媳妇，买了房子，还生了两个孩子，可人们仍习惯性地叫他"小周"。这个小周虽说是收破烂的，却也不是个"凡人"，据说是练过"气功"的。他大冬天仍习惯穿一单衣，号称身上有"火神"护体。有一段时间，这小周还神神叨叨地给家属院的人说：他开了"天眼"了，可以发功治病了。就这么真真假假的，学院好多教授都让他给"治"过。他也曾多次发誓赌咒地给人说，他能看见别人看不见的东西。

小周是收废报纸的时候跟徐亚男认识的。小周人眼色活，口甜，逢人必叫老师，不管是不是老师，他一律称老师。小周到徐亚男所在的资料室收旧报纸，一见面就称她"徐老师"。他说："徐老师，以后家里有啥脏活儿你让我来，我会给你收拾得干干净净的。"徐亚男也不过是卖了一捆旧报纸，见他如此热情，就说："你家是哪儿的？"小周说："西南，离梅陵不远。"徐亚男说："说不定咱还是老乡啊！"小周说："是呀，咱是帮边老乡。"徐亚男说："人家都说你身上有股塑料味，我怎么闻不到呢？"小周说："净瞎说，我天天冲一遍。"就是这句话，让两人亲近起来了。

徐亚男在"农科大"资料室工作，那里有的是报纸。以后一来二往的，两人就熟悉了。更重要的是，两个人都在人们的"眼风"里淘生活，话就越说越投机。再加上小周在"农科大"待的时间长，又到处跑着收破烂，对周边的情况非常熟悉，张家长、李家短，没有他不知道的。有一次，他见了徐亚男，很突兀地说："徐老师，我今天在黄河边上看见7号车了，你没去呀。"徐亚男起初没有反应过来，后来才慢慢地回过味来，他所说的"7号车"正是李德林坐的专车。再见他的时候，徐亚男问："你去黄河边干啥？"小周说："说实话，我身上有'功'。我开了'天眼'，啥都能看见。"徐亚男把一捆旧报纸撂给他，说："真的？"小周说："这还有假？你知道我师父是谁么？张海大师！大师在省体育馆上过三次大课，我都去了。你知道我师父有多神么？一片干树叶，当着众人，他含在嘴里，不到一分钟，整个树叶全绿了。上万人的体育馆，大家都看着呢。我拜的就是张海大师。这可不是吹的，他给我摩过顶……前两天，王副校长的丈母娘去世，就是我告诉吴老师的。她打电话一问：病危，就剩一口气了。这才急着往家赶。"徐亚男半信半疑，说："以后再看见7号车，你给我说一声，报一次我给你五十块钱。"小周说："得令。"

最先，徐亚男采用的是"电话跟踪法"。晚上，只要李德林到时间不回来，她就把电话直接打给司机或是秘书，查问李德林在哪里。问清楚了地方，就打车过去，偷偷地查看。可次数一多，连司机的口风也紧了，查问不出什么了。于是，徐亚男就直接把电话打到省政府办公厅，办公厅的人员是值班制，省长出门是要报备的。徐亚男要通了办公厅的电话，会说："我是李德林家，李省长到哪儿去了？"一听是省长家属，办公厅的值班人员都很客气，问："有什么事么？"徐亚男会说："孩子生病了，电话也打不通……"于是办公厅的人就赶快告诉她，李省长当天参加了什么活动，现在住什么地方。

有很多个夜晚，徐亚男都是在奔波中度过的。经过无数次的电话跟踪与实地侦察，再加上小周"天眼"的指引（这一趟徐亚男给了小周一百块钱），于是就有了一次成功的"捉奸"。

那天晚上，小周陪着徐亚男打车一连跑了三个地方，才在黄河边上的梅庄会所里找到了李德林的踪迹。于是，徐亚男就对小周开"天眼"的事深信不疑。其实，有人说，黄河边上有个大型的收购废品的网点。

徐亚男先是在停车场上找到了"7号车"，然后又悄悄地查到了李德林入住的"308"豪华套房，于是就在"308"房间的对面订了一个房间，也悄悄地住下了。

当晚十点钟的时候，徐亚男趴在门缝儿里看着一个女人进了房间，这才用手机拨打了"110"，举报说：你们赶快来，这里的宾馆有人卖淫嫖娼！当警察赶来后，虽然也强行打开了房间的门，可进去不到两分钟，又一个个很狼狈地退出来了。

一直盯着的徐亚男，见警察们不哼不哈地从房间里退出来了，赶忙从对面房间里冲出来，嚷嚷道："哎哎，你们怎么不抓人哪？你们是干啥吃的？就这么不长不圆的，走了？"

那领头的警长扭过身看了她一眼，说："谁报的警？你报的？！"

徐亚男说："是呀，我报的。"

那警长怒火万丈，盯着她看了一会儿，说："你谁呀？你是干吗的？信不信，我马上把你抓起来！"

徐亚男说："你敢！卖淫的你不抓，抓我？凭啥？！"

警长说："谁说这里有卖淫的？你知道这房间里住的谁么？——省长！"

徐亚男两眼一瞪，也大声说："他是我男人！"

警长傻眼了："屋里坐的，真是你男人？"

徐亚男说："这还有假？"

警长愣愣地望着她，好一会儿才说："大姐，你这不是害人么？家务事你也不能……这房间里哪有卖淫嫖娼的？那是王主任正给李省长汇报工作呢。真的，衣服都穿得好好的……"

徐亚男说："我不信。"说着，就疯了一样地往房间里闯，一边踢门一边嚷嚷道："王八蛋，狗男女，给我滚出来！"

警长赶忙拽住她，劝道："大姐，你就饶了我们吧。我们容易么？弄不好要受处分的。"

可徐亚男依旧不管不顾的，在楼道里骂了一个多小时。最后，还是刘金鼎匆匆赶来，叫上李德林的秘书和司机一块，连拉带拽的，硬把她劝走的。

这天夜里，308房间一直静静的，没有任何响动。

事后，有一天晚上，徐亚男把李德林从书房里揪出来，一整夜都在很文明地逼问他一句话："说，那晚，你是不是打野食了？'睡'了没有？几回？！"

这个"睡"字是有特定指向的，李德林不回答她就不让他闭眼。于是，整个夜晚就成了李德林的自证过程。在一次次的讯问中，她成功地让一个副省长在自我证明的过程里变成了一个"说谎者"。于是，徐亚男也在李德林的一次次"牛头不对马嘴"的自证过程中，完成了一个从"恐惧者"到"审判者"的精神转换。这个转换极为重要，这个转换使她成功地站在了精神的高地上。尔后，她再接再厉，又一次次地逼迫他交代细节……一直熬到天快亮的时候，李德林实在熬不住了，只好说："'睡'了。我'睡'了。"

徐亚男说："是'日'吧？"

李德林用绝望的口吻说："是。"

第二天，在一次会议上，李德林竟然晕倒在了主席台上，被人送进了医院。这是"农口"的会，刘金鼎也参加了。他专门跑到医院去看他。李德林输了几瓶水，就醒过来了。刘金鼎说："老师呀，你可把我吓坏了。你可得注意啦！"当着众人，李德林说："没事，就是有点累，没休息好。"

可是，徐亚男心里已有了恨，并没有放过他。此后，只要一有机会，她就一次一次地"审"他。长夜漫漫，徐亚男在审讯过程里，终于完成了由卑贱到高贵的跨越。就此，每一次的审讯过程，都是她的精神成长的过程。她站在那里，再也没有了往日的小心翼翼，没有了初做保姆时心理上的卑微。由此她明白了一个道理，人一旦豁出来，一旦占住了"理"，就什么也不怕了。

人是不能有短处的。徐亚男自从抓住了李德林的短处后，她的自我感觉越来越好，姿态越来越从容，她的嘴巴也练得越来越能说了。只要承认了一次，你就可能有无数次"出轨"……她常常居高临下地站在李德林面前，高举着道德的大旗，一句跟一句，把李德林从上到下、从内到外，批得体无完肤……在这所房子里，她完全成了一个胜利者。特别是有一次，她成功地让李德林跪在了她的面前。

他说："我不是人，我错了。"

八

徐亚男"捉奸"后的第十八天，李德林把刘金鼎约到了"梅庄"。

仍然是308房间，当房间里只有他们两个人的时候，李德林掉泪了。他说："金鼎，你不是外人。我得告诉你，不能再这样下去了，度日如年哪。这个女人，坏透了，她夜夜折磨我……"

接着，李德林开门见山，用咨询的口吻说："你说，怎么办？"就像是开省长办公会一样，他已习惯用这样的口吻说话了。

刘金鼎说："老师，你知道早年乡下卖的狗皮膏药么？这狗皮膏药一旦粘上了，要想揭下来，非见血不可。这事儿，说好办也好办，说难办也难办，就看你下不下决心了。"

李德林说："我决心已下，你说吧。"

刘金鼎说："只要你这边下决心，就没有办不成的。"

李德林说："具体点。"

刘金鼎看了一下窗外，说："可以用钱解决的事，都不是事儿。"

李德林摇摇头说："不行。她狮子大张口，没有办法。"

刘金鼎说："是啊，这女人太过分了。一个保姆，下贱之人。要不，让姜局找俩人，把她给'办'了。"

李德林怔了一下，问："怎么'办'？"

刘金鼎说："这年头，不是有拐卖妇女的么，把她弄到深山里去，怕是一辈子也回不来了。"

李德林沉吟片刻，很坚决地说："不行，这不行。"

刘金鼎说："还有一个办法，就是……"

李德林说："说，你说。"

刘金鼎说："临平有个精神病院，我认识一副院长。把她弄到精神病院去，关她一年半载，不疯也疯了……疯了就好办了。"

李德林沉默了一会儿，还是说："不妥。不妥。"

刘金鼎说："老师啊，长痛不如短痛。那就只有一个办法……送她走。"

李德林怔了一下，说："怎么送？"

话说到这里，两个都沉默了。一个"送"字，把屋里的空气说得很凝重。两个都知道这个字用在这里，是什么意思，但都不点透。最后，刘金鼎说："她有什么癖好么？"

此时此刻，李德林心乱如麻，他挠挠头说："这，这不好说。也……看不出有什么……"

刘金鼎说："比如，喜欢游泳么？如果她喜欢游泳，找一水库，带她去游泳。杂草绊住腿，也是常有的事。"

话越说越白了，李德林再次摇摇头，说："这不行，过了。"

刘金鼎说："我听说她想去海南玩玩？如今车祸这么多……是吧？"

李德林脸色变了，喃喃地说："这……这……这……不合适。不管怎么说，有孩子。这，不合适。"

最后，刘金鼎说："老师啊，那就从长计议吧。不过，只要你下决心，总有办法的。"

李德林说："我头有点疼，都快疼劈了，再议吧，再议。"

这天晚上，是两个人最后一次吃烩面。四个小菜，凉拌黄瓜，油炸花生米，凉拌海带丝，红油肚片。这次未开酒，烩面上的也是小碗。面端上来的时候，李德林放下筷子，突然说："我不想吃了。"刘金鼎望着他，说："要不，让他们上碗小米粥？也快。"李德林说："算了，没胃口。"接着，李德林说："其实，我过去从不吃羊肉。小时候闻见羊肉就想呕吐，怕腥。我是20世纪70年代末，上大学后，才开始吃羊肉的。那时候穷，别的吃不起，馋了，只有跑到街头上吃碗羊肉烩面……后来吃上瘾了，觉得羊肉也不那么膻了。"

刘金鼎说:"是啊,我原来也不吃羊肉,但吃了也就吃了。"

李德林说:"人都是会变的。"

刘金鼎说:"是社会在变。"

最后,李德林默默地说:"要是有路,还是不走极端。"

刘金鼎说:"路是人走的。有的时候,走着走着,就有路了。"

他们都不再说那个字,可他们心里都有了那个字,那个字在喉咙眼里卡着,面是一口也吃不下去了。李德林在饭桌上一直抽烟,抽得他连声咳嗽。尔后,他站起身来,走到窗户跟前。窗外,夕阳西下,田野里,一个浑身挂满曲线的女子正在试验田边上漫步。那女子的剪影在麦田边上曼妙地晃动着,他知道,这人是王小美。王小美在夕阳的余晖里站下来,在微风的吹拂下,看上去飘飘逸逸、红彤彤的,仙人一般。

李德林呆呆地望了一会儿,回过头来,把烟一掐,说:"这事得办,你再帮我想想办法。"

当晚,当两个人在一起时,王小美突然说:"老李,我不想在这干了。"李德林望着她,说:"怎么了?"王小美不语。李德林问:"有人说啥了?"王小美说:"那倒没有,不过……"李德林揽住她说:"小美,我们都这样了,还有啥不能说的。"王小美说:"我没有别的想法儿,就想跟你待在一块。就两个人,安安静静地……可是,你没感觉到么?背后,总是有眼神儿。连那些小服务员,眼神儿都怪怪的,叫人很不舒服。"过了一会儿,她说:"我们,总不能老背着别人的眼神儿生活吧?"是啊,女人到了一定时候,都想过正常日子了。

李德林沉吟片刻,说:"会解决的。"

两个月后,徐亚男突然失踪了。

后来,李德林才明白,有些路,的确是不能走的。

那也只是一念之差。

第五章 平原客

对这个案子,赫连东山一直有些疑惑。李德林这个人在官场里口碑极好。无论上、下、左、右,都对他有很一致的好评。何况,他还是个小麦专家,他的亲和力也是一般的官员没法相比的,所以被媒体称为"戴草帽的省长"。这样的一个人,几乎没有仇家。谁会去绑架一个副省长的老婆呢?除非是……

一

赫连东山已准备退休了。

作为一个受过奖励、也背过处分的处级侦察员,退休后干什么、去哪里,他一时还没想好。

虽然,那串钥匙还在柜子上放着。虽然,他已多次拒绝了妻子的暗示。他说,他绝不去投奔那个在网上号称"西楚霸王"的逆子。(儿子现在已是北京一家网络公司的技术总监了,年薪都三十万了。)北京是好,房子是好,要去你去。妻子要挟说:那咱以后就是两地分居了。赫连东山说:分居就分居吧,都这个年岁了。妻子说:看谁给你做饭。赫连东山说:这你可难不住我,我去当"驴友"。话虽这样说,可在心理上,他还是有些空落落的。

就在他临近五十九岁(阴历)生日的时候,在他作为"二线"人员,又一次腾交大办公室(与人合署办公)钥匙的时候,赫连东山接到了一个电话。这个电话是省公安厅打来的。电话是命令式的:要他在下午三点前到省厅报到,面见厅长。

赫连东山接了电话后有点懵。他想,他一个地方上的公安干部,退休前厅长还要找他谈话么？不会吧。

可在公安系统，命令就是命令，不容置疑。赫连东山是在下午两点四十五分到省厅的。登上省公安厅的办公大楼，赫连东山一路上也碰见了一些熟人。熟人都很热情地跟他打招呼：老赫，你怎么来了？他说：听喝呗。厅长召见。人们点点头，不再问了。他本想从人们的脸上看出些端倪，可他什么也没有看出来。

三点零五分，秘书直接把他带进了厅长办公室。厅长姓乔，国字脸，微胖，身上有一种不怒自威的东西。他是一年前从公安部空降到地方上来的。赫连东山只是在大会上见过他一次，那时候他在主席台上坐着。厅长很热情地跟他握了握手，说："东山同志吧？"

赫连东山说："是。"

乔厅长说："坐吧。"

两人在沙发上坐下来，乔厅长说："身体还好吧？"

赫连东山说："还行。"

乔厅长说："听说你烟瘾大，想抽就抽吧。"

赫连东山笑了笑，没好意思抽。

乔厅长说："咱们是见过面的。"

赫连东山怔了一下，说："是么？我……"

乔厅长说："你忘了吧？十年前，公安部请你去讲过课，关于审讯方面的。那时候，我专门去听了你的课，坐在最后一排。你有句话我记得很清楚。你说：贼眼溜、恨眼邪，假话说三遍，必然有埋伏……讲得很好啊。"

赫连东山有点不好意思，他摇摇头，笑了。

这时，乔厅长话头一转，问："老赫，今年你……"

赫连东山赶忙说："快六十了，就该退了。"

乔厅长说："不对，我看过你的档案，五十八。"

赫连东山说："你是按阳历年份算的，我阴历生日是……"

乔厅长说:"你是老公安了,辛辛苦苦地干了三十五年,破过很多大案。对这样的同志,组织上是有考虑的。"说着,厅长站起身,给他倒了一杯水,接着说:"厅党委已经研究过了,也已跟上级组织部门沟通过,根据工作需要,厅里想把你调过来,给你一个副厅级的待遇……"

赫连东山愣愣的。

乔厅长说:"如果你没有什么意见,抓紧时间报到。有一个案子,要交给你来办。"

赫连东山的身子一下子坐直了。

乔厅长说:"这个案子,事关重大。具体情况,我就不多说了,由主管刑侦的万副厅长跟你谈。"

十分钟后,赫连东山出了厅长的办公室。在楼道的拐角处,他走进卫生间,掏出烟来,对着窗口,一连吸了两支。此时此刻,赫连东山脑子里一片空白,他还没有回过味来。

本来,他以为这是一次退休前的例行谈话。可没想到的是,到了五十九岁(差两天就过生日了),他却被提拔了,副厅级了。俗话说,任何事情都有例外。这应该算是一次破天荒的例外了。更重要的是,有一个大案子,还等着他接手。那么,这又是一个什么样的案子呢?

在赫连东山走进万副厅长的办公室前,他已调整好了。"案子"这两个字,使他一下子兴奋起来,身上的每一个细胞都绷得紧紧的。万副厅长是他的老领导,五年前调到了省厅,现在是主抓刑侦的常务副厅长。人太熟了,相互间就少了礼貌和客套。他一进门,万厅就把一包烟扔给他,说:"憋坏了吧?抽,抽吧。"

赫连东山从烟盒里抽出一支烟,闻了闻说:"有股哈喇味。"

万副厅长说:"不会吧?你这个老烟枪,嘴刁。"

当两人坐下的时候,赫连东山说:"老领导,是你点的将吧?"

万副厅长说:"是。"

赫连东山说:"我一猜,就是你给下的套儿。"

万副厅长看着他,过了好一会儿,说:"还记得么,六年前,我送了你一个字。"

赫连东山怔了片刻,说:"啥字?"

万副厅长说:"'等',一个'等'字,忘了?"

赫连东山想起来了。是的,那天半夜里,为小邢的事,他闯到了万局家里……赫连东山说:"是啊,第二天你就让我背了个处分。"

万副厅长说:"处分还是轻的。我要不给你处分,说不定,警服都让人扒了。"

赫连东山说:"领导就是领导,什么时候都能说出道理来。"

万副厅长说:"那我就再送你一句话:在大时间的概念里,任何小聪明都是不起作用的。"

赫连东山说:"好,这话好。啥时喝两盅?"

万副厅长眉头一皱,立时严肃起来。他说:"现在说正事。有个案子,由你牵头组建一个精干的班子来查。你听好了,密查。一对一,你对我负责,我对乔厅负责,乔厅对省委负责……"

赫连东山立时绷紧了神经,问:"多大的案子?"

万副厅长把装在档案袋里的一叠材料交给他,说:"目前还不清楚。现在唯一的线索是:李德林副省长的夫人,失踪了……案子大小,查了才知道。"

赫连东山吃了一惊,说:"万厅,不是开玩笑吧?省长的夫人……"

万副厅长说:"我像是开玩笑的人么?一个省的公安厅,如果连这样的案子都查不了,那只有关门了。知道为什么调你来查么?"

两个的目光对视着……赫连东山忽地站起身来,给万副厅长行了个礼,说:"我明白了。"

万副厅长说:"李德林副省长现在中央党校学习。你不光要查案,还要保证他的人身安全。"

赫连东山说:"保证?"

万副厅长说:"对,保证。"

赫连东山说:"'保证'是什么意思?"

万副厅长说:"就这意思。"

赫连东山说:"可以上手段么?"

万副厅长沉默了片刻,说:"例行报批手续后,可以。"

两天后,赫连东山走马上任。作为专案组的负责人,他把这个案件定名为"一号专案"。

二

让赫连东山的脑子转八百个弯儿,他也想象不出,儿子长大后,居然成了一个卖"武器"的人。

赫连西楚自从上了大学,就彻底脱离了"刀片老爸"的监控。这就像是一只鸟儿终于脱离了牢笼,在蓝天白云里可着劲撒起欢儿来。或者说是"大鱼脱了金钩钓,摇头摆尾——Goodbye了"。于是,在虚拟的世界里,他就成了"霸王"了。

赫连西楚从上大学二年级起,就开始出售"武器"了。最初,他并没想卖什么,甚至压根儿就没想过,在虚拟世界里,这些"装备"也是可以换钱的。然而,自从在网上结识了"老猫"之后,他就一下子走向"国际"了。这时他才发现,凭着一根线,在网络里,世界依然很大呀。

就是这么一根看不见的线,在网络空间里,串连着数亿甚至十数亿年轻人。那时,"老猫"在游戏界也算是一个高手了。可"西楚霸王"和"老猫"互相间并不认识,只是两个虚拟空间里的域名。"老猫"在进军"魔界"的时候遇到了非常大的阻力，一连五天，所有的"装备"都用上了，"玄天门"那一关，始终没能通过。于是，"老猫"在网上发了一个紧急"求助帖"：达人们，亲们，谁能助我过了"魔界"第五关，我送他普济岛七日游！

"老猫"的帖子发出后，跟帖者成千上万，敢于接招的却寥寥无几。"西楚霸王"就是这时候接下这"英雄帖"的。他在凌晨三点突破了这一关，并连夜在QQ里用加密的方式把获取"装备"的方法发给了"老猫"。不过，接下帖子后，"西楚霸王"却拒绝了普济岛七日游的悬赏。他知道，虽相隔九百公里，可"刀片老爸"的那双眼睛仍盯着他呢。

从此，不但"老猫"把他引为知己。在游戏界，"西楚霸王"由此声名鹊起，"粉们"纷纷跟帖"点赞"。从东半球到西半球，追随者如云，甚至有了国际化的影响力。也正是通过"老猫"的举荐，"求助帖"雪片一般飞来。于是，他开始向游戏界的"粉们"出售"武器"了。在一个时期里，他什么都卖："电子枪""激光炮""捆仙绳""乾坤袋""七十二变大法"……到了大四的时候，一家开发游戏软件的公司，竟主动找上门来，要聘他为技术总监。

更让人不可思议的是，就这么一次交道，"老猫"居然痴迷地爱上了"西楚霸王"。每到凌晨，"老猫"就会在"QQ"里发一问候："大虾，睡了么？想你。""西楚霸王"回答："咪吐。"两人就这么你来我往的，在虚拟的空间里，从谈论"装备"开始，一日一日的，居然谈起了恋爱。到了这时候，"西楚霸王"才知道，"老猫"身在香港，是一极有个性的美女。她的"美人照"以各种姿态呈现在"西楚霸王"的电邮里，而且还时不时地问：我的奶子大么？你摸一摸？于是，由"老猫"主动发起，两人在私密的空间里，凭着一根线，夜夜长聊。

"西楚霸王"与"老猫"的网上爱情进行了二百七十九天。在QQ上，两人无话不谈……

猫：GG，想死你了。亲亲我，亲亲我好么？

王：迷途，迷途。

猫：我老爸前天给我介绍了一个"匕首"，让我去见。我的回答是：No！

王：你老爸是？

猫：我老爸是卖药的。我给丫起一绰号："老毒物"。你呢？

王：我？老头是审案的。也有一绰号："刀片"。

猫：哈哈，刀片，一定是伤过你啦？

王：老毒物伤过你么？

猫：呸！老毒物就是一卖假药的。在这个世界上，凡治癌症的药都是假药。他有的是钱，娶过三个女人。我母亲就是被他气死的……有时候，我都恨不得杀了他。你呢？

王：Q。

猫：哇，还打人呢。用皮带么？

王：QQ。

猫：哇，双起来打呀？心疼死我了。按国际惯例，你可以告他。你告他去！

王：毕竟……

猫：迷途。

王：他们不承认"自己"，他们也从来没有过"自己"。他们是"螺丝"，他也想把我变成"螺丝"。

猫：螺丝？什么是"螺丝"？

王：螺丝是拧在机器上的东西。螺丝没有自己。

猫：严重同意。都什么年代了？我们要过我们自己的日子。所以，我不见他。我只要他把钱打到卡上，就当是打土豪了。

王：是呀，我四个假期都没回去了。

猫:"刀片"是什么意思?

王:眼毒。他是审犯人的。

猫:"条子"吧?看谁都像犯人?

王:"条子",看谁都像犯人。有一次,在公园里,那是他第一次带我去公园玩。走着走着,他突然冲过去,把一个人给铐上了。

猫:怪吓人的,也是一个老怪物。GG,看来,咱们是同病相怜哪。你恨他么?

王:恨过。不过,终还是逃出来了。在他们那一代看来,人生来就是要吃苦的。这不是"螺丝"的年代了,为什么要吃苦?人为什么就不能快快乐乐地活着?

猫:对呀,严重同意。不快乐,毋宁死!

……

"老猫"的这句话就像是一句谶语。"老猫"和"西楚霸王"曾经在网上约定,两人要在当年情人节的那一天,中午十二点在北京相会。然而,在那年的二月十一日,北京城瑞雪纷纷,差三天就是情人节了,"老猫"却死在了香港九龙一处租住屋的电脑桌前。在她那狭小的租住屋里,堆满了从网上购买的衣物,计有各种衣饰三百七十一件,鞋子一百七十六双,都还没穿过呢。当家人找到她时,她已瘦得皮包骨头,严重脱水,处于半昏迷状态。据说,"老猫"临死前,说了最后一句话。她说:"真有意思。"

"西楚霸王"与"老猫"失联三天后,在网上看到了一则刊登在香港报纸上的消息:一药厂老板的女儿,网名为"老猫",猝死在了电脑桌前,死时才二十三岁……他看到这则消息后,一时目瞪口呆,悲痛万分。他先是用一千枚游戏金币在网上给"老猫"送了一个花圈,尔后倒头便睡,一连睡了三天!

赫连西楚醒来后,打开电脑,发现从纽约到加勒比海,从东京到北京,"粉们"的跟帖又是成千上万,居然还有人"点赞",说这是新版的"霸王别姬"……此时此刻，赫连西楚内心一片悲凉。坐在电脑桌前，他突然感到从未有过的孤独。仿佛鬼使神差一般，他给家里打了一个电话。他已经连续六个学期没有回家了，妈妈接了他的电话，高兴地说："儿子，你终于打电话了。有事么？你是不是缺钱花了？"赫连西楚说："没事，没啥事。你还好吧？他……"妈妈说："你爸不在。他敢跟你断绝关系，我就跟他断绝关系。你说，是不是缺钱了？我马上给你寄。"赫连西楚说："真没事，就是，就是……想你了。"这句话说得韩淑芳满脸是泪。

这个"他"字，是赫连西楚多年来第一次对父亲的问候。自"老猫"去世后，他突然想起了"刀片老爸"的许多往事，他心中的恨意一下子就化解了许多。父亲正一天天老去，他很想在电话里给父亲问候一声，可他实在是张不开嘴……这个有着多重含义的"他"字刚出口，却又被母亲曲解了。

韩淑芳实在是太想儿子了。第二天，她自作主张，买了张火车票就进京看儿子去了。韩淑芳到北京后，儿子整整陪了她两天。那时，韩淑芳并不知道儿子失恋的事。一见到儿子，她发现儿子已长成大人了，每天都很高兴，连走路都是一路小跑。

赫连西楚陪母亲看了故宫、颐和园、天安门城楼、人民大会堂……还特意带母亲去吃了一次"老莫"。莫斯科西餐厅的华丽把韩淑芳给吓住了，一再地问："儿子，这里贵吧？还是换个地方吧？"赫连西楚说："你轻易不来，这里的西餐是最有名的。吃一顿，没事。"韩淑芳说："那，别点贵的，尝尝就是了。"儿子安慰她说："不贵，真的。"在"老莫"，一切由儿子安排，韩淑芳先后品尝了儿子点的鹅肝、鱼子酱、红菜汤、牛排、西式甜点……最后还要了一瓶红酒。韩淑芳吃得惴惴不安，一边吃一边说："这一疙瘩儿小米样的黑东西是啥呀？"儿子说："鱼子酱。你尝尝？"韩淑芳尝了一口，差点吐出来，说："这西餐也没啥好的，就是腥。"听说面包是不要钱的，她就蘸着蜂蜜多吃了几片。吃完饭，借着上卫生间的机会，韩淑芳悄悄地拉住一红帽白裙的餐厅小姑娘问："七号桌，多少钱？"餐厅小服务员说:"七号桌,两千八。"韩淑芳傻了,喃喃地说:"就几片面包,两千八呀。"

韩淑芳进京时,给儿子带了六千块钱。在她看来,这已经是个大数。可儿子一顿饭就吃了两千八!这……这也实在是太"那个"了……可这毕竟是儿子的一片心意,她也不便多说什么,就是肉疼。

韩淑芳是个简单、善良的女人,平时没那么多心眼。从北京回来后,她才渐渐地回过味来。在北京那几日,她曾经去过儿子的寝室,她发现,儿子用的电脑早已换过了,是崭新的,有耳机、摄像头儿,还带音响的那种,看上去很高级。儿子的床上、电脑桌上摆满了各种吃食,有咖啡、果仁、甜点什么的,包装全都是洋文……大约价钱都是很贵的。家里给他提供的学杂费、生活费都是有数的。那么,儿子的钱从哪儿来的?

这些疑问,韩淑芳自然没敢跟赫连东山说。只是有一次,两人睡前说闲话时,她忍不住问:"你是不是偷偷给儿子寄钱了?"赫连东山愣了愣说:"没有啊,财政大权不都在你手里么?"

这天晚上,韩淑芳一夜都没睡好。她心里翻江倒海的,生怕儿子做了什么违法的事。后来,趁着赫连东山出差,她又悄悄地去了一趟北京。等她当面跟儿子问清了缘由,这才一颗心放在了肚里,喜滋滋地跑回来了。

等赫连东山出差回来,韩淑芳说:"老头,你的观念也该变变了。"

赫连东山说:"啥意思?"

韩淑芳说:"你不是看不上儿子么。这才大四,还没毕业呢,儿子已经找下工作了,一家软件公司。你猜猜,工资多少?"

赫连东山"哼"了一声,漫不经心地说:"多少呀?"

韩淑芳气昂昂地说:"年薪三十万。"

赫连东山不相信自己的耳朵:"多少?"

韩淑芳说:"你没听清?一二三的三,三十万。"

赫连东山说:"胡说,疯了吧?"

韩淑芳说："合同我都看了，就是年薪三十万，还有住房补贴、交通费……"

赫连东山耳朵"嗡"的一声，他觉得胸口一阵刺痛，好像有什么东西一下子断了。赫连东山干了一辈子，还是个正处级，月工资才三千五（带补贴）。儿子一个玩游戏的，屡教不改，从小挨了他很多皮带……现在却"玩"出了个年薪三十万。

这，跟谁去说理呢？

三

"一号专案组"刚刚成立，就发现了一个危险的手机信号。

通过一定的刑侦手段，赫连东山发现，在北京，在海淀区大有庄附近，距离李德林副省长居住区方圆三十米左右，曾经出现过一个异常的手机信号。经查，这个手机卡号是一次性的，没有注册，显然不是李德林的。在李德林报案后，这个信号曾在李德林所在的中央党校附近出现过两次。那么，如果是一桩绑架案的话，幕后藏着什么？李德林是不是也有危险呢？

根据上级要求，从一个副省长的安全角度考虑，赫连东山带着两个刑警总队侦察员连夜飞赴北京。他要实地勘查一下，看周围是否出现过形迹可疑的人。

赫连东山带人在中央党校附近的一家酒店住下后，三人分别在中央党校周围四下看了看，发现这里风景不错：北临颐和园，东临圆明园，背靠玉泉山……这里虽然毗邻旅游景点，人来人往，但校园很大，校内清雅安静，建筑古色古香，静中透着一种庄严肃穆的文化氛围，管理更是十分严格，完全隔绝了校园外的市井俗声。看了地形，又摸了摸周围的情况后，经与当地公安沟通，知道这里是治安联防，外松内紧。赫连东山明白，这里是不会出安全问题的。可那个异常的手机信号又是怎么回事呢？

在要不要面见李德林的问题上，赫连东山有些迟疑。作为一个内地省份的副省长，李德林报案后，仍坚持在中央党校学习。他参加的是一个三个月的短训，也就快要结业了。这时候找他出来，合适么？

对这个案子，赫连东山一直有些疑惑。李德林这个人，赫连东山先后见过两次，印象不错。据说，在官场里，他的口碑极好，无论上、下、左、右，都对他有很一致的好评。何况，他还是个小麦专家，他的亲和力也是一般的官员没法相比的，所以被媒体称为"戴草帽的省长"。这样的一个人，几乎没有仇家，他会得罪谁呢？如果是为了钱，那有钱人就太多了。哪一个企业家不比他有钱？谁会去绑架一个副省长的老婆呢？除非阴差阳错，或者是……

思前想后，赫连东山决定，既然来了，还是要见一见李德林。如果能通过他，了解一些他妻子的情况，也算没有白跑一趟。可是，当他们费尽周折，趁着中午时分，好不容易把李德林约出来的时候，却一下子把他给惹恼了。李德林刚一走进酒店的房间，立时勃然大怒，暴跳如雷！他两眼圆睁，嘴唇哆嗦着，喝道："知道这是什么地方么？——首都北京！知道我在什么地方学习么？——中央党校！你们，太不像话！丢人都丢到北京来了。你们丢的不是我一个人的脸，是一个省份的脸面！你们来干什么？想干什么？！"

站在一旁的民警小声说："李省长，我我……我们，是……是想了解一下情况。"

李德林不容还口，拍着桌子说："什么情况？我在这儿三个月了，我知道什么情况？这正是我要问你呢。你说，你给我说说，你们是干什么吃的？人呢？找到了么？！"

一时，场面十分尴尬。在这种情况下，赫连东山看他很不冷静，摆了摆手说："你们两个先出去吧。"

两个民警收起记录本，悄没声息地退出去了。

赫连东山从兜里掏出烟来，默默地给李德林递上一支，又给点上；尔后，自己也点上一支烟，默默地吸着……两人都不说话。

李德林身子往下一虚，坐在了椅子上。他手里的烟只吸了几口，就那么一直燃着，快燃尽的时候，他又掏出一支续上……

赫连东山默默地望着李德林。望着望着，他心里竟生出了一丝怜悯之情，甚至有一种严重失职的自责感。不管怎么说，这是个部级干部，副省长啊！他的老婆失踪了，至今下落不明。这件事，不管搁在谁的身上，都是塌天的大事！他的任何指责，都是无可非议的。

是啊，他坐在那里，几乎就要瘫了。是他的心要"瘫"了。可以想见，这些日子他是怎么过的。他的头发虽梳得一丝不乱，可两鬓全白了。他额头上的皱纹像蚯蚓一样沟着，脸颊上还有"黑雀儿"（黑色瘢点），一片一片，这是内分泌严重失调的一种反映。可见他心里是多么熬煎！他坐在那里，一点神儿也没有，就像是个空空的衣服架子。还有，他的两个夹烟手指的内侧，熏得已经焦黄了。根据赫连东山的经验，他至少每天三包以上。这个"衣服架子"端坐在那里，怔怔地、眼里潮乎乎的，显得十分颓丧。

突然，赫连东山听见李德林像是在低声地喃喃自语，不知道他在说些什么。过了一会儿，他才勉强听清了几句，他好像自言自语地说："……麦子黄的时候是没有声音的，头发白的时候也没有声音，我怎么就信了呢？"

这话，赫连东山听来，莫名其妙，也不伦不类，不知道他的神思游到什么地方去了，更不便接茬。可他知道，此时此刻，李副省长的心情已经平复下来了。于是，赫连东山解释说："李省长，我们这次来，主要是考虑到你的安全……"

也就是很短的时间，李德林很快恢复了正常。他说："对不起，我刚才有些急躁，话说重了，多包涵吧。"

赫连东山说："理解。"接着，赫连东山试探说，"我们在你周围，发现了一个不明的手机信号，所以，担心你的安全。"

李德林一惊，说："还有这事？不会吧。现在手机信号满天飞，弄错了吧？"

赫连东山含蓄地说："正在查。"

李德林"噢"了一声，看了一下手腕上的表，站起就走，边走边说，"我马上就回去了。有什么事，等我回去再说。下午还有课。"当他快要走到门口的时候，突然回过身来，说："怎么查是你们的事。我还是那八个字：活要见人，死要见尸。"

赫连东山挺直身子，说："是。"

李德林走了。赫连东山站在窗口望着他的背影，他的步子看似坚实，却有些发飘。一个五十多岁的人，花白头发被风吹散了，他不时用手拢一下，却又拢不住，很狼狈。阳光下，一个人孑孑地走在路上，看上去，形单影只。当他快要走到中央党校门口时，他站在那里，迟疑了大约有两秒钟的时间，望着什么……尔后，快步走进去了。

见了李德林后，赫连东山心里的疑惑并没有解除，他还是觉得这里边有让他想不明白的地方。就在这时，省内有电话打过来了。家里专案组那边有消息了：经过与移动、联通部门联系，通过地毯式地排查，发现了那个一次性无记名手机卡的购买地：黄淮市。此时，赫连东山即刻明白让他接手这个案子的原因了。

黄昏时分，三人分析了案情后，赫连东山吩咐说："现在就回，马上回。去黄淮。"

跟他来的一个民警说："现在去黄淮市，没有航班了，233票卖完了，火车只有179。"

赫连东山说："那就坐179。"尔后他看了一下表，说，"你们吃饭去吧。还有四五个小时，我去办点私事。"

四

很突兀的，赫连东山想跟儿子见个面。

大约有六七年的时间，赫连东山与儿子再没说过一句话，两人形同路人。在他眼里，这个儿子实在是不成器。可在儿子眼里，他就是一个早已"OUT"了的旧"刀片"。

其实，最让他看不惯的是，儿子现在居然成了一个游戏界的"大玩家"，还号称什么"西楚霸王"，这叫什么事儿？！可儿子毕竟是儿子，作为父亲，他是有责任的。这次进京，特别是约见了李德林之后，不知怎的，他突然想见儿子一面。

儿子早就毕业了，他所在的公司就在中关村附近的一条大街上。儿子还在附近的黄金地段买了房子。听妻子说，儿子有段时间很痛苦，他失恋了。据说，那是一个在网上认识的香港姑娘……他还听妻子说，现在追儿子的姑娘很多，有一个加强排那么多。妻子说，儿子是挑花了眼，至今还犹豫着，没定下来。他实在是不能理解，一个"玩游戏"的浪子，居然也成了姑娘们争相追捧的"时代英雄"？这真是怪事。所以，他想亲眼看一看。

赫连东山在路口拦了辆的士，打车来到了中关村。到中关村附近他下了车，给儿子打了个电话（儿子的手机号码是他从妻子放在桌上的小本上偶尔看到的）。他的话有些生涩，说：你是在中关村附近住吧？我来出差。顺便，见个面吧。儿子倒显得比他大方。儿子说：是，很近。在一家大酒店后边，拐一个弯儿，香荷园小区，八号楼，三单元，我去门口接你上家。赫连东山说：不用了，我还要赶车。你下来，咱见个面。电话里沉默了一会儿，儿子显然很不高兴。终于，儿子说：也好，我马上下去。

在香荷园小区门口，赫连东山等啊等啊，等得心里起火的时候，终于等到儿子了。可远远看去，儿子又不像儿子，儿子走路顺拐，侧偏着身子，像是一条腿有毛病似的。乍一看儿子的右肩就像是挎着一只大"花瓶"。近了些才明白，那是个女孩。这个女孩十八九岁的样子，浓妆艳抹，斜吊在儿子的肩膀上。秋天了，身上穿得很少，少得赫连东山不敢细看。当两人快要走到香荷园小区大门口时，儿子推了那姑娘一下，"花瓶"这才脱离了儿子的肩膀。

这次见面，是突发式的，是一念之差。这么多年了，赫连东山想跟儿子见个面，聊一聊。可是，怎么开口，说些什么，他一直都没想好。尤其是父子间敌对多年，怎么开这个头呢？

看见他，倒是赫连西楚先开口了。儿子说："你啥意思？"

赫连东山看着儿子。多年不见，儿子腰粗了，壮了，脸也长圆了，嘴角上已有了一撮小胡子。儿子穿一身休闲装，一米八的个头，已经是大人范儿了。

赫连西楚气呼呼地说："都到家门口了，你不进家，啥意思嘛？"

一见面，赫连东山就明显地感觉到自己处于下风。他明白，时间在向儿子倾斜……儿子到底在北京待了这么多年，用的虽然是指责的口吻，但话里透着些"亲近"，好像已经没有了往日的敌意。应该说，这还是儿子第一次用这种口吻跟他说话。赫连东山说："时间来不及了。有些话，想，跟你聊聊。"

赫连西楚很不屑，用讥讽的口吻说："聊什么聊，有什么可聊的？就站在这马路牙子上？"

赫连东山心头的火又起来了，他勉强压住火气，看了一下手腕上的表，说："要不，一块吃个饭吧。"

赫连西楚默默地望着他，目光里竟有些怜悯的意味。儿子说："行啊，你想吃啥？"

赫连东山说："就近吧，就近找个店儿。"

儿子并没有接话，也没有给他介绍身边的人，可站在一旁的"花瓶"主动说:"不远有一俄国人开的餐厅,请伯伯吃西餐吧。"

赫连西楚没有再说什么,只是从裤兜里掏出车钥匙,努努嘴,把车钥匙交给了"花瓶",那是一辆"宝马"车的钥匙。那小个姑娘接过钥匙,扭臀摆腰、花枝乱颤,"的儿、的"地开车去了。

赫连东山望着那姑娘的背影,问:"这,你……对象?"

赫连西楚说:"一个'粉儿'。"

赫连东山怔怔地,说:"啥……啥意思?"

赫连西楚说:"给你说你也不明白,'粉儿',就是一个'粉儿'。"

赫连东山吃惊地说:"就……就就就……不明不白地,住你这儿了?!她家里人愿意么?"

赫连西楚不耐烦地说:"怎么就不明不白了?都是成年人了,是她自己来的,什么时候想走,随时可以走。碍她家里什么事了?"

赫连东山皱了一下眉头,说:"这,不好吧?"

就在这时,"粉儿"把车开过来了。"粉儿"从车窗里探出头来,说:"伯伯,上车吧。"

赫连东山想说点什么,又很勉强地咽回去了。到了儿子这里,他一下子就丧失了主动权。儿子拉开车门,赫连东山坐在了后边。赫连西楚坐在了"粉儿"的旁边,说:"走吧。"

车拐来拐去,走过几条街后,在一个名为"基辅餐厅"的门前停下了。这个所谓的俄国餐厅隐在一条背街上,门脸儿很小,顺着台阶往下走,甚至有点半地下室的味道。可是,拐进去就不一样了,拐进去有一种叫人目瞪口呆的感觉!只见里边人声鼎沸,一股浓烈的膻、甜、腥的气味扑面而来。还不仅仅是这些,这完全是一个年轻人的世界,或者说是一个"小白领"们的世界。男男女女,一桌一桌地,排列有序地在里边坐着。在悠扬旋律的俄罗斯音乐声中,喝着红酒,举着刀叉,吃着牛排、"列巴"之类……男人靠在女人的肩上,女的偎在男人的怀里,笑声、接吻声、窃窃私语声、干杯声不绝于耳。有一男一女兀地站起，随音乐跳起舞来，扭上几圈后又坐下，继续举起刀叉，嘴里高喊着："——起儿死！"

此刻，一个肥美高大的俄罗斯女人从屏风后的灶间里滑出来。她手里举着托盘，像游泳似的在密集的餐桌前滑来滑去，滑出一串一串的"撕巴洗巴"。忽然，乐声变了，刹那间又改成了进行曲。有一队（四个）高大威武的、身穿当年"苏联红军"制服的俄罗斯人出现了，他们行进在一个个餐桌前，齐声高唱"喀秋莎"！于是，整个酒店沸腾了，在刀叉声中，所有的人都跟唱"喀秋莎"……小白领们纷纷站起，与他们合影留念。

在这样一个氛围里，赫连东山不仅是头晕，眼也有些晕。赫连东山年轻时最喜欢听的就是俄罗斯歌曲。那些歌曲就像是梦中情人一样，滋养过他的心灵。在赫连东山看来，那些"苏联红军"的制服，包括领章、帽徽，代表着一个时代，那是用鲜血和生命染出来的时代。不管对与错，那都是一个时代的缩影，应该给予起码的尊重。可是，在这里，却成了佐餐的调料了。笑吧，笑吧，孩子们笑得多么开心！可他们又知道些什么？

然而，就是在这样一个半地下餐厅里，还要等待。来这里吃西餐的人太多了，得排队。那些双双对对的小白领们倒是不急不躁地，一个个摆弄着手机，煞有介事地翻看着网页什么的。赫连东山已经没有耐性了，在排队等待的时候，他先后出去接过两个关于案情进展的电话。当他第二次走回来的时候，"粉儿"说："伯伯，别急，就快轮到我们了，还有两桌。"

可赫连东山快要崩溃了。他实在是等不下去了，他对儿子说："你出来一下，我有话给你说。"说完，他扭头走出了餐厅。

赫连西楚没说什么，跟着他走出来了。

两人站在街边上，赫连东山说："你已经是成年人了，我对你没有别的要求。我希望你好好考虑一下，能否换一个工作，你总不能玩一辈子游戏吧？……"

赫连西楚抿着嘴，冷冷地看着他。儿子的目光里有一些嘲讽，有一些怜悯，还有什么，那就说不清了。他好像是不屑于回答，如果他说了什么，那就是对牛弹琴了。

可就在这时，那个"粉儿"不知什么时候冒出来了。她一下子抢在了儿子的前边，涂着黑指甲油的手指一闪，差一点就戳在赫连东山的脸上了！她像机关枪一样对着赫连东山吼道："五〇后吧，打小推铁环、打皮牛、摔三角长大的吧？我都懒得跟你废话，跟我姥姥一个德行！什么叫玩游戏？你玩一个试试？我告诉你，哥哥是神！哥哥是生产快乐的大神！哥哥一个人就是生产快乐的工厂！知道什么是快乐么？不知道吧？土鳖一个。一辈子苦哈哈的，你根本不知道人间还有快乐！你知道哥哥有多少'粉丝'么，一千七百六十万！什么东西，敢这样跟哥哥说话？看我废了你！"

赫连东山傻了。一个小丫头，就像是一个抽筋剥皮的杀手，顷刻间把他剥得精光，剥得体无完肤。特别是那句"五〇后"，对赫连东山来说，非常刺耳，有巨大的杀伤力！是的，"五〇后"。他这个"五〇后"在这个女孩子面前，一点尊严也没有了。真难堪哪！他摇摇头，长长地叹了一口气。

就在这时，赫连西楚终于开口了。儿子说："够了，一边去！"

那女孩说："他就是个老顽固，土鳖，我得灭他……"

儿子说："滚！谁让你多嘴了。"

赫连东山身子动了一下，扭头就走。他暗自在心里说，走吧，赶紧走吧，给自己留一点脸面吧。

他心里说：这不是你的时代了。

五

赫连东山急于赶回黄淮市，是有原因的。

在电话里，他得到了一条线索。这条线索极为重要。

这还要从"花世界"集团的谢之长说起。俗话说，千里长堤，有时会溃于一蚁之穴。最近，黄淮市的亿万富翁，谢之长谢董事长，谢副主席，遇上了一点小麻烦。这个"麻烦"来自于他的女人，一个叫梁玉芬的中年女人，跟他闹翻了。

在这个世界上，对于富人来说，有一件最烧钱的事情就是离婚了。谢之长在过了一段很富贵的日子之后，他觉得他很需要"文化"，这种需要十分迫切，于是就有了离婚的打算。

可他这么一离，离出事情来了。

谢之长的发妻梁玉芬比他小八岁，当年也算是梅陵花卉市场上的一枝花。早年，在梅陵的花镇上，梁玉芬也是很有名的。她不仅人长得漂亮，且还是当地村支书的女儿。也正因为她是村支书的女儿，所以也就名正言顺地成了当地花卉市场的管理员兼收费员。那时候，凡到花卉市场上卖花的摊贩，都是按天收费的。她每每昂然地走在这条花街上，梳一俗称"二刀毛"的齐耳剪发，戴一红色袖标，袖标上印有"市场管理员"的字样，飘飘地从市场上走过，显得英姿飒爽。那时，老少商贩都要尊她一声"芬姐"。

当年，"花客"谢之长就凭着他的两片薄嘴唇，不仅在花镇上卖花不交管理费，而且还拿下了花卉市场的"一枝花"梁玉芬。最初，村支书见谢之长仅是一个"花客"，一身的穷气，自然不会答应这桩婚事。不但不允，还派了些亲戚把他给揍了一顿。不料，这梁玉芬居然跟谢之长私奔了。一年后，两人却又抱着孩子回来了。到了此时，作为村支书的老丈人不认也得认了。

如今，谢之长发达了。梁玉芬也已年届四十五岁，成了黄脸婆了。虽说她也跟着男人搬到了黄淮市，住进了大别墅，但她心里并不快乐。因为孩子大了，平时都不在家，她常常是一个人独守空房。况且，谢之长成了社会名流、商会会长后，也已很少回家了，只是隔三岔五地回去露个面，吃顿饭。尔后，按芬姐的话说，就又"风流快活"去了。芬姐曾当面跟谢之长说过，你当着董事长，开着大酒店，还有洗浴中心，你尽可以"风流快活"，但不能有"二房"，这是底线。对于这个要求，谢之长满口答应，说："芬儿，咱是患难夫妻，你放心吧。"

可梁玉芬就是放不下这个"心"。于是她悄悄地雇了一个人，什么也不干，专门跟踪谢之长。三个月后，芬姐终于捉奸在床。原来，谢之长私下里在玫瑰园小区偷偷地置了一处房产，玩起了"金屋藏娇"。这个"娇"不是别人，是洗浴中心的一个东北姑娘，芬姐很蔑视地称她为"虎妞"。其实，"虎妞"并不"虎"，高条条、细气气的，还是学财会的大学生，一口京腔。因为是从东北来的，芬姐就叫她"虎妞"。就是这个从洗浴中心走出来的"虎妞"，现在竟成了谢之长的财务总管。

梁玉芬是一烈性女子，且已独守空床多年，自然是怒不可遏。这么多年过来，两人吵过也闹过，她对谢之长已经不抱幻想了。一个人要真正看清一个人要许多年，可等她看清的时候，黄花菜都凉了。梁玉芬毕竟是支书的女儿，哪受得了这份气？恼上来的时候，心里全是恨。待有了真凭实据之后，上来就跟谢之长谈离婚的事。可谢之长已不是过去的"花客"了。谢之长说："你想怎么着？"梁玉芬说："我不想怎么着，就两个字：离婚。滚蛋。"谢之长说："这话可是你说的。离，现在就离，谁不离是王八蛋。"梁玉芬说："好啊，算一算，夫妻共同财产，我也不多要，一人一半。"谢之长虽说养一有文化的"二房"，起初并没有要离婚的打算，他只是想吓吓她，让她识趣些，别成天闹事。此刻，谢之长愣住了，说："你玩真的？"梁玉芬说："婚是离定了。现在就算账。"

往下，两人的谈判进行了一天一夜。谢之长本想凭着他的"三寸不烂之舌"，苦口婆心地期望着能再一次打动她，让她接受这"一大一小、两不相干"的事实，且再三保证不给"虎妞"名分，从而劝她打消离婚的念头，家里毕竟还有一双儿女呢。可梁玉芬独守空房的日子太久了，一肚子怨气，谢之长最终也没能说动她。最后，梁玉芬说："我也知道你一时拿不出那么多现钱。这样，你给我一千万，咱俩好合好散，各走各的。"谢之长见他已被挤在了死角里，就说："钱都在项目里，我拿不出那么多。这样，我给你八百万。"梁玉芬倒还大气，说："八百万就八百万。你先给我打个条儿，一个月付清。"

可是，条儿打了，婚离了，眼看一个月过去了，钱却没有拿到。再去找他的时候，谢之长却耍起了无赖。他说："账我认，钱没有。家里的房子、存款都归你了。这还不够？你是想逼我破产，逼我走绝路吧？！你看，我这边，项目正在搞，钱一分也提不出来。要不，给你算成股份，早晚会升值的。"梁玉芬说："你放屁！要算股份，我至少占一半！……"后来，梁玉芬再去找他，就连面也见不上了。

梁玉芬明白，在黄淮市，谢之长已织起了一张网，可以说是黑白两道通吃，她的官司是打不赢的。像梁玉芬这样的女人，一旦爱上一个男人，那是往死里去爱的，是奋不顾身的；可她一旦恨上一个男人，那就是仇人了。发起狠来，是要玉石俱焚的！于是，她一不做二不休，直接去了北京，把揭发信递到了中纪委和公安部，主旨告谢之长八个字："火烧金店，图财害命"。她很清楚，这个七年前的案子，一旦翻出来，谢之长，还有那个酒店经理白守信，就彻底完了。

可状子递上去之后，一个月过去了，一点动静都没有。谢之长这边呢，按梁玉芬的说法，他跟那"小蹄子"不仅明铺夜盖，且公然在"花世界"大酒店摆起了宴席，两人出双入对，那个"虎妞"居然登堂入室了……梁玉芬就快要气疯了。她决定二上北京，就是把命搭上，也不能让那个王八蛋好过！

这天夜里，她搭乘188次火车，天明时到了北京。可是，她刚出北京站，手机响了，电话里说：请问，是梁玉芬么？她说：是，我是。你是谁？电话里说：我是省公安厅的，姓赫连。她有些激动，说：谁？公安厅的？电话里说：是，我是省厅的赫连东山。梁玉芬眼里含着泪说：赫连同志，你可得给我做主啊。赫连东山说：你的举报信，省厅收到了。你现在什么地方，是北京么？梁玉芬说：是，我刚出站。赫连东山说：原地不动，先吃点饭。我马上派人去接你。

据前去接应的民警说，他们刚把梁玉芬接走，白守信派的人就到了，前后不到半个小时。这说明，有人走漏了风声。

十二个小时后，梁玉芬被接到了省城附近的一座红色的楼房里。这座楼房隐在一片绿树之中，表面上看幽静安谧，门口却有武警站岗。这里被人称作"红楼"，是省里政法系统直接管辖的一个"双规"基地。在红楼里，梁玉芬详细地给专案组的人讲述了谢之长指使白守信、王小六纵火焚烧金店的全过程……后来，赫连东山专程赶来讯问了梁玉芬。他问："梁玉芬，这么说，你也参与了？"梁玉芬说："当时，那姓白的，就是在家里跟老谢说的……没有瞒我。"赫连东山说："你丈夫都说了些什么？"梁玉芬说："那姓白的要他点个头，他点头了。此后他们怎么商量的，我就不知道了。"赫连东山说："你想清楚了么？你知道这里边的利害关系么？"梁玉芬已熬煎了很多个日子了，她脸白得一点血色也没有，只是咬着下嘴唇说："我知道。该判几年判几年，我豁出去了。"赫连东山说："不管怎么说，你这是检举揭发，到时候，法院会酌情考虑的。还有谁参与了？"梁玉芬沉默。赫连东山说："玉芬，事已至此，你不能再有所保留了。你知道么，我这边刚派人把你接走，谢之长的人就到了北京站。你想想，他们去干什么？差一点，你就……"梁玉芬又沉默了一会儿，说："你们查案的时候，老姜、孙队，都给姓谢的打过电话，还跟白守信他们一起吃过几次饭……"梁玉芬所说的老姜，是黄淮市司法局常务副局长姜保国，孙队是刑警大队的副队长孙德合，二人跟谢之长交情很深。赫连东山问："还有谁？"梁玉芬摇了摇头。她觉得，没有证据的事，不能再往上"咬"了。突然，梁玉芬满脸是泪。她一下子泪流满面，痛哭失声。她呜咽着说："怎么会走到这一步呢？！"

梁玉芬被接来的第三天，黄淮市"花世界"大酒店的保安队长王小六，也被悄悄地"请"来了。王小六刚在酒店值完夜班，大清早在回家的路上被接走的。他跟梁玉芬的待遇有明显的不同，王小六上车后是蒙着眼的。他是车开进"红楼"之后，蒙在头上的黑布套子才被取下来，所以，他根本就不知道这是什么地方。

王小六虽说是个"滚刀肉"，却也没见过这样的阵势。在红楼里，他晕头涨脑地被押进了一个房间。进门后，气还没喘匀呢，不一会儿，人就进来了。走进来的是四个武警，一人拿着文件夹，一人捧着衣物，另外两个人虎视眈眈地监视着他。那个拿文件夹的人喝道："王小六！"王小六下意识地说："到。"那人说："把衣服脱了，全脱！"王小六怔了片刻，吓得打了一尿颤儿。他望着四个铁面武警，本想问一声：我犯啥法了？可他知道这不是黄淮市了，不在他的地界上，眼眨巴了两下，终于没敢张口。随后，就当着四个武警的面，一件一件地把衣服脱下来，脱到只剩一个内裤时，他喉咙里咕噜一声，说："还……么？"那武警说："脱，一线不剩。"脱光后，他就那么双手抱着后脑勺，赤条条儿地站在四个武警的面前，露一身白肉，像个被择光了毛的冷雀似的。待四个武警前后查看了一遍之后，才把那套蓝色白条的衣服交给他，说："穿上！"就此，门又无声地关上了。

武警走后，王小六在屋子里转了一圈儿，四下里看看、摸摸，用头碰碰，发现这里的墙壁都是橡皮做的……心里说：乖乖，事大了。

临近中午时分，王小六被人带出来了。在走廊的拐弯处，就在他将要被带进审讯室的那一刻，他的眼风扫见了梁玉芬。他看见芬姐被人领着走进了另一个房间。不错，真是芬姐。坏了，芬姐也进来了。

当然，这一切都是赫连东山刻意安排的。他就是要让王小六知道，梁玉芬也在这里，说与不说，就看他自己了。

在审讯室里，王小六发现审他的人竟是赫连东山。如果换一个人，他还不是那么害怕。可这个赫连东山太了解他的底细了。他曾三进三出，他还诬陷过……况且，这次不同于往常。首先是地方换了，他根本不知道自己被关在哪里。最可怕的是,芬姐来了。可她没有穿"白条服",这说明什么?芬姐跟谢总闹离婚的事他也知道一点。这么说,芬姐……王小六有些慌。

赫连东山坐在那里,一声不吭,就这么默默地看着他。

在长达二十多分钟的时间里,两人就这么默默地望着。赫连东山的目光一直逼视着王小六。王小六开始还有点躲,眼珠子一偷一偷地、扑棱扑棱地转着,可躲着躲着就躲不过去了。赫连东山的目光就像是一把锥子,始终瞄着他,那光是密不透风的、带有杀气的。

王小六头上开始冒汗了。他知道,火烧金店的事怕是败露了。那天夜里的事情,他是最清楚的。这件事,一旦招了,那就是杀头的罪呀!可是,如果硬扛着不招,有芬姐作证,他能扛得过去么?此时此刻,王小六的心思一直在那场大火里转圈儿。那"火"烧在他的心里,炙烤着他的五脏六腑……他一直在想,这谎怎么"圆"?还"圆"得住么?他得死扛。扛一时是一时吧,真到扛不住的时候,再说。

突然,赫连东山高声说:"王小六!"

王小六说:"到。"

赫连东山说:"买过几个手机卡?"

王小六有点迷糊,他说:"啥?啥卡?"

赫连东山说:"八月十六日,买了几个手机卡?"

王小六说:"八……八月……"

往下,赫连东山一句比一句紧:"说,八月十六,马道街手机店,买了几个卡?"

王小六的牙咯咯答答地响着,那张嘴就像是滑了膛的枪,顺喉咙迸出了一个字:"——仨。"

王小六本以为他会问火烧金店的事,他一门心思都在编这个谎,他很想把这个谎编圆,可赫连东山没有问,他问的是手机卡。对此,他没有一点思想准备,顺嘴就吐噜出来了。"仨"是本地话。可吐了这个"仨"之后,他不明白，赫连东山问手机卡是什么意思？越是想不明白的时候，他越是心慌。其实，这仍然是个谎。他已习惯撒谎了。那一次，按白守信的吩咐，一次性的手机卡，他买了二十个。

赫连东山再问："说，谁让你买的，给谁了？"

王小六张口结舌地说："白……白总。都……都送人了。"

王小六虽没上过几天学，但人精明刁钻。每当思考问题的时候，习惯用右手那个多余的六指去掏耳朵。可这会儿他双手被手铐铐着，掏不成耳朵了，就连续地挠右边的椅子扶手，嗒嗒嗒的，就像发电报一样。可他挠着挠着，突然发现，这一回，他"电报"发错了。不对呀，他怎么把白守信给"日白"出来了？呀呀，上当了。

可就在这时，赫连东山不再问了。他说："押下去吧。"

王小六愣愣地望着赫连东山。在他被押出去的时候，还一直回头看着赫连东山。他本指望着赫连东山再问点什么，如果再问一句，他就知道"蚂虾在哪头放屁"了。可老赫不问了。

当天晚上，当各种情况信息汇集在一起的时候，赫连东山陷入了很深的思考之中。"火烧金店"的事自然是板上钉钉了，可他没想到，那个"绑架案"竟然也与他们有关。那么……他一连吸了半包烟，当他掐灭最后一个烟头的时候，心中有了很不好的预感。这个预感在没有证据证实之前，他是不敢再往下想的。那么，就目前的情况来看，谢之长和白守信很有可能也参与了绑架案。

到底为什么呢？

六

这个世界有很多让人记住的方法。

但对赫连东山来说，大骂后让他记住，这还是第一次。

那个小丫头，那个有可能成为他儿媳妇的姑娘，一下子就让他记住她了。还不仅仅是记下了，那记忆是刻骨铭心的。

是的，他还是第一次让一个小姑娘指着鼻子骂。太伤自尊了！夜深人静的时候，那小姑娘的话就像是挂在墙上的钟摆一样，不时会"敲"他一下。

儿子说她是一个"粉儿"。可这个"粉儿"的嘴是刀子做的，话说得太难听了。特别是那句"五〇后"，就像尖刺儿一样，扎在他的心上。是的，童年里，他的确是"推铁环、打皮牛、摔三角……"长大的。那时候，作为一个出身于一般工人家庭的孩子，没有什么玩具，但那是一段既苦涩又甜蜜的日子。

这小丫头，不光嘴损，指鸡骂狗的，比喻也忒形象了。那么，什么是"快乐"呢？这个问题，说实话，赫连东山从来没有认真考虑过。可是，到了这般年岁，夕阳西下了，他已经看见落日了。现在，却有一个小姑娘在逼着他想，什么是快乐？

是啊，什么是快乐？那时候，很小的时候，对于一个"五〇后"来说，他知道什么是快乐：牺牲是快乐，献身是快乐。"一不怕苦、二不怕死"，就是那个时代的口号。那时候，几乎所有的人，大约都是这样想的。这么多年过去了，他仍然记得年少时，当他有了自己珍爱的日记本时，他记在日记本上的第一句话，那是苏联作家奥斯特洛夫斯基的名言："人最宝贵的生命只有一次。当你回忆往事的时候……"可现在呢？现在，说实话，连他自己都不知清楚，究竟什么是快乐？

那么，这个名叫余真真的姑娘，她快乐么？

这个姑娘的名字，是他后来才知道的。后来事情发生了戏剧性的变化。那天傍晚，赫连东山被这小姑娘娘骂得体无完肤，很狼狈地逃走了。他匆匆拦了辆的士，赶火车去了。可是，当他赶到西客站候车室不到十分钟，正跟同事说话的时候，忽然发现有人在后边拽他的衣角。他回身一看，正是"花瓶"。

姑娘站在他的面前，眼里含着大颗的泪珠，先是深深地鞠了一躬，然后说："伯伯，对不起，我正式向您道歉。"

赫连东山还没愣过神儿来，就见候车室里的人忽一下就围上来了。他一下子慌了，说："别，别，你这是干什么？"

这时，他才看清楚，这是一个染着红头发、戴着大耳环的小姑娘，就是那个在饭店门口教训他的、火一样冲的"粉儿"。小姑娘脸上的浓妆已经哭花了，脸颊上流着两行黑泪。她哭着说："我余真真这辈子还没求过人。伯伯，我求您了，求您原谅我。"

赫连东山还是不明白，说："别哭，别哭。原谅你什么？"

余真真哭着说："哥哥让我走，哥哥不要我了……"

赫连东山怔怔地望着她，一时不知如何才好。

余真真说："伯伯，我再一次向您道歉。我年轻不懂事，您原谅我吧。"

这时，四周已围满了"眼睛"，所有的目光都盯着赫连东山，连同事们也都疑疑惑惑地看着他。赫连东山臊得头皮都要炸了，他说："好，好，我原谅，原谅你了。"

余真真说："伯伯真的原谅我了？"

赫连东山头上冒汗了，说："你走吧，赶紧走。我原谅你了。"

余真真说："如果伯伯真的原谅我了，求您给哥哥打个电话，告诉他。别让他赶我走，成么？"

赫连东山傻了，他不知该怎么办了。且不说这事本就荒唐，两个年轻人，互相间根本就不认识，只是网上聊聊天，稀里糊涂地就住在一起了……这是赫连东山根本无法接受的。再说，让他给那个"逆子"打电话，去掺和这件事，那是万万不能的！

不料，这个余真真，竟当着众人的面，扑咚一声，给赫连东山跪下了！

她哭着说："伯伯，您一定要救救我，救救我吧。离了哥哥，我会死的。哥哥虽是大神，您是长辈，您的话，他还是会听的，求您了……"

赫连东山急了，他说："姑娘，起来，你快起来。你听我说，你们年轻人的事情，还是自己解决吧，好不好？"

此时此刻，"哄"地一下，看热闹的人更多了。有好事的人冲过来，对着余真真说："姑娘，是不是这个老流氓欺负你了？你说，我们给你做主！"

众人纷纷响应："说，姑娘你说！"

赫连东山看看周围，全是愤怒的眼睛！还有的摩拳擦掌，看那样子，随时都会扑上来……到了这会儿，他就是浑身是嘴也说不清楚了。他赶忙摆摆手，解释说："不是，不要误会，不是那回事……"真是憋屈呀！

因为赫连东山穿的是便装，有人喝道："看你就不像个好人！拐卖人口的吧？……"

不料，余真真炸毛了。她的红头发一甩，朝着围观的人说："起哄是吧？架秧子是吧？一个个头嗝得跟鹅似的，巴不得别人出点事，你们好看笑话？有病吧？有病去朝阳区安定医院排队去，在这儿瞎咋呼啥？碍你们什么事了？！"

看她那一副浑不吝的样子，一时，众人默然。

赫连东山望着她，这个名叫余真真的姑娘，是谁家的孩子？染着一头红发，戴着两只大耳环，汪着两只大眼睛，流着一脸的黑泪。她穿得是那样少，上身是粉红色的小坎肩，下身是超短的小皮裙，脚下是高跟的筒靴。秋天了，她仍裸露着双肩，裸露着肚脐儿，就在水磨石的地上跪着，丝袜跪烂了，膝盖都要跪出血来了。整个看上去就像是一只炸了毛的火鸡。

赫连东山上前一把把她拉起来，说："起来，你先起来，有话起来说。"

可余真真身子就像吊坠似的，硬往下出溜着、坠着，就是不起来。余真真说:"伯伯,我都这样了,还不能感动您么?你们'五〇后'就这么冷血么?不就是求您打个电话么?您拯救的是一份至死不渝的爱情……求您了。"

赫连东山说:"你——"

这时候,候车室的广播响了,179次列车已经进站了。候车室里人往前涌动着,开始检票了……

赫连东山万般无奈,终于说:"我打,我现在就打电话。你起来吧。"

余真真的两只泪眼扑棱着,立时破涕为笑,说:"谢谢伯伯,谢谢伯伯!"

赫连东山拿起手机,拨通了儿子的电话,气冲冲地说:限你三十分钟赶到西客站第九候车室,余真真在这儿跪着呢。把人接走!末了,他又加了一句:自己的屁股……自己擦!

不料,余真真却说:"伯伯,不是我说你,你们'五〇后',怎么一点幽默感也没有呢?怎么能这样跟哥哥说话呢?有话不能好好说么?"

赫连东山气不打一处来,鼻子都要气歪了。他恨不得上前抽她一耳光!可他迅速地扭过头去,低声对两个同事说:"走,快走。"

可余真真却跟在他的后边,说:"伯伯,一路走好。下次来,一定要到家里去,我给您做西餐。"

赫连东山坐上火车后,仍然心有余悸。他觉得,他这个"五〇后"遇上"八〇后",简直就是一场灾难!时间是一条巨大的"鸿沟"。那"哐哐"的火车声,就像是一个呼啸着的分离器,两代人距离越来越远了。

也还是有些不放心,赫连东山回到黄淮市后,在查案的间隙,他抽空儿回家了一趟。见了妻子韩淑芳,他问:"那边,咋样?"妻子怔了,说:"哪边?"他说:"北京那边。"妻子说:"太阳从西边出来了?"他皱了一下眉,说:"你不说算了。"妻子说:"你这话,藏头露尾的,啥意思嘛?"赫连东山没有办法了,说:"我听说你那宝贝儿子跟一小女子在一块住，不明不白的，这不好吧？"妻子说："你说的是哪个？"他很吃惊："还……还不止一个？"妻子说："我不是跟你说过么，追他的姑娘很多……"他说："就那个……那个红头发，叫啥子……余真真的。"妻子说："哦，你说的是一个'粉儿'，走了。"他说："啥粉儿？你还懂这个？"妻子说："网上的叫法，她是儿子的'铁杆粉丝'。"他有些不相信，说："真走了？"妻子说："我见过，红头发，走了。"赫连东山很严肃地说："你还是要管管你的儿子。"

对此，赫连东山摇摇头，百思不得其解。那个名叫余真真的小姑娘，像是印在他的脑海里了。如果不染头发，洗净了脸上的浓妆，那会是一个精精致致、清清爽爽的小姑娘，可她偏偏把自己弄成了一个"火鸡"样！不知怎的，这个"八〇后"的余真真，让人心疼（这是谁家的孩子，家里怎么就不管管呢？可话又说回来，管得了么？）……他记得她曾指着他的鼻子说："五〇后"，土鳖！

赫连东山喃喃地说："铁杆——粉丝？"

七

白守信也被抓进来了。

表面上，他很安静地坐在那里，心里却慌成了一团。

窗外是蓝天、白云、绿树，雀儿蹦蹦跳跳地叫着，不时还有飞机从头顶上飞过，这是什么地方？

白守信是在王小六被抓后的第七天被"请"进来的。因为他是市"人大代表"，要走程序，所以，他没有戴手铐。

他人很安静，手却不安静。他习惯性地要脱下那双白手套，可他手上已经没有手套了，就那么两手相互搓着，像是要扒掉一层皮似的。

其实他心里很清楚，梁玉芬反水，王小六被抓，这说明"火烧金店"的案子已经败露了。现在唯一的补救办法是，无论如何要保住谢董事长。保住了谢之长，就保住了他们的未来。可如何把这个缺口给堵上呢？是啊，火不是他放的。至于谢之长私下里跟他说了什么，有录音么？当然王小六是他指使的。他是说了，他跟王小六说的是"教训教训"那个家伙，让他知道"锅是铁打的"。对呀，他就是这样说的。再问一千遍，他也是这样说的。

白守信本就是个色厉内荏的人。年轻时干过些荒唐事，也仅是调戏调戏小姑娘。但是，常年在商场上搏杀，也是沾了些血污的……当然，自从跟了谢之长之后，他也是很想做人的。是谢之长在他最倒霉的时候收留了他。这些年有了钱，于是就跟着谢之长往"文化"里钻，想把自己洗白了。是啊，由谢董出钱，他代谢董出面，曾出钱赞助过本市的一个"诗歌朗诵会"。谢总还派他专门到清华大学里泡过三个月，出高价学"MBA"。现在他走路呀说话呀，都很有"派"，很有讲究，嘴上还常挂着"SORRY"，也是一副很谦和、很有分寸的样子。尔后，他也学着谢总在办公室里摆上书柜。

这些年，跟着谢总，他也养成了钓鱼的嗜好，在鱼塘里喂了很多"窝儿"。这是一种很高雅的嗜好，多是上层人物玩的。谢董通过钓鱼结交了许多大人物，星期天开着车跟他们一块去钓鱼，他一直奉陪着，这样顺便就把生意谈了，很好啊。

其实，他很想"高贵"，并且自认为身上已有了些贵气。可一个精神贵族是需要时间来豢养的。假以时日，如果他能活个三五百年，也许真的会成就一个新的精神贵族。可他发财的时候太短，初期路子还不太正，这会儿正往正规化、企业化上靠呢……钱是有了，精、气、神还没有真正养起来，还正处于包装时期。"包装"，这是一个时代的口号，他赶上了。可以说，在物质上，他什么都不缺了，可他失去自由了……心痛啊！

现在，他最后悔的是不该撺掇着让谢董跟梁玉芬离婚。一想起这事，他肠子都悔青了！在这一点上，他也对谢董有怨气。不就那点事么？你做也做了,芬姐并没有限制你,你干吗非要"明媒正娶"呢,眼珠子让门框挤了?!

话又说回来,他知道谢之长娶"虎妞"也有他的道理。"虎妞"大学毕业,又是学财会的专业人才。谢之长虽说是董事长,却不识几个字,一个号称有亿万资产的大企业,财务是第一要紧的,必须有一个最可靠的人来管。那么,什么样的人才是最可靠的?以一个流氓的心态,睡了也不一定可靠,只有"捆"在一起才可靠,婚姻就是最好的绳索。况且,"虎妞"还年轻漂亮,床上功夫一流。这些话,都是他对谢之长说的。现在,后悔也晚了。

那天晚上,他跟谢之长私下商量时,的确没有背着梁玉芬。那时候,梁玉芬跟谢董还是一心的。当时,的确是他白守信出的主意,谢董只是点了一下头,可是呢,可是……

白守信一个人在屋子里坐了两天两夜,脑子里转了一万个圈儿,怎么也转不出来,他都转糊涂了。转来转去,只有两个字:后悔。

到了第三天,他都快要急疯了。于是,每隔几分钟,他就喊:"报告,我要见赫叔!"门外的武警拉开门上的窥窗,喝一声:"等着吧。"

过一会儿,他又喊:"报告,我有急事,我要见老赫!"门外武警仍然说:"等着。"再过一会儿,他又喊:"报告,我要揭发!"可一直没人理他。

赫连东山对白守信还是比较了解的,所以一直"押"着他。"火烧金店"的案子,已板上钉钉,且不去管他。赫连东山最想知道的是:白守信跟绑架案有何牵连,他又会牵出谁?

第四天上午,赫连东山出现了。与赫连东山一起出现的是两个武警和一张"逮捕证"。在审讯室里,当武警亮出逮捕证的时候,白守信脸色刷白,他朝赫连东山喊道:"赫叔,我冤枉啊。"赫连东山说:"冤枉不冤枉你自己知道,还用我多说么?"

这时,武警把笔递到白守信的手里,说:"签字吧。"

白守信说:"我不签。我是冤枉的,没有证据……"

赫连东山说:"签不签都一样,法律上已经生效了。"

这时,只听"咔"的一声,另一武警已把手铐很熟练地戴在了他的手脖上。

白守信举着已戴了手铐的双手,高声说:"我抗议!你不能抓我,我是市人大代表!我问一句,你逮捕人,市人大知道么?"

赫连东山说:"你说呢?"

白守信愣了愣,颓然地坐下了。

只是片刻,白守信像猴一样,忽一下又蹿起来了,他说:"我交代,我检举,我揭发……"

赫连东山一边整理着手里的材料,一边漫不经心地说:"说吧。"

白守信说:"每次上头来人,走的时候,我都给他们送礼,一人一箱茅台,有市里的、省里的,还有中央的……"

赫连东山望着他,说:"说,往下说。都给谁送了。"

白守信嘴里吐出了一连串省市各级领导的名字,都是在报纸上经常出现的……末了,他说:"还有中央的大领导,我就不说名字了,说了你们也不敢查。"

赫连东山脸一沉,说:"守信,你哄小孩子呢?说,你只管说,查不查是我们的事。"

白守信本想吓唬吓唬。那意思是说,我接触的都是有名有姓的大领导,你们敢查么?见赫连东山这么说,白守信不吭声了。

赫连东山说:"说呀,咋不说了?忘了吧,你跟老谢还送过我一盒茶叶,极品。我看跟大街上卖的没啥差别,现在还在办公室放着呢。给你泡一杯?"

往下,白守信口气变了,他很沉痛地说:"我交代:我那个洗浴中心,确实来过一拨东北姑娘。虽然不是我招的,可我也是睁一眼闭一眼。我老实交代，我嫖过娼，还不止一个……"

赫连东山说："挤牙膏呢，避重就轻，是吧？我提醒你一下，六个字：三六九，金木火。好好想想。"

白守信脑海里像是糨糊开了锅，咕嘟咕嘟地直冒泡。啥意思？是啊，作为保护费，这些年算来，他给过老姜三十万，孙队六十万，这"九"，莫非……

赫连东山说："守信，我给你交个实底。我这里有梁玉芬、王小六交代的录音，还有市局老黄、孙德合的旁证，你想听么？"

白守信恨死梁玉芬了。他觉得他是活生生地栽到这个女人手里！那悔意一下子就把他给淹了。他很想抓住一根稻草，可满眼望去，大水已漫过头顶，没救了。他往地上一出溜儿，"扑咚"一声跪下了，说："赫叔，实在是冤哪！我是说过话，我承认我说过，我说的是给他个'教训'，让姓吴的知道'锅是铁打的'，可我真没让他放火烧人呀……"

赫连东山看了一下手腕上的表，说："守信，底我已经交给你了，我不想在你这儿浪费时间了。现在，我最后再给你一次机会，一次戴罪立功的机会，五分钟。说与不说，说不说实话，就看你自己了。"

白守信说："我说，你问吧，我说。"

赫连东山说："八月十六日，你让王小六买的手机卡，其中有三个是经你的手，给谁了？"

白守信愣愣的，像是在回忆之中……

赫连东山给了他十秒钟的时间，尔后说："不说是吧？那好，带下去吧。"

不料，白守信一下子蹿起来，说："我说，我说，是刘市长要的。"

赫连东山问："说清楚，哪个刘市长？"

白守信说："常务副市长，刘金鼎。有一次，他来酒店按摩，说是他的手机号公开了，很不方便，让我给弄几个手机卡。"

赫连东山说:"干什么用?"

白守信说:"他没说。我对天发誓,我真的不知道。"

赫连东山问:"谢之长知道这事么?"

白守信眨了一下眼,说:"不知道。"

赫连东山问:"真不知道?"

白守信说:"真不知道,刘市长随口说的,这么小的事,我不用请示董事长。"

赫连东山说:"带下去吧。"

白守信被带下去后,赫连东山望着窗外,又默默地抽了一支烟。他想,他的直觉没有错,果然是刘金鼎。这说明,那个发往北京的手机信号是刘金鼎的。那两个字既然是刘金鼎发送的,那么,问题严重了。

刘金鼎是副厅级干部,到了他这一级,就必须请示了。可是,还没等他请示上级,刘金鼎竟然先找上他了。

八

从北京回来后,赫连东山心里的感觉一直不好。

感觉这东西,就像是无形的包袱,虽看不见摸不着,会让你有压力,就连他踏上市政府办公大楼的时候,走在一级一级的台阶上,仍像是背着一双眼睛。

可他转身的时候,却没有看见"眼睛"。也许是太累了,连续熬夜,他有些恍惚。是的,那背上的"眼睛",很像是儿子的。儿子的眼神不再是挑战式的了。儿子的眼神是居高临下的,那是嘲讽,倘或也可以说是怜悯。是的,儿子如今是网上的"西楚霸王",目光是很"穿越"的。儿子在大时间的概念里是一个胜利者,儿子是以一个胜利者的目光看他的。儿子的潜台词是：你老了。

　　他五十九岁了，在儿子的眼里，他就是一个趴在铁轨上的、干瘪了的老蝴蝶。

　　儿子一米八的个头，跟他差不多高，嘴角上已经有小胡子了。儿子原是小圆脸，现在是长方脸，已长出了颧骨和棱角。儿子穿一身休闲装，那眼神儿，蔑蔑的，很有一点"酷"意。儿子在往上长，他却在往下缩。他原也是一米八的个儿，现在体检时一量，却只有一米七八多。儿子高高大大地站在他面前，他竟然有些不适应了。不用说，儿子早已脱离了他的管教，自立门户了。况且，他现在的年薪不足五万，儿子年薪五十万，已经没有可比性了。上次去北京见儿子，他竟然有一种很失落的感觉，站在面前，却是"远"。

　　可是，有一点他始终想不明白。那么难缠的一个红头发姑娘，那个蛮横的余真真，儿子是怎样把她打发走的？妻子就告诉他两个字：走了。在北京站，当着那么多人，她都不依不饶的，说哭就哭，说跪就跪，横下一条心，说是宁死不走。可她怎么就走了呢？儿子使用的什么妙法？他也算是干了一辈子刑侦，可他破不了这个"谜"。

　　对于儿子，甚至于对这个世界，赫连东山不明白的事情还有很多。比如，不就是一个玩游戏的么，他怎么会有那么多的"粉丝"？老天爷，一千多万哪！难道说，这世上成千上万的年轻人，都在玩游戏么？那么，这世界成什么样子了？都疯了么？到底是谁疯了？

　　可是，儿子用眼神告诉他说：你以为"游戏"仅仅是游戏么？那是一种挑战，关于极限的挑战，关于想象力的挑战，也是对直觉反应能力的一种挑战。在模拟化的、残酷的人生极限挑战中获得快乐，这不好么？怎么说也比你们小时候"推铁环、打皮牛、摔三角"强吧？

　　儿子用眼神告诉他说：你以为"游戏"仅仅是游戏么？那是一个个人生的"沙盘"。那里边有善恶是非，有层层关隘，有九九八十一难！在里边，你就是一个战士，你会热血沸腾。有获得就要付出，有赢就有输。失败一千次，你还可以重新站起来……这不好么？

儿子用眼神告诉他说：你以为"游戏"仅仅是游戏么？那是不同国家、不同民族的思维方法。如果你打遍世界各国的游戏，你就可以了解各个民族不同的思维方式，了解不同的生活方式。以娱乐的方式开阔视野，周游世界……这不好么？

儿子用眼神告诉他说：你以为"游戏"仅仅是游戏么？一个民族的童年就是一个民族的未来。在网络世界里，"游戏"是一种全新的开启心智的方式。试想，一个"推铁环、打皮牛、摔三角"的童年，与一个在网络世界里快乐地游弋搏杀的童年，能比么？有可比性么？！

……

赫连东山无言以对，但他知道，这是谬论。他坚持认为，这就是谬论，是一派胡说！

可是，儿子是在一个堂堂正正、由国家认可的大公司里做事。儿子的公司就设在首都北京，设在中关村一栋富丽堂皇的高楼里，坐电梯上下，风吹不着、雨淋不着。儿子还是公司里的总监，他虽然不知道什么是"总监"，可儿子的年薪说明了"总监"的分量。听妻子说，他们这个公司，还是由国家大力扶持的，每年都有一千万的投入。难道说是国家让他们这么"玩"的？

赫连东山明白，这世界变了，很快就不属于他了。这将是一个年轻人的世界。作为一个秩序的卫道者，一个侦察员，他将很快老去。夕阳无限好，只是近黄昏。那么，将来，世界一旦交到"游戏者"手里，那会是什么样子？他不敢想，也想不明白。

踏上黄淮市政府办公大楼的最后一级台阶，赫连东山愣了一会儿，觉察到自己的神思游走得太远了，他得赶紧收回来。往下，他要坐电梯上五楼，去面见市委常委、常务副市长刘金鼎。

昨天晚上，赫连东山突然接到了一个电话，电话是从黄淮市政府打来的。电话里说：是赫连东山同志么？他说：是。对方说：我姓丁，是政府办公室的秘书，刘市长请你明天上午九点到市府办公室来一趟。丁秘书的口吻是命令式的。说完，没容他回话，电话就挂了。

刘金鼎这个时候突然约见他，是很有些意味的。也许，他已觉察到了什么。或者说，他是想探一探风向？

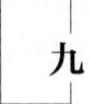

九

在这里"见"和"接见"，成了一种身份的象征。

赫连东山在秘书科旁边的候见室里等了整整二十分钟，尔后才由丁秘书把他带进了常务副市长刘金鼎的办公室。

赫连东山明白，他这是有意为之。二十分钟时间，就是要告诉你，你要摆正自己的位置。

赫连东山一进办公室，刘金鼎就快步走过来，很热烈地跟他握手，一边握手，一边说："东山同志，坐，快坐。"

刘金鼎的办公室里有两组沙发，一组大的，是皮沙发，是可以坐下喝工夫茶的，茶几上配有很高级的茶道用具；还有一组小的，布艺的，是喝咖啡的，旁边配有很高级的咖啡壶。刘市长的办公桌是一巨大的老板台，台上有电脑、电话、公文夹等。电话两部，一黑一红；电脑也是两部，一台式、一笔记本，且都开着……办公桌后是带靠背的皮式转椅，皮式转椅后是一排高大的、摆满各样书籍的书柜。在皮转椅的左侧，书柜前边，插着两面一人多高的红旗：一面是国旗，一面是党旗，这就有了庄严。

赫连东山站在那里，四处扫了一眼，却不知该往哪里坐。

这时候，就见刘金鼎首先在那组皮沙发的正位上坐下来，招招手，说：

"坐吧,我这儿常有外宾来,今天让你享受一下外宾的待遇,喝茶还是咖啡?"

赫连东山也跟着坐下来,说:"茶吧。"

刘金鼎马上吩咐说:"小丁,泡杯毛尖。"接着,他又说,"听说你要上调省公安厅了,祝贺你呀,马上就是省里领导了。"

赫连东山笑了笑,没说什么。

刘金鼎仍以领导的口吻说:"老赫啊,你马上就要调到省里去了。有几本书,我想推荐给你。"

赫连东山说:"好啊,早就听人说,刘市长读书多。你说。"

刘金鼎说:"古人云,以史为鉴,可以正衣冠。我要推荐给你的第一本书是《史记》,你看过么?"

赫连东山不明他的意图,随口说:"早些年,翻过。"

刘金鼎说:"读些历史,对我们的工作大有好处,你说呢?"

赫连东山说:"是,刘市长说得是。二十四史,都值得读。"

刘金鼎说:"我觉得还是司马迁的《史记》,文学性最强。特别是那些人物列传,一个个都栩栩如生,入木三分哪。你想啊,古时候,一个平原君,就有三千门客!连那些鸡鸣狗盗之徒,都养起来了……这说明什么?说明自古以来,我们的老祖宗就重视人才呀!"

刘金鼎接着说:"古人养士,和现在培养人才,意思是一样的。我们得好好向古人学习呀。古人么,出有车,食有鱼,五花马,千金裘……既然花了大价钱来养,要的就是一个'忠'字。没有这个'忠'字,一切都无从谈起。"刘金鼎说到这里,咳了一声,说:"当然,我指的是要忠于国家。"

赫连东山坐在那里,默默地望着常务副市长刘金鼎。他这是想干什么呢?是想把他镇住?在学识上,在文化素养上,把他给镇住,还是想暗示些什么?

往下,刘金鼎说:"我要推荐你看的第二本书,是《共产党宣言》。这是个薄册子,你肯定看过吧?有很多人,讲话一套一套的,但未必真看过,看了也未必能看懂。你看它开头的第一句话:'一个幽灵,共产主义的幽灵,在欧洲游荡。'……这说明什么呢?这说明,无论多么伟大的理论,在未被实践证明之前,这个主义是不被认可的。所以说,它只能是——幽灵。只有当它被证明之后,它才成了主义。是吧?所以,现在我们做的事,也有可能被误解。我们不能因为怕误解就不去做,就像改革开放一样……"

刘金鼎接着说:"我要推荐给你的第三本书,是《光荣与梦想》。这本书是谈经济革命的,叫作'罗斯福新政'。具体我就不细说了,美国总统罗斯福,在经济大萧条时期,为了挽救崩溃了的美国经济,居然在资本主义的老巢,采用了许多共产主义的元素。当时遭到了很多人的反对,可他成功了……这说明什么?这就叫'变通',变则通嘛。由此看来,有些事情,是可以'变通'的。"

赫连东山就像是听人讲课一样,默默地坐在那里。他发现,这是个聪明人,能人。他也是读过一些书的,可他的眼睛后边,还藏着什么呢?他现在已经是常务副市长了。正常情况下,他很有可能接任市长……但假如他参与了那件事,他还会坐在这里侃侃而谈么?这说明什么?至少可以说明,他的心理素质的确不一般。

两人就这么面对面地坐着。当刘金鼎侃侃而谈的时候,赫连东山的神思正在空间游走,那个已经侦察、被截获的手机信号发出了两个字:成功。这个"成功"是什么意思?

刘金鼎仍在侃侃而谈,他像是陶醉了,被自己的高水平的谈话陶醉了。可是,此刻,他的目光刚一与赫连东山对接,就一眼,刘市长的口风突然转向了。就像是一个开场白之后的草草收尾,又像是凤凰刚展开五彩缤纷的翅膀却突然掉了毛……刘金鼎像是噎住了似的咽了口唾沫,喘口气说:"——喝水,你喝水。我说这些,都是闲话。东山同志,我想先给你道个歉,是我们的工作没有做好哇。"

赫连东山回过神来，愣愣地望着他，心里说：啥意思？

刘金鼎说："您是专家、是功臣呀。像您这样破过许多大案，立过功受过奖的同志，黄淮市是应该重用的。可是呢，我们的工作没有做好，晚了一步，对不起了。前天，我还跟'老一'（市委书记）讲，看能不能把您留下来……"

赫连东山说："谢谢关心。我都五十九了，该退休了。"

刚刚还在谈"精神境界"的刘金鼎，又一下子回到了现实。他说："是啊，是啊，市局这边，早该报的，硬是把你耽误了。我曾催过他们多次，还批评过他们……"

接着，刘金鼎再次指了指小丁泡好的茶，说："尝尝，雨前的。"尔后，他漫不经心地说："上调的手续，还在办吧？"

赫连东山说："我也不清楚，可能正在办吧。"

刘金鼎说："走个程序，也快。"说完，他直起身来，直直地望着赫连东山。

赫连东山马上意识到，他这是话里有话。一个干部的调动手续，常务副市长是要签字的。如果他不签这个字，或者随便找一个什么理由，他上调公安厅的事就可能拖下来。

赫连东山笑了笑，他能说什么呢，什么也不能说。他也直起腰来，说："刘市长，您约我来，有什么指示？"

到了这会儿，刘金鼎才说："那好，长话短说。你听说了么？豆制品公司的人，又把花世界大酒店给围了，打着大标语：'我们要吃饭！'据说，消息都传到了海外，造成了国际影响，很不好啊。"

赫连东山说："那您的意思是？"

刘金鼎说："市里有压力，我也有压力。那个谢之长，是有很多商人的臭毛病。可工人这样闹下去，会出乱子的。听说，你们把花世界大酒店的总经理白守信给抓了？问题严重么？"

赫连东山正了正身子,说:"问题很严重,证据确凿。"

刘金鼎叹了口气,摇摇头说:"哦,这就不好办了。这个……这个……这个……'花世界'是市里的纳税大户,一旦垮了,全市的经济都会受影响。你看这样行不行,白守信是个酒店经理,抓就抓了,谢之长就不要动他了。让他把欠工人的工资先付了,把工人稳住,不再闹事,然后,再说查案的事。"

赫连东山明白了,原来,"船"是在这儿弯着呢。他说:"刘市长,这个事,我做不了主,得请示省厅。"

刘金鼎说:"谢之长有问题么?"

赫连东山很含糊地说:"正在查。"

刘金鼎说:"听说,是他前妻在告他?"

赫连东山很简单地说:"是。"

刘金鼎说:"两口子闹离婚,一旦有了怨气,是什么狠话都会说的。如果没有确凿的证据,不要动他。谢之长在省市都很有影响,是市里的纳税大户,直接牵涉黄淮市的经济发展。企业么,摸着石头过河,都会有一些烂账。"

赫连东山说:"这个事,我得请示省厅。"

刘金鼎说:"这样吧,你现就打电话请示,在我这儿打。"

赫连东山迟疑着,说:"这,不好吧?"

刘金鼎的脸说变就变。他突然沉下脸来,说:"怎么了?我已经给你解释过了。你们不给市里打招呼,突然就抓人,你想搞垮一个明星企业么?!"

赫连东山说:"我没有这意思。"

刘金鼎咄咄逼人地说:"那你啥意思?我告诉你,这不是我一个人的决定。做好安抚工作,是市委常委会定的。"

赫连东山说:"既然是市委定的,我可以执行。但这个电话我打不合适，我是下级。您代表着一级政府，您打吧。"

刘金鼎怔住了，好一会儿说不出话来。

片刻，刘金鼎干干地笑了笑，说："你也有道理，政府不能干预办案，那就算了。不过工人们闹着说，不解决问题，还要上北京。如果再来一次的话……"接着，他很遗憾地摇摇头，说："算了，让他们闹去吧。喝茶。"

赫连东山心里清楚，有人走了一步险棋，策动工人闹事……如果处理不好，的确会出乱子。一旦造成国际影响，弄不好，上边下来一个"批示"什么的，案子查起来会非常被动。看来，谢之长是暂时不能动了。他想，他得"敲"他一下，看刘金鼎有什么反应。

赫连东山再次正了正身子，说："我知道，市里有难处。可白守信已彻底交代了。杀人放火的事，不是一般问题。他还交代了一些别的事情，正在查。"

刘金鼎说："噢，是这样啊。"

往下，赫连东山单刀直入，说："最近，有个手机号，135打头的，活动非常频繁……省厅正在查。"

这时，电话铃响了。刘金鼎突然站起身，站得急了一点，差一点碰到茶几上的茶杯。他急步走到办公桌前接了一个电话。他对着电话"噢噢"了两声说，知道了，就这样吧。接着，他看了一下桌上的电脑，尔后，重新走过来，坐在沙发上，说："老赫，听说你儿子域名叫'西楚霸王'，在网上很有名啊。"

赫连东山吃惊地望着他，不知该怎么说……

刘金鼎说："我也经常上网。你儿子不得了啊，有很多'粉丝'呀。对了，听说他在北京一家公司搞游戏软件，收入不错吧？我还听说，房子都买了，还不止一套，就等着你去养老呢。"

赫连东山怔怔的。

就此，刘金鼎下逐客令了。他说："那就这样吧。你说得对，天网恢恢，疏而不漏。可有些事情啊……不说了。这个事，我给'老一'汇报一下，还是让他定吧。"

出了市政府办公楼，赫连东山脑子轰轰的。他知道，放过了谢之长，就等于给他留下了串供的时间。他说不清楚，这一仗他是不是打败了。刘金鼎为什么会提到儿子呢？他已经很多年不过问儿子的事情了。儿子会出什么问题么？

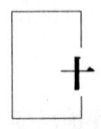

十

当天晚上，刘金鼎独自开车出门，把谢之长约到了一个僻静的会所里，尔后进入一间密室，喝工夫茶。

这当然不是一般人能来的地方。茶早已吩咐人泡好了，水烧的是法国的"依云"矿泉，茶叶是深山老树上采的"大红袍"。两人面对面坐在挂有佛像的净室里，屁股下是垫了金黄色海绵垫的檀香木罗圈椅，用的是绍兴的红泥紫砂茶盅，两人一小盅一小盅地喝茶，直到喝出汗来。

刘金鼎说："老叔，味道怎么样？"

谢之长说："好，这茶好。纯，厚，还透。一盅下去，汗都出来了。"

刘金鼎说："不会是冷汗吧？"

谢之长说："热汗，你看，脑门上汗涔涔的。那个事……"

刘金鼎说："那件事不再说了。老叔，你知道咱俩的差别在哪里么？"

谢之长说："刘市长，大侄子，这我能不清楚么？你是官，我是民。无论走到哪儿，你都高我一头。"

刘金鼎说："我不是这意思。在当今社会，钱对你来说，已经不是问题了。从这一点来说，你是真正意义上的成功者。可老叔啊，不管怎么说，你都是我的贵人，我是你带出来的。我们俩的差别是，在实践上，我不如你，在认识上，你不如我。"

谢之长忙说："不，不，我起底就是个'花客'，小打油。现在也不过……哦，那是，那是，你读书多。"

刘金鼎说："老叔，你要想往大里做，观念和意识必须升上去。有个地方叫'阿姆斯特丹'，你知道么？就是这个地方，掌控着全世界花卉的定价权。那里的花都是论束卖的，一束多少美金……"

谢之长瞪大眼，说："乖乖，好家伙，利这么大……"

刘金鼎说："你身边不是有个'虎妞'么？让她也上上网。"

谢之长说："大侄子，你也笑话我？别说了。我这是，老不要脸……"

刘金鼎说："我不是那意思。要钱干什么？我是说，红袖添香是一回事，可有些书，还是要读的。"

谢之长说："大侄子，说来惭愧。添个啥屁香，一娶到家，现在也添脾气了，动不动就甩个脸子……"

刘金鼎说："有一本书，是生意人必读的，你看过么？"

谢之长说："'文化'这东西，贵呀。我听你的，买了一柜子书，老没时间看。你说吧，啥书？"

刘金鼎说："是美国人写的，卡耐基的《人性的弱点》。晚上睡觉前，让那'虎妞'给你读一段，很有好处。"

谢之长说："啥子基？让我拿笔记住……人性的弱点，是吧？可，那个事……"

刘金鼎说："放心吧，那个事，已经'按'住了。这也不是我一个人的决定，市里也是这个意思。当今社会，经济建设是第一位的，谁也不敢让一个市的经济垮了。尤其是，不能翻烧饼。'6·29卧轨事件'，一旦翻过来，牵连的就不是一个人了。这是谁都不愿意看到的，明白吧？"

谢之长说："那是，你们都站着，谁敢把我怎么样？再说了，无论怎么查，我也就点了个头。谁看见我点了？只要不翻经济账，我不怕他查。"

刘金鼎说:"也就点了个头?"

谢之长说:"实话实说,当着她的面,也就点了个头。"

刘金鼎说:"只要屁股下清干净,就没人敢查你。经济上不怕,你是私营,他查不着。就是查了,我知道你有两本账……不过,你最近不要再去打搅老师了。李省长那边也有他的难处,一肚子熬糟。"

谢之长说:"我懂,这我懂。我不去找他。"

刘金鼎说:"一棵大树,好不容易长起来了,咱不能光想着凉荫儿……"

谢之长说:"那是,那是。"

茶喝到最后,刘金鼎身子晃了一下,他往后一靠,说:"我头有些晕。喝茶也能醉人么?我怎么有些醉了。"

谢之长说:"这'大红袍'是从老树上采的,劲大。你是不是累了?"

刘金鼎说:"是啊,这'大红袍',劲大,真有些醉了。"

谢之长说:"茶醉,我听人说过。"

沉默了一会儿,刘金鼎突然说:"老叔啊,假如有一天,我出了什么事……我是说假如。"

谢之长一怔,说:"你会出什么事?不会,绝不会。你不常务么,马上就是市长了。你能出什么事?"

刘金鼎说:"这一段,不知为什么,我感觉不好。"

谢之长说:"你怕个啥,咱上头有人。"

刘金鼎摇了摇头,迟疑了片刻,说:"假如我出了什么事,我想要老叔一句话。"

谢之长一拍大腿,说:"大侄子,放心吧,我就是倾家荡产……"

刘金鼎说:"有你这句话就够了。也不一定……但是……未雨绸缪,后手还是要留的。"

往下,两人的声音低下来了。

十一

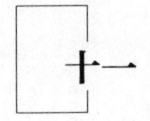

离开市政府后,赫连东山已经没有时间多想了。

这次与刘金鼎见面,为了震山敲虎,他已经把手机卡的事透出去了。接下去,他必须行动了。

当晚八点,他马上给万副厅长打了电话,他在电话里说:万厅,那个件儿,批了么?万厅说:省委已经批复了。你跟纪委的同志联合行动,先"双规"他,批件马上送到。

可是,十二个小时后,等批件送到的时候,刘金鼎失踪了。

第六章 平原客

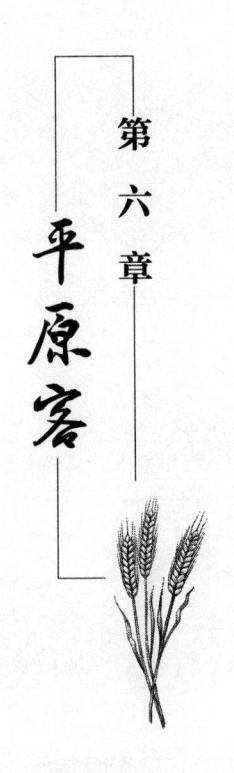

三十九年后,刘金鼎又跟梅花睡在了一起。潜回梅陵的刘金鼎,悄悄地住到了父亲的花房里。潜入花房的头天夜里他睡得很熟。是的,他像是回到了童年,闻着花香,伴着田野里的风声,就好像重新回到了当年睡在独轮车上的日子。

一

那个电话是凌晨时分打来的。

电话铃响的时候,刘金鼎正在睡梦中。在梦里,他正在试穿一套新西装。这套西装是一个香港老板为他特别定制的,西装的内衬上绣有金色的"LJD"字样,这是他名字的缩写。他气宇轩昂地站在穿衣镜前,看着镜中的自己。这个人是谁呢?是他刘金鼎么?好像胖了点。镜子里的刘金鼎就要走马上任了。是的,他将要就任新的交通厅厅长了。这么多年来,他的目标一直是交通厅。他知道,这个位置有多少人盯着呢……可是,衣服的袖子上竟然有一个白色的线头,香港定制的衣服怎么会有线头呢?这很不好。他皱了一下眉头,把那线头用力一扯,可线头越扯越长……可就在这时,"嗞嘟"一声,电话铃响了。

电话铃声在凌晨时分显得特别刺耳!一下子惊了他的好梦。接了电话后,刘金鼎倒吸了一口冷气,头发梢儿忽一下炸起来了。他站在那里愣了有几秒钟的时间,大脑仿佛停止了转动。过了好一会儿,他才猛然醒过神儿来。尔后,他快步走到窗前,掀开窗帘的一角,朝楼下望了望,天仍然黑着,街灯清冷,四周阒无人迹。他人没动,是脚在动,是脚催着他走。

他跟妻子已分开多年了。儿子很小的时候就被他送到加拿大去了。这些年，妻子一直陪着儿子在多伦多读书，且已获得了绿卡。家里的一些存款也跟着存进了加拿大的银行。说实话，要走，他是随时都可以走的。但他并没有打算随妻子移民加国。俗话说：狡兔三窟。加拿大仅仅是一"窟"，备用的。他已习惯于国内的官员生活了，他也必须过这种生活。可现在……他快步走进隔壁的书房，打开保险箱，快速地收拾了一些东西。尔后，提着皮包悄没声地下了楼。

出了小区，站在街边上的时候，他仍有些恍惚。事情来得太突然了，他不知道该往哪里去。是呀，偌大一个世界，哪里是他的藏身之所呢？就在这时，从身后开来一辆出租车，"嗞"一声停在了他的身边，他吓了一跳。回过身，只听开出租的司机说："打的么？"

他想都没想，一步跨出去，即刻上了出租车。

司机说："上哪儿？"

他说："车……车站。"

坐上出租车之后，他脑海里仍然是一盆糨糊。他不知道问题到底出在哪里。是老谢告发他了，或是别的什么事？自从白守信出事后，他心里就一直很纠结。是啊，事情太多了，他一时还想不明白。可出问题是肯定的了。那个电话一共说了十四个字：梅陵么，交通厅运来了一车桃，抓紧！

这个电话来之不易。这是他六年前"喂"的一个"窝儿"。此人是省委机要处的一个机要员，家是梅陵的。这一招他还是跟原来的县委办公室主任唐明生学的。唐明生当梅陵县委办公室主任的时候，曾经在省委三大要害部门都"培养"了"信息员"。当初唐明生是为了及时掌握上级领导的动向，为接待工作提前做好准备。这一招曾得到时任县委书记薛之恒的赞扬。刘金鼎学了这一招，却拿来为我所用了。六年来，凡逢年过节，在给省里领导送礼的同时，他都让司机给这位当机要员的老乡也捎上一份礼物。这位机要员喜欢养花，他家里养的花也大多是刘金鼎送的。另外，机要员有一个弟弟，他弟弟的工作，也是托刘金鼎给安排的。此人无以回报，于是在最关键的时候，打来了一个电话。

天还未明，可临近国庆，车站上候车的人熙熙攘攘的。如今他独自一人，走在人群里，觉得有些别扭。刘金鼎已经有很多年没到车站上买过票了。从他当县委办副主任那一天开始，他再没有到车站上买过票。后来就更不用说了，每次上车都直接走贵宾通道。更多的时候，他坐飞机，走的也是贵宾通道。一个走惯了"贵宾通道"的人，突然间跌落到了人民群众之中，单独一个人在车站上走，他有些心慌。是啊，在来来往往的人流中，他就像走在原始森林里一般，很孤单，显得寡落落的。

刘金鼎在车站广场上转了两圈，曾两次走过售票大厅门口。他探头看了看，排队买票的人并不算太多，可他还是没敢走进去。不知为什么，他害怕哪一双眼睛会把他认出来。

于是，在车站广场上转了两圈之后，他调头向西，拦了一辆出租车。坐上出租车之后，他说："去友谊宾馆。"

在友谊宾馆的门前，他下了车，却并未走进去。他想了一下，还是忍不住给司机打了一个电话。在他的潜意识里，司机跟他多年，用惯了，还是比别人可靠些。当然，打这个电话还有一个目的，那就是看看司机是否被控制了。他想好了，如果手机响到第七声，仍然没人接，他就立即挂断。

然而，当手机响到第五声的时候，司机小马接了。小马像是仍在睡意中，他打着哈欠说："头儿，去哪儿？"刘金鼎说："下了中立交，在桥头等我。"小马应了一声，把电话挂了。他带出来的司机就这点好，让他去哪儿就去哪儿，从来不问为什么。

黎明时分，路上的车并不多。二十分钟后，小马把车开过来了。这辆上海产的帕萨特是他刚当副市长时市里分给他的。这辆车用的是德国技术，车况不错，车内也宽大，就是座位不好，没有考虑舒适度，腰部没有弧度支撑，跑长途坐的时间长了腰疼。所以他让小马多配了几个海绵靠枕。小马对车还是比较爱惜的,每次出车前,他都会把车擦得锃亮。车是"行头",这些年坐惯了车,没有车他都不知道该怎么走了。小马把车停在了他身边,待他上车后,小马问:"去哪儿?"

刘金鼎说:"北京,有个会。"

车顺着新兴大道往前开去。路两边,商铺还未开门,卖早点的小摊热气腾腾的。过了解放路口,转过前进路,就到了高速路口了。当车快到收费站的时候,刘金鼎下意识地往后靠了靠身子。不过,还好,没有人拦车。他听见坐在窗口里的女收费员递给小马一张卡,说:一路走好。

一直到上了高速,油门"轰"起来的时候,刘金鼎才把眼闭上了。他心里说,他得好好想一想了。

上午十一点,车快到石家庄的时候,刘金鼎的手机响了。他看了一下,是市委赵秘书长打来的。他心里"咯噔"了一下,他知道该来的还是来了。老赵是个戏迷,他的手机铃声定的是当年越调名角申凤梅的唱腔,那句"四千岁,你莫要羞愧难当……"一再重复着。他迟疑了一下,还是接了。像平常一样,他在电话里问:"'老戏骨',有啥指示?"赵秘书长说:"我的哥,你是常务,我哪敢指示你呀。市里开常委会,'老一'通知的。十点半,在小会议室。"刘金鼎说:"哟,怎么不早说?我在外地,回不去了,你替我告个假吧。"电话里没音了,像是"老戏骨"在跟人请示。片刻,赵秘书长说:"'老一'临时通知的。那,你……你在哪儿呢?"刘金鼎说:"就快到北京了。一个老同学病了,我来看看他。"电话里"噢噢"了两声,赵秘书长故意开玩笑说:"男同学女同学呀?老弟,悠着点。"刘金鼎干干地笑了两声,还没等他回话,那边说:"那好,等你回来吧。"

这时候,车已到石家庄的高速路口了。刘金鼎说:"喘口气。"司机小马问:"进市么?"他说:"进。"

车进了石家庄之后,仍像往常那样,他们住进了五星级的希尔顿酒店。以前每次进京,途中刘金鼎都会在这里打个尖儿、歇一歇,泡个澡、按按脚什么的。在大堂里，小马用公务卡给刘金鼎订了一个豪华套间，给自己订了个标准间。当他把房卡交给刘副市长的时候，刘金鼎说："这样，你就别管我了，我去会个朋友。这里的自助西餐不错，你去吃点饭，洗个澡，休息吧。"说着，他从皮夹里拿出五百块钱，递给了小马。小马不要，小马说："不不，我先送你上去吧？"刘金鼎把钱拍在他手里，用力按了一下，说："老弟，拿着吧。"这也是刘金鼎第一次叫他"老弟"，叫得小马心里热乎乎的。

小马要去车里拿东西，他眼看着刘金鼎进了电梯。尔后，两人就此分手了。

九个小时后，当晚的八点十六分，小马住的512房间的门铃响了。他正在浴盆里泡澡呢，听见门铃响，赶忙围上浴巾从浴缸里爬出来，说："头儿，来了，来了。"

可是，门一开，他愣住了。敲门的并不是刘副市长，是两个他不认识的人。小马说："你们，敲错门了吧？"

两人一胖一瘦，面相陌生。那瘦子说："你就是小马，马永祥？"

小马说："是呀，你……"

瘦子说："刘市长呢？"

小马怔了一下，说："你们找刘市长有啥事？"

胖子接过话头，说："是刘市长约我们来的，他人呢？"

小马"噢"了一声，说："刘市长住8楼套房，818。"

瘦子说："事急，麻烦你，领我们去见见他。"瘦子的口吻不容置疑。

可是，小马领他们上了8楼，敲了半天，门没有开。最后还是请服务员把门打开的。开门后，发现，床铺叠得整整齐齐的，卫生间的洗漱用品一样也没动，只有电视机是开着的，屋里却没有人。

胖子问："人呢？"

小马愣住了，说："我哪知道。"

那瘦子从兜里掏出手机，快速走出房间，一边走一边打电话：头儿，目标失踪，人跑了。

片刻，一行数人，涌进了818房间。

看这阵势，小马脸都吓白了。

二

刘金鼎失踪了。

让赫连东山吃惊的是，这个刘金鼎，堂堂的黄淮市常务副市长，居然会使用反侦察手段。在"双规"令下达后的十二小时里，金蝉脱壳，消失在茫茫人海中。这还真是个人物啊！

是的，赫连东山在得到刘金鼎突然消失的报告后，即刻请示上级给他上了"手段"，命人监控了他的手机信号。就此发现，他人到了北京。

身为专案组长的赫连东山亲自带人连夜赶到了北京。第二天上午，让人不可思议的是，那个被监控的信号，居然出现在熙熙攘攘的王府井大街上。专案组的人说：这人，还有闲心逛街呢?

赫连东山命令道：立即派人去查。

于是，派出的十二个"便衣"，在王府井大街不到一百多米的范围内，人手一张照片，两头卡死，像篦虱子一样把来往的行人悄悄筛查了一遍……却并未发现刘金鼎的踪影。

当天下午，经再次定位手机信号，发现"人"已到了北海公园……等便衣警察急匆匆赶到北海的时候，却发现又一次扑空了。信号出现的位置，十米范围内，只有一个六十岁左右的老者。老头靠在假山后的一块石头上，正眯着眼晒暖呢。旁边还放着他的铺盖卷。不过，倒是从他身上搜出了一个手机。当时，他给人说：捡的，我捡的。可三个小时后，他改口了。

当人们把乞讨的老者带到赫连东山跟前时，老头吓坏了，说："我真没干过坏事。我跟毛主席保证，真没干过坏事。我是出来给儿子挣学费呢。"

赫连东山问："你手机哪儿来的？"

老头说："我都说过了，人家给我的。"

赫连东山问："谁给你的？在什么地方给你的？"

老头说："一个人，在石家庄给我的。"

赫连东山问："啥人？长啥样？"

老头说："像个当官的，可气派，穿西装，还打着领带，手表明晃晃的。"

赫连东山说："我再问你，他在石家庄什么地方给你的手机？"

老头说："我一个要饭的，能在啥地方，路口上呗。"

旁边的人说："哪个路口，说清楚。"

老头说："大街上，一个车多的路口。坐车的不都是有钱人么。红灯亮的时候，我就在路口上挨车要……有的人给，有的人不给，不给就算了。就那会儿，有个人，很体面个人，从车缝儿中插过来，拍拍我，说来来来，我给你钱。我就过去了。"

赫连东山问："给你多少钱？"

老头说："该咋说咋说，给得不少，一千。他还问我，家是哪儿的？听口音，像是老乡啊。咋跑河北来了？我说，不瞒你说，出来给孩子挣个学费。跑得远一点，不给孩子丢脸不是？他说，去过北京么？我说没有。他说，想去北京看看么？我说，想，可想。他说，给你五百块钱，这是路费，再给你一张火车票。去吧，上北京玩玩。我还以为我碰上贵人了。接着，他又说，我再给你五百块钱。这五百块钱，让你办一件事。我想，啥事呢？都值五百块。他说，这个手机你拿着，算是给你了。可有一条，三天之内，不能关机，也不能接，还不准打。就让我拿着……我啥都说了，让我走吧？"

赫连东山听了，气不打一处来。他说："王八蛋！"

让赫连东山生气的是，省委机关里居然会有"内鬼"。"双规"令下达时，只有五个人知道，三人是省委领导。另外两人，一个是交办任务的常务副厅长（兼任纪委常委），一个就是他赫连东山了。这五个人是绝对不会跑风的。如果其中一人有事，就不会有这个"双规"令了。那么，是哪个关节出了问题呢？

专案组先是回到了石家庄，通过查看宾馆的监控录像，发现刘金鼎在宾馆并没有与任何人接触，他的确是一个人提着皮包出门了。但是，有一个细节，引起了赫连东山的注意。据说，当专案组破门而入时，希尔顿酒店818房间的电视是开着的，播放的是平原台的节目。于是，赫连东山通过省厅调取了刘金鼎进房间之后这个特定时间段平原台的节目表，于是发现了一个问题。那就是，刘金鼎进房间后，什么都没有动，只是把电视打开了，并且调到了平原台的电视频道。在这个频道里，他看到了一则新闻……尔后，赫连东山只说了一个字：撤。

在专案组撤离石家庄之前，赫连东山独自一人上街，来到了刘金鼎突然消失的地方。这个十字路口离刘金鼎住的希尔顿饭店大约有七百米的距离，因为接近闹市区，这里来往的车辆特别多。赫连东山发现，当红灯亮了的时候，果然有人在一辆接一辆、密度很大的车辆缝隙里，挨车拍窗讨要……赫连东山看到的是一个五十多岁的、围着紫色头巾的乡下女人。这个女人脸上并无愁苦，甚至还有些满不在乎的狡黠。她就这么大胆地拍着一个个车窗，尔后伸手去讨要……是的，有人会给她钱。赫连东山看见有人从车窗里把钱递出来，也有的根本不理睬，任你拍窗……眼看着绿灯亮了，车已经开始动了，可这个女人还在车流中站着，她居然一点也不害怕。是啊，这个社会还是戾气太重了。赫连东山摇摇头感叹道，正直的劳动者不受尊重，人人都想投机。

那么，身为黄淮市常务副市长的刘金鼎，他也许站在同样的位置，看着这熙熙攘攘的车流，他看到了什么，又想到了什么？……就是在这个地方，他消失了。

赫连东山在路口上站了一会儿，天突然下起了雨来，小雨。也就在这个时候，一群开"摩的"的拥了过来。他们突然就出现了，一个个都披着雨衣，像是雨地里新钻出的蘑菇一样。开"摩的"见缝儿就钻、见人就问："摩的，摩的，走不走？"其中一个中年男子悄没声地滑到了他的跟前。这人骑在摩托上，乍撒着两条腿，靠脚尖点地，他问："要下雨了，郑石高速，去不去？"赫连东山怔了一下，说："哪儿？"那人说："我看你不像本地人。郑石高速口，那儿有大巴。你去不去吧？"赫连东山心一动，问："多少钱？"那人说："五十，不搞价。"赫连东山摇了摇头。那人看了他一眼，骑上摩托走了。

是啊，这个十字路口，往西，通往机场；往南，通往高速公路；往东，通火车站……条条道路通北京。不过，在北京的时候，赫连东山已通过公安部给各个海关站点都发了协查通报，他跑不出去了。如果往外跑，唯一的路，是西南方向，只有通过黑道越境了，难。既然跑不出去，他又能到哪儿去呢？

专案组撤回黄淮市后，追踪刘金鼎的所有线索都断了。表面上看，好像是不再查刘金鼎了，刘金鼎的家人并没有受到传唤。省委和市委也并没有给刘金鼎什么样的处分。在市政府面向社会公开的网站上，分工一栏里，仍然挂有常务副市长刘金鼎的名字。好像这个事暂时搁置下来了，而实际上，赫连东山采取的是外松内紧的方针，专案组对刘金鼎的追查一刻也没有停止。

两次扑空后，专案组的人通过调阅近段时间刘金鼎的通话记录，发现那个电话是凌晨一点十七分从省城打出的。"内鬼"的出现让赫连东山怒不可遏！他气得拍着桌子说："一定要查出内鬼！"尔后通过内查外调，发现当晚在省委机要室值班的有两个人，一男一女。男的名叫孙建设，三十二岁。女的名叫林欢，才二十七岁。在赫连东山的严令下，专案组的人奉命调来了两个人的档案材料和近期的照片。赫连东山拿着两人的照片在放大镜前看了有一刻钟的时间，最后说："把这个男的叫来。"

当孙建设被带到赫连东山面前的时候，赫连东山发现，这是个标准的书生。看上去胖乎乎的，还戴着一副近视眼镜。从档案材料上看，这人祖籍梅陵，湖南大学法律系毕业。他大学毕业后，先是在广州漂了两年，尔后才回来考的公务员。从简历上看，家里没什么背景，但他考得好，文笔不错，才被省委机要处录用，当上了一名机要员。

由于愤怒，赫连东山说话的声音很低。赫连东山越是愤怒的时候，他越是冷静。他的"冷"从眼神里射出来，逼视着孙建设，他说："我只问你一句话，为什么要做这样的事情？"

孙建设虽然心里有"鬼"，但已事过好几天了。他愣了一会儿，说："什……什么事情？你啥……意思？我……我不明白……"

赫连东山却只问这一句。在一个多小时里，他每隔一段时间，就问一句。每次询问之前，赫连东山都要他抬起头来，看着他，尔后说："你告诉我，为什么要做这样的事情？"

孙建设不敢看他，可又不得不看着他……孙建设大学毕业后在南方漂过一段，是有过一些经历的。最初他以为赫连东山在"诈"他，他觉得赫连东山不可能查到他。一个"批件"，经手的并非他一个人，他怎么能认定通风报信的就是他呢？

可赫连东山的眼神太可怕了，那是一个深潭，那里边有一个个冰冷的漩涡，漩涡里是一丛一丛的刺目的冰针，他就像被"钉"住了似的，无论他怎么挣扎，都挣扎不出来。孙建设根本想象不到，赫连东山的这种讯问方式，本身就带有对"内鬼"的蔑视。他以一个老公安三十多年"预审"经验的巨大自信，早在审问之前，就把他的灵魂从照片里"拎"出来了。他已经认定是他了。他一次次重复着这句问话，就像是在他的灵魂上一次次重新打上烙印……赫连东山的眼神告诉他说：年轻人，不要心存侥幸，不要污辱我的判断力，我的耐心是有限的！

赫连东山每问一次，就加压一次，问到了最后，孙建设哭了。他是被"看"哭的。他往地上一蹲，呜呜地哭起来了。他的头不由自主地抖动着，满脸都是泪。

赫连东山轻声说："站起来，你站起来吧。"

赫连东山看了一下表，很严肃地说："年轻人，有这样一份工作，要珍惜。实话告诉你，省委机关，无论你从哪个门出来，几点几分出来，都是有监控的……我现在给你最后一个机会。如果你如实坦白，可以做内部处理，不上报。你身为省委机要员，不会不知道保密规定吧？说吧，为什么要做这样的事情？"

终于，孙建设招了。他抽泣着，喏喏地说："没……没人尊重我，只有他尊重我，我……欠他情。"

是的，那个通风报信的电话，正是省委机要员孙建设打的。当时，孙建设也是犹豫了很长时间，才打那个电话的。那个电话是孙建设夜半时分从省委大院出来，步行三站路，从街边的一个纸烟店的电话亭里打出的。

孙建设是个聪明人，他打那个电话是有"讲究"的，不是暗语，却胜似"暗语"。一个多月前，交通厅的一个处长在"梅庄"请刘金鼎吃饭。请客的原因是，有传闻说刘金鼎马上要去交通厅当厅长了。这位处长想提前巴结一下，于是四处打听，就托到了他这位在省委当机要员的大学同窗头上，由孙建设和他的一些朋友作陪，请刘市长吃饭。当天晚上，主客刘金鼎兴致很高，他行了一个很高雅的酒令："成语接龙。"在场的一人说一句四字成语，首尾相连，谐音也可，接不上的，罚酒。小老乡孙建设由于很少参与这样的场合，多次被罚酒。酒至半酣，有人出了一个四字句："仓皇出逃。"轮到孙建设时，他已喝得红头涨脸，一下子又卡住壳了。这时刘金鼎出手相助，端起酒说："这杯我替小老乡喝了。但我要说明，这个'逃'字的读音，有两解：一为'桃之夭夭'，一为'逃之夭夭'，意思则完全相背。一个是漂亮得一塌糊涂,美得炫眼!一个是赶快逃跑,逃得无踪无影……"最后,他又着意地拍了拍孙建设的肩膀,说:"梅陵的小老乡,记住,逃之夭夭!"众人听了大笑,说,还是刘市长水平高啊!所以,这个电话里的意思只有刘金鼎清楚。

最后,经过一个上午的讯问,在赫连东山的引导下,孙建设终于提供了一个很重要的线索:在离省城不远的黄河边上,有一个名为"梅庄"的会所。在这个会所里,每隔一段时间都会有一个老乡聚会,俗称"吃饭会"。去的人大多是梅陵籍处级以上的头头脑脑。不过,孙建设是个副科,级别太低,只去过一两次。

正是发现了这个"梅庄"会所,于是,一个好似不相干的人,渐渐浮出了水面。

此人名叫姜保国,现任黄淮市司法局常务副局长。

三

梅庄的这个"吃饭会"的确是刘金鼎发起的。

刘金鼎自认为,在这件事上,他是有战略眼光的。

刚开始的时候,这个"吃饭会"仅限于几个梅陵籍的老乡,大多是刘金鼎熟悉的县、处级以上的干部,说是以"老乡"的名义聚一聚。聚了几次之后,来的人都觉得"梅庄"这个地方不错,紧靠黄河大堤,风景优美,饭菜也不错,就有人提议,大家都是老乡,和尚不亲帽儿亲,说干脆咱搞个"吃饭会",一两个月聚上一次,轮流坐"庄",有事也好相互帮衬。所谓坐庄,就是轮着请客,轮到谁,由谁买单。这个提议得到了众人的一致认可。于是,刘金鼎就被众人推举为"吃饭会"的召集人,也叫秘书长。

后来,有意无意地,这个"吃饭会"渐渐演变成了一个圈子。不仅限于梅陵籍，还有一些跟刘金鼎关系好的、跟梅陵多少有些渊源的官员，也逐渐参加进来了。最初，这个"吃饭会"只限于一桌，常来的也只有十一二个，都是梅陵籍的"铁杆会员"。后来陆续有官员和一些企业家也加入进来了。商人的介入给"吃饭会"增添了无限的活力。最重要的是，有人主动出钱了。当然，那些小商人是进不来的，这方面由"吃饭会"的秘书长刘金鼎严格把关。进来的都是些大商人，至少是亿万富翁级别的。再后就演变成三种形态，会员有"VIP"级的，这是核心圈子的会员；次一等才是梅陵籍的会员；再次一等是临时参与进来的商人。有一年，人最多时，饭局开到了五桌。在这里，凡核心圈子的人都有"VIP"卡，有常年的包房，有印刷精美的联络用的电话小本。

其实，人们都清楚，"一号"才是"吃饭会"的核心人物。

在"吃饭会"里，"一号"是众人给李德林起的代号，也算是尊称。李德林是留美的博士，又是主管农业的副省长，他不仅是梅陵的骄傲，也是梅陵籍官员中职位最高的首长。谁都知道，在这样一个年代，头上顶着专家的头衔，那前景是不可限量的。

刘金鼎当然明白，能持久参与这个"吃饭会"的人，都是些有想法的。他们最想见的人不是他刘金鼎，是"一号"。这里边虽有老乡、朋友的情谊，却不是最重要的。所以，隔三岔五的，刘金鼎会把李德林请出来，跟"吃饭会"的众人聚一次。这些官员有哪个不想跟省长见个面呢？原本这个"吃饭会"是喝茅台的，谁做东谁带一箱茅台酒。后来就因为李德林只喝五粮液，吃饭会的专用酒就改成了五粮液。正因为有了"一号"的参与，这个"吃饭会"才有了更大的吸引力。

一般情况下，李德林是不常参加"吃饭会"的，只是在有必要的时候，刘金鼎才让他出一次面。可每次出面，都是众星捧月。这就好像是供在祭台上的神像，一旦摆出来，就是为了让人朝拜的。可人是不经捧的，捧着捧着就把他给"架"起来了。一些官员为了让李德林记住自己，一个个都作"语不惊人死不休"状。敬酒的时候，这个说："李省长，南方有个袁隆平，号称'水稻之父'；咱北方有您，您应该是'小麦之父'，而且是当之无愧的'小麦之父'！今天，我代表本县一百二十万人民，敬您一杯！"又有一位官员站起来说："李省长，我小的时候，唯一的愿望你猜是什么，就是顿顿能吃上白馍。您是国务院命名的小麦专家，您培育的'梅陵七号'让小麦的产量翻了几倍，是您让千千万万的农家子弟都吃上了白馍！我代表千千万万的农家子弟敬您一杯！"还有的说："李省长，今天出门的时候，我媳妇说，让我代表全世界人民敬您一杯！为啥呢？因为她在报纸上看到了您的事迹，说您现在仍在不辞劳苦地研究'双穗小麦'……这是您对全人类做出的巨大贡献！那么，从此后，我们就再也不缺吃的了！"当然，这些奉承话也不全都是恭维，也有真心钦佩的成分。但是，在这样的场合里，有酒气架着，就像是众人拾柴，那奉承的火焰一浪高过一浪……话说到极致的时候，真有些把人放在火炉上烤的意思了。还有一次，司法局常务副局长姜保国喝醉了酒，突然摇摇晃晃地站起身来，当众朗声高呼："——一号万岁！"

这样的话，李德林最初听了，会马上制止，沉着脸说："胡说八道，哪有这样的事？不要再说了。"多听几次，还觉得不好意思，仍然会制止说："过了，过了，千万不能这么说。事情不是我一个人做的，谁再这样说，罚酒！"可听的次数多了，耳朵都磨出茧子来了，也就不以为然了。这也是一种"洗脑"的过程。"洗"的次数一多，就洗出了一种不同寻常的高贵，洗出了一种至高无上的霸气，洗出了澎湃的激情和昂扬的伟大感。人一旦"伟大"了，就被彻底地架起来了。后来他进门时，一群人拥上来给他宽衣。出门时，众人又赶忙拥出来送行……这么一来，渐渐地，李德林也不再跟他们客气了。一般酒过三巡，他就站起身来，两手轻轻一按，说："你们喝。不送。"说完，站起就走。众人眼巴巴地望着，谁也不敢拦他，就由刘金鼎送他出门去了。

说是"吃饭会"，官员们聚在一起，话匣子一旦打开，自然是要"议政"的。这里的议政方式，也多是些小道消息：比如，谁谁又提拔了，谁谁是谁的人，谁谁在常委会上说了些什么；比如，北京那边谁谁打了一个电话，要提拔谁谁，结果下边领会错了意图，考核了半天，眼看要上常委会时，却发现人弄错了，不是要提的那个人，谁谁大怒！……再比如，为了提拔谁谁，谁谁像推磨一样，一年动了三次干部；又是谁谁提着"猪头"走错了"庙门"……谁谁刚当县委书记时半夜十二点接了一个电话，被熊得像个孙子似的，哇哇大哭……这里说的"谁谁"都是代称，一般指的是他们熟悉的官员，在不同的事件中，"谁谁"是不同的。

在"吃饭会"上，他们私下议论，就目前形势来看，像"一号"这样年富力强的、专家型的高级干部，迟早是要上去的。有的大胆预测，"一号"很有可能是未来的副总理人选，也有可能到全国"人大"任职……这就像买股票一样，若是看准了提前投资，收益会更大一些。感情投资也是投资呀。参与"吃饭会"的活动，本身就是一种投资方式。所以，一说到"一号"的前景，众人都很兴奋，都恨不能使出全身气力，为"一号"做一点什么。于是，有一位副厅长曾当场放言：他愿意找一家企业，拿出三千万去北京给"一号"活动。于是，众人纷纷响应：钱的事好说，整他一个亿！也有人当场反对，说是像"一号"这样的人物，别弄不好办砸了，不如花钱买舆论，让各报大力宣传"平民省长"，题目就叫"戴草帽的省长"，这可以代表民意……于是，众人争论不休。

有一段时间，"吃饭会"活动得很频繁，他们互相之间的电话联络也很频繁。各路商人渐渐都听说黄河边上有这么一个"吃饭会"，于是趋之若鹜，找人托关系想参加进来。还有的商人，巴巴地跑来候着，他们是专门赶来"买单"的，往往"吃饭会"还未结束，就有人抢着把"单"给买了……意图能取得成为"VIP"的资格。还有一些官员，有事想找李德林汇报，也跑到这里来，托着刘金鼎，希望能碰巧见到李副省长。

当然，参加"吃饭会"的，各人也有各人的心思。在梅陵籍的官员中，为人口碑最好的要数唐明生了。唐明生当了十四年的县委办公室主任，一直兢兢业业，可却调到了一个很不起眼的县份，当了一名县委副书记。他觉得很委屈，十分委屈。他想，一个不跑不送踏实工作的人，怎么会落到这步田地？他熬的时间太长了，压抑太久，心思不免活络。他想，既然都在"活动"，那就活动活动吧。虽然他打心眼里看不起刘金鼎，刘金鼎大学毕业还是他分配的，就因为多了一张文凭，如今比他整整高了两档。虽说是副厅级，但人家是"常务"啊，眼看着马上就要提正厅了，他不得不服气。于是就赶着来参加这个"吃饭会"，盼着也能沾上一点光。也就是这天晚上，借着酒劲，他跟姜保国大吵了一架！

司法局常务副局长姜保国参加这个"吃饭会"，完全是因为仇恨。他原是黄淮市公安局排名第一的副局长，也算是老资格的副局长了。他是从部队转业到地方的，在部队已干到了正团职，转业到地方后降了格，在黄淮市公安局熬了十八年，才熬上了常务副局长的位置。可眼看就要接局长的当口，他却被调出来了，调到了司法局。司法局是一个没多少人的小局，怎么能跟公安局相比呢？他恨哪，他恨得两眼都要冒血！在黄淮市，他最恨两个人，一个是当时的公安局长老万，万海法；另一个是现任的黄淮市市委书记薛之恒。所以，只要一喝酒，喝到一定的时候，他的泪就下来了，接着就骂道："妈的，那下雪的王八蛋，真不是人哪！"众人都知道他骂的是谁，也都知道船弯在哪里，谁也不接他的话茬儿。

唐明生第一次参加这样的"吃饭会"，心里很复杂，也是为了显示自己吧，他多插了一句嘴，说："薛书记我还是了解的。在梅陵的时候，我跟他当了九年办公室主任……"

可他话还没说完，姜保国白了他一眼，把酒杯一顿，说："你了解个球！你给他提过夜壶？"

唐明生见他说话如此粗鲁，气了，说："姜局长，话不能这样说……"

姜保国斜了他一眼，掂起酒壶，把酒杯摆成一排，一连倒上了十二杯，喝道:"喝,把酒喝了。这十二杯,全喝了,我再告诉你,这是个啥球人。"

两个人虽说都是副职,可姜保国有一括号:正处。自觉高了唐明生一头。可他这个正处只是司法局(小局)带括号的正处,不在官场的显要位置上,且还是个副职,唐明生自然不服气。他说:"我不喝,凭啥让我喝?"

姜保国说:"老唐,这叫'吃饭会'的入门酒。有句话你听说过吧,叫'喝酒看工作'。你酒都不喝还想提拔?没门!——喝了。"

唐明生看了看刘金鼎,希望他能说句话。可刘金鼎笑笑,什么也没说。唐明生就知道姜保国是诈他的,没有入门酒这一说,就说:"姜局,你让我喝我就得喝呀?我就不喝。"

姜保国本就喝高了,说话舌头有点大,见唐明生这么不给面子,他忽一下站了起来,一拍桌子,说:"这酒,你不喝也得喝。我告诉你,我在市公安局待了十八年,光常务副局长就干了八年,要不是姓薛的排挤我,我早当上局长了。我这十八年不是白干的。我问你,以后你的车还想不想进黄淮市了?你信不信,我一个电话,就你那车,进来一次,我让交警队扣一次!"

唐明生下不来台了,红着脸说:"你……敢?!"

这时,刘金鼎说话了。刘金鼎说:"老唐,喝了吧。你要喝不了,我替你。"

众人也都撺掇说:"老唐,几杯酒,喝了吧。"

姜保国仗着酒劲,说:"刘市长,这是入门酒,你可不能替他。"

最后,在众人的逼迫下,唐明生很无奈地把酒喝了。喝到最后,他哭起来了。

这次饭后,刘金鼎把姜保国单独留下了。众人走后,两人又喝了一斤白酒……喝到最后,两人搂抱在一起,称兄道弟,相见恨晚。姜保国流着泪说:"刘市长,我知道,你这人仗义啊,我愿跟着你干,你指哪儿我打哪儿……"

刘金鼎说："别，别叫市长。你年长，是老兄，我是老弟。"

姜保国说："好，我谁也不认，我认你这个老弟。市长老弟，有你这句话，就……够了。以后，你有啥事，一定说……说话，我赴汤蹈蹈……蹈……火！"

这天夜里，唐明生喝醉了。他本想单独跟刘金鼎好好聊聊，可他喝醉吐了酒之后，坐在车里等呀等呀，竟睡着了。等他一觉醒来，去寻刘市长时，刘金鼎早走了，气得他掉了眼泪。

后来，刘金鼎也的确是给他帮忙了。刘金鼎带着他找过组织部的干部处长……也正赶上了干部调整，薛之恒当了黄淮市的市委书记后，唐明生重新回梅陵当上了县委书记。他自然是把这个账记到了刘金鼎头上。

四

三十九年后，刘金鼎又跟梅花睡在了一起。

潜回梅陵的刘金鼎，悄悄地住到了父亲的花房里。这个建在田野里的花房是父亲刘全有承包的，有二十多亩大。这个玻璃花房旁边有一小木屋，这个木屋平时很少有人来。刚逃回来时，刘金鼎就躲在这个花房旁边的木屋里。就在他躲进花房的这一刻，他仿佛又回到了童年，回到了睡在独轮车上的日子。

花房里，那株号称"中华梅王"、名为"化蝶"的老桩梅花还在，已经有半人高了。它孤零零地躲在那里，一直没有示人。有那么几次，父亲刘全有已打算把它卖掉了，因为有人出了极高的价钱。可为了儿子的前途，最终还是没有卖。刘金鼎原打算在李德林过生日的时候，把它送给恩师。可后来他又改了主意，想等恩师进京时，再把"化蝶"送去，直接送到北京。或许就直送"中南海"也说不定，这样才意义非凡。于是，事情就这么耽搁下来了。

可是，花还没有送出去，人回来了。

是啊，刘金鼎怎么也想不到，一夜之间，他从一个地级市的常务副市长，成了被通缉的在逃犯。刘金鼎是个极聪明的人，他知道，这一步迈出来，就再也回不去了。本来，他是可以出国的。妻儿都在加拿大，他身上带有两本护照，本可以一走了之。可他害怕了，怕万一在机场被人拦住……于是，犹豫再三，他还是偷偷地跑回来了。他是读过一些书的，就像书里说的那样，他认为：最危险的地方，也是最安全的地方。

潜入花房的头天夜里他睡得很熟。是的，他像是回到了童年，闻着花香，伴着田野里的风声，就好像重新回到了当年睡在独轮车上的日子。也许是太疲倦了，他睡得很香，斜在那张硬板木床上，他一觉睡到了天明，连个梦都没有做。

黎明时分，田野里的风像潮水一样，一浪一浪地呼喊着。是田野里的风声把他唤醒了。他睁开双眼，眼前的一切异常陌生，没有沙发、没有皮转椅、身子底下很硬……他没有睡在席梦思床上。此刻，几乎是下意识地，他喉咙眼里咕噜了一声，有两个字没有喊出来（他是想喊"小丁"的，小丁是他的秘书）。顷刻间，他的眼角湿了。不敢想啊，的确是不敢想，他怎么会走到这一步呢？

房外不远处是熟了的玉米田，刀叶沙沙地响着，带有涩香的玉米气味随风飘进来，让他回想起童年里的许多时光。一只蚰蜒在墙上艰难地爬行，就像他的人生……后来下起雨来，雨哗哗下着，天地间只剩下了雨打刀叶的声响，啪啪嗒嗒的，送进来一片湿气。

刘金鼎在花房里整整饿了三天，也思考了三天。在这三天里，吃遍了山珍海味的刘金鼎仅吃了两块半生不熟的烤红薯和两穗嫩玉米。他真就像是重新回到了童年，红薯是在地里扒的，玉米是在田里掰的。他在花房里挖了一个小土窑，拾了几根花柴，用打火机点上，红薯和玉米就放在垫有花柴的土窑里，烤得半生不熟，他就那么狼吞虎咽地吃了。他是在饿了三天后，才重新找回童年里那馋人的烤红薯的味道，真香！

在这三天里，刘金鼎心里异常恐惧。他脑海里有根弦一直绷得很紧，稍有风吹草动，他就赶快扒在门缝里往外看，生怕有人追到这里来。有一刻，他脑海里居然出现了幻觉，他幻想自己成了一个隐身人。他要是能成为隐身人，这个世界就可以任他自由来往了。那有多好！当然，这只是片刻的念想，可这个念想却在他的脑海里久久挥之不去。

尔后，他又昏天黑地地睡去了。在睡梦中，他梦见自己坐在父亲的独轮车上，车轮咕咕噜噜地响着，正走在通往开封的路上……他似乎听见父亲说：到了，到洧川了。那是他有生以来第一次吃面包的地方。

睁开眼来，他发现父亲刘全有就蹲在他的面前。

父亲老了。父亲弓着腰蹲在那里，正摩挲着把他的手往被子里送，父亲的手像锉刀一样……见他睁开眼，父亲默默地望着他，久久，说："你，是不是……犯事了？"

刘金鼎一惊，问："谁说的？"

父亲说："派出所所长来家三趟了，倒也没说啥，就是问你回来过没有、啥时回来。"

刘金鼎问："你咋说的？"

父亲摇了摇头。

刘金鼎自从大学毕业参加工作后，这么多年过去了，从未往家拿过一分钱。当然，父亲是全县有名的花工，是"园艺大师"，也不要他的钱。但是，现在父亲老了，不久也许还要受他的牵连。一想到这里，他心里还是有些不落忍。

父亲沉默了一会儿，说："那株'化蝶'，要是还有人要，赶紧送出去吧。要不，我就得把它卖了，这花太邪了。"

是啊，那盆"化蝶"一直是父亲的"心肝宝贝"。原是可以卖个大价钱的。他说不卖，父亲就没有卖。他说要送人，父亲就好生培育，等着他送人。后来，他又改主意了。他说，能不能定个日子让它开花，到时候再往北京去送……父亲就一直试验着，帮他修改花期。有那么几次，父亲激动地给他打电话说：成功了，试验成功了。花期可延长一个月！后来，他一再要求花期再延长，甚至无端地要求定期开放……父亲没有办法，就又一次次重新试验。终于，父亲想出了一个主意。试验的结果是：把花桩放在冰柜里冻着，然后再解冻，重新把花唤醒……就这么一天天候着。可这毕竟是一株几百年的老桩啊！哪里经得起这么几冻几消？父亲曾告诉他说："赶紧吧，不能再这样了，再这样折磨它，花就死了。"

父亲说："人也经不住这样的折腾……"

如今，父子相望，默默地，似乎已无话可说，又似乎有很多话想说……这么多年来，父亲不容易。父亲本来是可以再娶的，为了他，父亲刘全有一直没有再娶。刘金鼎想给父亲说一点什么，可他不知道该怎么说。他原本不大抽烟的，这时候却说："有烟么？我抽一支。"父亲拿出烟来，递过一支，自己也点上，两人默默地抽着。父亲咳嗽了，他也跟着咳嗽。

父亲说："也许，是那盆花害了你。"

刘金鼎不以为然地说："瞎说，怎么会？"

父亲说："为赶那花期，我折磨它时间太长了，它恨上我了，它……有过预兆。"

刘金鼎不耐烦地说："啥预兆？"

父亲不说了。父亲刘全有没有告诉他的是，今年夏季，这株古桩腊梅居然开花了。六月天，腊梅开花，亘古未见，开的还是白花。怒放的白花！花有怨气了。这是凶兆啊！

父亲塌蒙着眼，只说："要是有啥，就……那啥（自首）吧。"

刘金鼎恼羞成怒，火了："谁说的？能有啥？啥事也没有。"

父亲说："要是花钱能解决的事，我这儿还有……"

刘金鼎却说:"我说了,啥事没有。我回来,就是想看看这盆梅花。明儿就走了。"

父亲沉默了一会儿,把烟掐了,说:"不是钱的事?"

刘金鼎不耐烦地说:"不是,走走走,你走吧。"

父亲刘全有弓着腰,一磨一磨地、慢慢地朝门口走去。走到门口时,他扭过头来,说:"要走,赶紧走。走了,就别再回来了。"

五

在花房里躲了一些日子后,有一天,刘金鼎终于走出了花房。

当他跨出那道门的时候,稍稍地犹豫了一下,这一步还是跨出去了。乡村的夜依然很黑,可他终于看到星星了。夜空中,星星像钉子一样闪烁着,遥远,温馨。在城市里待了那么多年,他还是第一次看到繁星。久违了,星星。

刚走上田间小路时,他还是怯怯的,警觉地谛听着四野的动静,可浓浓的夜气就像是给他披上了隐身衣,给了他安全的感觉。脚下的土路虽然不太平展,但走在田间的小路上,秋后的乏土软软的,也并不比走在红地毯上差多少。四周的玉米接近一人多高了,熟了的玉米田在夜色中呈现出森林般的静默状。田野里静悄悄的,那大片大片的玉米林仿佛是他的队伍,他像是在检阅自己的队伍……他心里说:你好,同志们好。走着走着,他不小心被红薯蔓儿拌了一下,打了一下趔趄,扑倒在田埂上,摔了个嘴啃泥!他趴在地上,沾了一嘴土,他竟然忍不住笑了。

于是,在黑夜中,他越走越大胆,一边走一边用手去拂那干了的玉米刀叶。玉米叶儿涩涩的,还有一点儿甜,他感觉是闻到了一点甜意。此时此刻,他竟然有了一种小时候放学后回家的感觉。隐身在乡村的夜色里,真好。这种熟悉来自童年，是含在骨头缝里的。顿时，他满脸是泪，哭了。

从玉米田里跨过去，尔后他进入了苗木林。这里栽种的是国槐，一大片国槐在暗夜里发出一种带刺儿的苦香。尔后是黄杨林，一大片黄杨，矮矮的黄杨树像是墨色的海洋，一波一波亮着，叶子油黑，发出一股股带苦味的药香。过后又是一片红薯地，穿过红薯地是法桐，暗黑色的法桐一棵棵长得笔直，就像是亮着黑发的少女，亭亭玉立。绕过法桐苗林是一条蜿蜒的土路，土路是往下的慢坡……走着走着，他走进了一条深沟。

恍惚间，夜空里漫过一片浓浓的、黑色的雾气。雾气过后，星光不见了，天突然黑得像锅底，一时间伸手不见五指。此时此刻，他突然发现，他迷路了。陡然间，他像是被罩在了一张黑色的大网里，四周黑乎乎的，什么也看不见了！他先是有了片刻的慌乱，尔后，他对自己说：别慌，这是家乡。在家乡里走夜路，有什么可怕的？他回忆了一下，发现他是在下坡的时候迷路的，刚刚走了一个慢弯儿，可走着走着他就迷失方向了。他恍惚记得他一直是往南走的，那就继续往前走吧。前边也许就是肖庄，或者是大徐……不会错的。也许走上一会儿，他就能找到方向了。可是，夜太黑了，四周寂无人声。他觉得他一直是在沟里走，越走越远，越走沟越深，越走心里越发慌……已经走了这么久，邪门了，怎么就走不出这条沟呢？！

于是，他决定退回去，往回走。可是，又走了大约有一刻钟的时间，眼前仍然是一片漆黑，什么也看不见。这真叫怕处有鬼，痒处有虱。他突然意识到，糟了，八成是遇上"鬼打墙"了？！他开始大声呼喊，嗷嗷地大叫了几声：喂，有人么？有人么？！……紧接着，他感觉他的头发梢儿忽一下竖起来了。他看见了"鬼火"，那绿荧荧的火苗在离他十多米远的地方一起一伏地飘动着，就像是在跟他招手！一时间四周鬼影幢幢，只觉"嗖"地一凉，仿佛有什么东西扑在了他的脸上！他吓坏了，面对无边的黑夜，恐惧像大山一样朝他压过来……顷刻间，他崩溃了。慌乱中，他对着那无边的黑夜，"扑咚"一声，双膝跪下，大声喊道：老天，你收了我吧。我有罪，我是个罪人!

当那绿荧荧的"鬼火"再一次向他扑来时,他跪在地上连声愿吁道:"爷呀,不管您是哪路神仙,土地也好,小鬼也好,判官也好,只要您老放我过了这一关,无论是今生今世,或是来生来世,我都会记下您的大恩大德!年年祭拜,重塑金身……"也许是心理作用,当他跪下来的时候,当他匍匐在大地上愿吁的时候,眼前夜好像已不似先前那么浓密了,那浓得化不开的夜气仿佛在慢慢地消散,恍惚间他看见了几个坟头,坟头上的纸钱哗哗飘动着……对着无边的黑夜,对着那些坟头,他嘴里喃喃地说着一些话,就像是自审自答。此时此刻,他想起自己本就是一个农家孩子,虽然吃过、喝过,也拿过人家的……但他本质上并不是一个坏人。假如有倒回去的那一天,他会好好做人,一分钱也不占人家的……这一次,他痛彻骨髓。可是,晚了,他知道晚了。有那么一件事,他不敢,也不愿往深处去想。

面对夜鬼的审判,他匍匐在地上,喃喃自语着,把土地都跪软了。尔后,待稍稍平静了些,他慢慢站起身来。刘金鼎重又把走过的路回想了一遍,觉得他这一次的确是走错路了,应该尽快回头才是。他不能再这样来来回回地任"鬼"摆布了……于是,他突然横下心来,一咬牙说:我他妈就不信了。就朝着一个方向走,哪怕走到天亮,我看能走到哪里去?若是老天爷真要收我,那就听天由命吧!

尔后,他回过身来,什么也不想,就直直硬硬地往回走。夜仍然很黑,那恐惧仍然追索着他。身后总像是有"鬼"跟着似的,一踏一踏地,他快,"鬼"也快;他慢,"鬼"也慢……可他只有硬着头皮往前头。走着走着,他跑起来了。他越跑越快,只听耳边风声呜呜的……就这么跑着跑着,他突然觉得身后没有声音了。就在这时,他猛一抬头,终于看到了远处的灯光。当他看到灯光的时候,人就像虚脱了似的,长长地舒了一口气……那灯光一时显得无比亲切!他心说:我的娘啊,总算摸回来了。这么多年过去了,他还是第一次把"娘"喊出口。是啊,到了这时候,他才记起,他曾经是有过

"母亲"的。走着，当他离灯光越来越近时，他站在那儿愣了一会儿，突然发现他竟然走到王各庄的村口了。

王各庄离芽口村二十八里路，恍惚中他竟然走了这么远？到了这个时候，惊魂甫定，他又觉得自己很可笑。那是"鬼"么？哪有"鬼"呀？轻易不走夜路，也不过是自己吓自己罢了。去他妈的！

刘金鼎意意思思地站在那里，脚似乎想往前走，身子却想往后退……这个王各庄他是来过的，多次来过。当年，当他还是县委办公室主任的时候，曾经为这个村办过两件好事。一件是建"沼气池"，让全村人做饭都用上了沼气。另一件是村街路面硬化，在二百多米长的村街里修了一条连接省道的水泥路。这两件事都是上面拨了款的。

当年，这个村的村支书，一个绰号叫"王马虎"的人，提着两瓶小磨香油来到了他的办公室。王马虎个子不高，从小卖豆腐，那老腰是推小车推出来的，硬得就像别着个扁担似的，走路八字步，一扭一磨的，跟他父亲有点像。其实，这个叫"王马虎"的人很精明。他进门来，半弯着身子，嘻嘻哈哈地点头笑着，什么也不说，就把提来的小磨油往沙发角上一放，尔后就势蹲在地上，扬脸望着他。刘金鼎说："王支书，你咋来了？有事？"王马虎两眼望着他提来的小磨香油，说："主任，你该忙……忙。我来看看你，也没啥拿。"刘金鼎说："有事说事。"王马虎说："听说上头有拨款，给俺村匀点呗，多少给匀点。"他不说要，他说"匀点"。刘金鼎："你咋知道上头有拨款？"王马虎说："我也是听说，要建个啥'池'，那叫个啥？你看，先来俺村建呗。"那时，农村建沼气池还是新生事物，上边提倡村村建沼气池，凡试点村，上头有补贴。就这样，刘金鼎动动笔，把王各庄列入了建"沼气池"的试点村。有了省里下来的拨款，王各庄的"沼气池"就建起来了，家家都用上了沼气。

后来，王马虎又来县里找过他两趟，每次都背着个布袋。一次背来的是麦香杏，一次背的是嫩玉米，来了两脚一叉，仍旧是往地上一蹲，说："主任,你看,没啥拿。"刘金鼎跟他熟了,就不客气地说:"滚球吧。"王马虎觍着脸说:"听说又有款下来了。匀点,多少给匀点。"刘金鼎说:"老王,你就是个人精,又得啥信儿了?"王马虎说:"国家的钱,给谁不是给呀,匀点,多少匀点。"他就这么软磨硬泡的,一"匀"匀走了二十八万三。到了,把村街里接连省道的水泥路修起来了。所以,王马虎在村里威信很高。

刘金鼎硬着胆子,一脚高一脚低地来到了王马虎的家门前。如今的王马虎家已盖起了三层小楼,门口亮着一盏电灯,灯下是朱红色的大铁门,两边的院墙上镶着两个大字:一个是"福",一个是"寿",字是朱红色的瓷片拼贴的,看上去很富足的样子。没等刘金鼎敲门,就听见大门"吱呀"一声,大铁门上的一扇小门开了,王马虎咳嗽着从院里走出来。他刚一抬头,就见门口站着一个人。

也就是几秒钟的时间,王马虎嘴里喊出了一串"呀呀……"声!他说:"我的神哪,大神哪!你咋来了?呀呀呀!桂他妈,赶紧,赶紧吧,接驾!大领导来了呀!"

尔后,没等刘金鼎开口说话,他四下瞅着嚷道:"车呢,咱司机呢,司机师傅呢?咋不让上家喝口水呢?你看看,你看看……"

刘金鼎走了那么久,人都累惨了。可他仍硬撑着直直地站在那里,很严肃地说:"老王,这么大岁数了,咋还是咋咋呼呼的?我有重要事情跟你谈,让司机先走了。"

王马虎"噢、噢"了两声,说:"呀呀,路都改几年了,走错路了吧?那,上家,上家。真没想到啊,你这么大官会来我家……"

进了院子,王马虎给妻子介绍说:"桂他妈,这可是大官!是恩人!我给你说过的……"接着,王马虎又吩咐说:"桂他妈,杀小鸡、烙油馍,赶紧的!"

女人五十多岁的样子,失急慌忙地从屋里跑出来,慌得鞋都穿错了,一只拖鞋、一只皮鞋，一迭声地说："上屋，上屋。"

刘金鼎进院后四下看了看，说："老王，房子盖得不错呀。家里就剩老两口了？"

王马虎说："可不么，都进城了。一个是国家教师，一个是……"

进了屋子，王马虎一边忙着倒水，一边指指沙发，说："去年个孩儿给买的，皮的。坐，你坐。呀呀，真想不到你会来……你调到市里当领导，可有不少年头了吧？"

刘金鼎并没坐下，而是说："老王，不好意思，卫生间在哪儿呀？我先上个卫生间。"

王马虎说："左边，左边头一间。上，你上。"

在卫生间里，刘金鼎方便后，就势抓起一条毛巾，很细致地擦干净了裤子和皮鞋上的土尘，这才走出来，坦坦然然地在沙发上坐下，端起王马虎给他泡的茶，喝了一口，说："毛尖哪？"

王马虎说："还是大领导的嘴，一喝就喝出来了。哎，我这儿还有咖啡呢，你喝不？闺女从省城拿回来的。"

刘金鼎摇摇头，说："毛尖就行。"

王马虎跟着说："就是，啥咖啡，一股溏鸡屎味，我也喝不惯。"

刘金鼎说："老王，最近忙啥呢？"

王马虎说："也没忙啥。你知道，咱这儿离县城远，不临大路，又不在'规划线'上，除了卖花，干啥都赔。就是种花，也没人家挣得多……"

往下，刘金鼎很严肃地说："老王，我之所以连夜赶来，是有个项目，看你有没有兴趣……"

王马虎没等他把话说完，就搓着两只手，激动不已地说："啥项目？是不是又有扶贫款下来了？！我就知道，你找我有好事。你说，你说。"

刘金鼎说："实话告诉你，不是扶贫款。不过，也差不多。但是，我要告诉你，这个项目，保密级别非常高。你是老党员吧？"

王马虎点着头说："是，我是，入党三十七年了，算吧？"

刘金鼎沉吟片刻，郑重地说："首先，我告诉你，这个项目，是个十几亿的大项目。资金没有问题，但这个项目是我个人从深圳拉的，你不能告诉别人。这样说吧，在'项目'落地之前，只能我知、你知，不能有第三个人知道。"

王马虎朝门外看了看，瞪大眼睛说："知道了，我知道了。这是个啥……啥项目？"

刘金鼎说："稳赚不赔的项目，你这边只要出地出人就行了。我下边的话，你听了后只能咽到肚里，打死都不能说出去。"

王马虎说："放心，不说，我嘴上上把锁。"

刘金鼎说："这是一项国际尖端技术，项目是从国外搞回来的。虽然说是化工项目，但无害。这里是家乡，我不能害人。人家一次投十二个亿，主要生产陶瓷……简单说吧，这项技术最先是美国杜克大学一个教授发明的，现在世界各国都在抢着研制。原理是以陶瓷、金属或光纤为混合物……更具体的，给你说了你也不懂。"

王马虎瞪大眼说："我懂，我懂。乖乖，十二个亿！恩人哪！"

刘金鼎郑重地说："你也别这样说。我就是想再给家乡办件事。"

王马虎说："乖乖，我真想跟你磕个头。你这么大的官，还记着乡亲哪！"

刘金鼎说："这个项目，能不能在你这儿落地，我也不敢保证。我只是先来看看，考察一下。过些天，我就去跟人家签合同。"

王马虎急了，说："恩人哪！刘市长啊，最好是落在咱这儿。要是能在咱这儿落下，我带领全村老少给你挂匾！世世代代烧香供奉！"

刘金鼎很严肃地说："老王，你也别说这话，我也不指望落你的好儿。等事办成了再说吧。"

王马虎马上兴奋起来，说："你看，咱这儿也没啥稀罕东西。明儿，我给你找个地儿，可秘密个地儿，请你吃'四稀罕'！保准你没吃过。"

往下，扯了一会儿闲话，刘金鼎很认真地说："老王，你相信我么？"

王马虎说："信，我不信你信谁。"

刘金鼎说："你有银行卡么？把卡号告诉我。"

王马虎一怔，嘴唇哆嗦着说："啥……啥事？卡……卡是闺女给办的，钱……钱不多……"

刘金鼎说："你误会了。三天后我就去跟港商谈，让他们把前期筹备工作的第一笔资金给你打过来。不管以后项目如何运作，这笔钱就不再收回了。先说，可也不会太多，三十万吧，顶多不超过五十万。这样的话，你也好……"

王马虎一下子又激动起来，说："呀呀，这……这……恩人，这让我咋谢你呢？"说着，慌忙找卡去了。

稍晚些的时候，几个热腾腾的菜上来了。先是小鸡炖蘑菇，猪肉炖粉条；接着上的是扒羊肉，还有一个灰灰菜炒鸡蛋。四个菜，盘子满满的，看上去香喷喷的、硬硬实实的。

刘金鼎说："嫂子一块坐吧？"

王马虎说："坐，你坐。也没啥好的。你别管她，咱这儿规矩，女人不上桌。"尔后，王马虎掀开布帘，到里间踅摸了一圈儿，拿出两瓶酒来，说："我这儿还藏了两瓶好酒，'宝丰大曲'，都放了二十年了。今儿个恩人来了，咱得把它喝了。"

在王马虎看来，刘金鼎本是一个很矜持的人。可他这一次却放得很开，大口吃菜，敬了就喝，来者不拒……先是三杯，尔后是五杯，再后又是七杯。喝着喝着，王马虎说："恩人，你能来我这儿吃顿饭，我心里特别高兴。这说明啥？说明你当了大官不嫌弃我。你拿我当个人！就凭这一点，你叫我干啥我干啥！"

刘金鼎说："老王，这可是你说的。"

王马虎一拍胸脯："我说的。"

刘金鼎说："哪一天,我要犯了事,可就来你这儿了。"

酒上了头,王马虎说："恩人哪,啥是人民,咱就是'人民',你只要回到'人民'中间,遍地青纱帐,保你平安无事!"

刘金鼎说："说笑了,喝。老王,我敬你一杯。"

夜深时,喝着喝着,刘金鼎趴在桌上,不吭了。王马虎叫了几声,不见回应,忙又把妻子喊出来,说:"桂他妈,赶紧的,帮个忙。"

桂他妈从里间出来,埋怨道:"你咋让他喝这么多?"

王马虎说:"这是贵人,轻易不来,不让他喝好还行?"

桂他妈说:"那,这……"

王马虎说:"愣啥?快,搭个手,把他抬床上。"

桂他妈说:"抬哪屋?"

王马虎说:"闺女那屋吧,干净些。这可是贵人。"

老两口费劲巴力地把刘金鼎抬进女儿的房间,放在了床上。尔后,给他脱了外边的衣裤,盖好被子……两个蹑手蹑脚地退出去了。

待两人退出去后,刘金鼎慢慢地睁开眼来,虽然喝得晕头涨脑的,但他心里清楚。他迷迷糊糊地打量了一下这个乡村闺房:只见墙上贴着是当红女明星的大头像,枕边还放着一本《笑傲江湖》,床边的柜子上放着一些"大宝"系列化妆品……床软软的,身下是席梦思软垫,如今的乡下姑娘也睡上席梦思了。

他心里说:老王,对不住了。

六

密捕姜保国的行动是深夜十二点开始的。

最初，姜保国并不在赫连东山的视线之内，他甚至可以说是赫连东山的老上级，曾经当过黄淮市公安局的常务副局长，后来调到司法局去了。姜保国军人出身，据说上过战场，身上有霸气。一般情况下，不会怀疑到他的头上。

虽然，省委机要员孙建设在交代"吃饭会"的情况时提到了姜保国的名字，但那时他仍不是怀疑对象。关键还是那两个字："成功"。

经查，这两个字是刘金鼎通过一次性手机卡转发出去的。那么，既然是转发，赫连东山就命人查了信息来源。没想到，一查竟查到了姜保国的头上。姜保国竟然也是转发。再往下查，居然查到了一个刚出狱不久的劳改释放犯的头上……案件的线索就那么一点点地显现出来了。

姜保国被查有很大的偶然性。他转发"成功"二字用的也是一次性手机卡，如果他当时就把手机卡扔掉，同时关了手机，就很难再查到他了。可他大意了，他是在酒桌上接到信息的，当时他身上带着两部手机：一部是工作用的，一部是私密的。这部私密手机装的是一次性手机卡。接到"成功"二字的信息时，他正在酒桌上坐着，他拿出手机看了一眼（也许是急于"表功"），随即把信息转发给了刘金鼎。尔后接着喝酒，喝着喝着喝醉了，手机卡没有及时处理。

当查到这个信号时，发现信号居然出现在姜保国身边的时候，赫连东山也吃了一惊！

再接着往下查，就发现前一段时间，姜保国跟一个劳改释放犯走得很近。两人曾有过多次电话联络。

抓捕姜保国的这天晚上，他当时正在黄淮市的一家酒店里打麻将。这天夜里他的手气特别好，二五八、对对和、清一色，打啥赢啥……竟一连赢了十二把，算起来赢了有六七万的样子。到了夜里十二点，本该散了，可他意犹未尽，就说："再来一圈。"众人不好驳他的面子，只好再来一圈。

这时候，酒店房间的门被强行打开了，街区的派出所所长领着三个便衣走进来。陪姜保国打麻将的老板们脸色一变，发牌的手即刻停住了，一个个傻呆呆的。只有姜保国仍泰然自若地起牌、打牌……并说:"没事。起,起,接着打。"姜保国板着一张肉乎乎的方脸,不怒自威。他瞥了一眼站在一旁的派出所所长,说:"小吴,啥事?"

面对老领导,跟来的吴所长脸上竟有了一丝怯意,他说:"姜局,别误会,不是我找你。是,是省纪委的同志让你去一趟。"

姜保国怔了一下,仍面不改色,说:"靠,不就打个牌么,咋惊动纪委了?"接着,他竟然又随手摸了一张,尔后把牌一推,说:"和了,又和了。"

此时,几个陪着打牌的生意人面面相觑,一个说:"吴所,没我们什么事吧?你看,我们也就是打个牌……"

这几个陪着打牌的生意人吴所长自然也认识,就摆摆手说:"走吧,没你们的事。"

于是,几个生意人慌忙站起,牌桌上的钱也顾不得拿了,一个个灰溜溜地,鼠窜。

凌晨时分,姜保国被人带到了"双规"基地。尔后,一连七天,姜保国一句话也没有说。

姜保国在黄淮市公安局干了十八年,常务副局长干了八年,曾先后分管过刑侦、预审、内保等工作,对审讯这一套非常熟悉。所以,他心里非常清楚,只要一开口,不管他说什么,就会留下破绽。所以,他干脆一个字也不说。

在这七天时间里,姜保国一直用傲慢的、斜睨的目光注视着提审他的人。他一直就那么默默地乜视着他们,每当他从眼角的缝隙里打量着他们的时候,眉头会微微地往上犟一犟,像是在说:小子,你还嫩着呢。有的时候,他会闭上眼睛歇那么一会儿,让绷紧的神经松下来。到了这时候,他的嘴角会慢慢耷拉下来,流一线长长的涎水。那涎水挂在嘴角上,冷不丁"哧溜"一下,他醒了。接着,他会换一种姿势,尔后继续沉默。

姜保国甚至知道在审讯室的单向透视玻璃后边,有一双眼睛正注视着他呢。这双眼睛并不大，总是细眯着，可它就像刀片一样，能在苍蝇的翅膀上刮出线索来。他只要盯上你，几乎任何蛛丝马迹都逃脱不了他的法眼。隔着那扇玻璃，他甚至闻到了他的气味，这人烟瘾大。是啊，他曾与这个人共事多年，太了解他了。从讯问的方向看，他知道，这个在幕后指挥审讯的人就是赫连东山。

可是，在这七天时间里，赫连东山一直没有与这位曾经的老领导照面。赫连东山知道姜保国脾气很坏，个性极强，是个很要面子的人。假如由他这个曾经的下级出面审他，他即使为了撑面子，也绝不会吐一个字的。

所以，赫连东山干脆撇开了姜保国，调动所有的警力搜捕那个用手机发送"成功"二字的劳改释放犯去了。赫连东山年轻时曾经学过华罗庚的"优选法"，这一次终于用上了。他从追查手机信号"成功"二字开始，这个信号最早是从陆阳市东峡县境内发出的，那么这个所谓的"成功"地点应该就在东峡境内。尔后，从东峡倒查，结果发现信号的路径分别经由东峡、省城、北京三地。接着，再反查三日内的所有始发手机信号，又发现信号的起始地应该是省城……那么，从省城到东峡走高速公路至少有近400公里路程，这就出现了交通工具的问题。

可每天在高速公路上奔跑的汽车有上万辆之多，沿线大大小小的高速路口有二百多个，这就像是大海捞针，如何查呢？于是，赫连东山又采用了华罗庚的"排除法"，命人从省城、陆阳、东峡三地的高速路口收费站的监控录像查起，一辆一辆地查。在查车的过程中，赫连东山三天三夜都没合眼，不停地与各地保持电话联系……后来终于有了结果。经反复核对，按出发时间顺序，在三地同一天出现过的汽车共有9辆，再经过一天一夜的反复比对，定位于一辆车牌号为陕A7563的白色九座金杯面包车。

当查到这辆面包车时，整个专案组一时都处在高度亢奋之中，因为谜底很快就要揭开了。尤其让专案组的人激动的是，从车辆行驶倒查结果来看，这辆金杯车从省城出发前，第一个停驶点居然是在省农业科技大学图书馆的门前。图书馆大楼前的摄像头显示得很清楚,这辆车牌为A7563的面包车曾经在楼前停过。而副省长的夫人徐亚男失踪前,上的就是这辆面包车!

尔后是由车查人。那辆面包车是在东峡老爷岭的一个水库旁边的柞木林里发现的。车已经烧毁了,面目全非,只剩了一个空架子,几乎没有留下任何痕迹。搜索的民警也只是在旁边找到了一些杂乱的脚印和一两个"金丝猴"烟蒂,再有就是一小片指头肚儿大小、撕碎了的、看不出名堂的纸屑儿。也就是这一小片纸屑儿引起了赫连东山的警觉。在电话里,经省厅与当地沟通,赫连东山下令收捡纸屑。当地公安派出了七十名干警,以一米的距离一字排开,搜索了方圆五公里内的山林,在长达五个小时的时间里,一共收捡了被风吹散的一百零七片纸屑儿。经技术人员粘贴、比对后,发现这竟是一张购买二手金杯车的两联发票。于是,专案组的人趁热打铁,在二手车市场查到了嫌疑人的身份证复印件,就此锁定了目标。

在这七天时间里,赫连东山一直站在一部电话机前,面对三张地图指挥行动。七天七夜,他一共吸了两条半"黄金叶",吃了十二个盒饭,夜里就睡在一张躺椅打个盹,熬了一嘴的火泡儿,一直熬到把嫌疑人抓捕归案,他才暗暗松了一口气。

这个名叫洪小禾的嫌犯是赫连东山亲自审讯的。洪小禾是在西安城内一个汽车修理厂被抓获的。他今年三十一岁,小平头,朝天鼻,蛤蟆眼,穿一身车行的维修服,衣背上印有"西汽"二字,户籍为陆阳西河县人。他曾因强奸幼女被判过六年刑,事发前刚刚出狱四个月。赫连东山一见面就给他一个下马威,说:"裤子脱了!"

站着一旁的民警跟着喝道:"脱!"

洪小禾迟疑了一下,慢慢腾腾地把穿在身上的工装裤子脱了,露出一条红裤衩来。

这时,没等赫连东山开口,那民警接着说:"脱,继续脱!"

红裤头脱了后,洪小禾裸着下半身,两手下意识地护住下体,像个冷雀似的立在那里。

赫连东山用一个小棍把他护着下体的两只手挑开，说："蛋子儿不大么，还敢做这么大的案子？我告诉你，就你这个叽吧，在哪儿撒了泡尿，我都知道。沪陕高速，桐城服务区，你在第三小便池撒了泡尿，是不是？"

洪小禾傻了，愣愣地望着他……

赫连东山突然又爆叫一声："0253！"

0253是他在监狱服刑时的监号，洪小禾下意识绷紧了身子，说："到！"

赫连东山用那个小棍挑起红裤头，在他眼前晃了晃，说："这红裤头是你娘给你缝的吧？一共缝了六件，让你避灾用的，是不是？你避得了么？"

洪小禾不语。

赫连东山说："穿上裤子吧。"

洪小禾抖着身子，默默地重新穿上裤子……

赫连东山说："这么大的案子，我料定你不是主犯，充其量也就是个开车的，说说，想死还是想活？"

洪小禾下意识地脱口说："活，想活。"

赫连东山说："坐下，坐下吧。往下就看你的态度了。"

此刻，赫连东山故意看了一下表，说："这案子太大了，我没有更多的时间跟你啰嗦，交代不交代就看你的表现了。我知道，你是个孝子。你娘患尿毒症在省人民医院住着，你是为了十万块钱，才跟人干的……"

洪小禾怔了一下，突然跳起来说："人不是我杀的。"

赫连东山马上接口问："谁杀的？"

洪小禾一开口就供出了杀人的事，审讯室的空气一下子紧张了！

可是，再往下，他不说了。他像是醒过神儿来了，无论怎么问，他虽然身子一直哆哆嗦嗦的，就是不开口。

六个小时后，赫连东山找来了一个证人。这个证人名叫周申，就是在

"农科大"收了二十多年破烂的"小周"。赫连东山命人重新调看了事发当天"农科大"整个校园的监控,发现那辆被烧毁的面包车在校园一个花坛的拐弯处停了一下,洪小禾从车上下来,与一个骑三轮收破烂的人有过交际,那情境像是在问路。于是就派人查找这个蹬三轮收破烂的。"小周"在"农科大"人人皆知,很快就找到了。但"小周"不愿来,他是收了一百块钱的"误工费"才来的。

周申被带进审讯室后,当面指认了洪小禾,他说:"是他,那天在校园里问路的就是他。上身穿一灰夹克衫,下身是七十块钱一条的牛仔裤,这裤子有学生让我去批发市场上代买过。他问我图书馆怎么走,我说顺林荫道走,拐一弯就是。"

周申还说:"等我从图书馆后楼骑着三轮车转回来时,远远地,就见徐老师上了他那辆面包车……"

洪小禾傻傻地望着他,心里别提多后悔了。本以为他就是个骑个破三轮流动收破烂的乡下人,没想到他比所有的"农科大"人都熟悉这所大学。因为,他在这院子走了二十多年了。

这天,周申录了证词后,从专案组走出来时,虽说已是深秋,他头上却冒汗了,心里像打鼓一样,扑咚扑咚乱跳。因为他隐瞒了一件事:徐亚男在失踪的前一天晚上曾经找过他。在那一段时间里,徐亚男特别相信他,信他是开了"天眼"的大师。徐亚男找他是问吉凶的。徐亚男问他:"周师傅,明天咋样?"周申说:"徐老师,啥事吧?"徐亚男说:"老头给买了辆车,让明天去提车呢。"周申说:"你还会开车?"徐亚男说:"照儿我早就办了,都办了几年了……"周申说:"提车是哪个方位?"徐亚男说:"南……南边吧,说是没多远。"周申掐着指头算了算,说:"南边?南边应该没问题,南边是你的吉位。"也许,就是这么一句话,送了徐亚男的性命。这件事,周申一直藏在舌头根子下边,再没敢对任何人说过。

(从此,周申仍然每日在校园里收破烂,但总是低着头走路,再不跟人提他开"天眼"事了。以至于多年后,他都一直郁郁寡欢,走路嘴里念念有词,像欠了账似的。但凡再有人找他算命,他一概拒绝。人家说,你不是开了"天眼"么?给看看呗。他说:世道太混浊,我现在什么都看不清了。)

再次提审洪小禾,赫连东山说:"洪小禾,你抬起头来。"

洪小禾慢慢抬起头,只是不敢看赫连东山的眼睛。

赫连东山说:"你看着我的眼睛。"

洪小禾躲躲闪闪地看了赫连东山一眼……

赫连东山说:"我见过你娘了,你娘让我给你捎句话。你娘说,栓儿,老天爷看着呢,别再给你娘加罪了。"

洪小禾在家时的小名叫"门栓儿",这是外人不知道的。他再一次抬起头,望着赫连东山。两人就这么看着,看着看着,洪小禾流泪了。他流着泪喃喃地说:"人不是我杀的,真不是我杀的……"

三个小时后,洪小禾"撂了"。他终于交代出了他的同伙、同时也是首犯的"1572"。"1572"是跟他蹲过一个监号的劳改释放犯,名叫黄丙炎。黄丙炎在"号儿"里曾经帮过他,是他的恩公。他听黄丙炎说,他也是为了报答一位当官的恩公,才做下这个案子的。

五天后,赫连东山带着专案组在深圳的一个出租屋里抓到了黄丙炎。

这一切姜保国一无所知。他坐在"双规"房里,黑着一张脸,眼塌蒙着,完全是一副顽抗到底的样子。

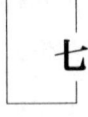

七

就在专案组密捕姜保国的第二天,刘金鼎由王马虎陪着,秘密地去了靠山坳。

靠山坳的村长姓马,名叫马河顺。马河顺跟王马虎是多年的朋友,还是帮边连襟（姻亲）。马河顺虽说当了村长，可他也是个乡村里很有名的厨子，他最拿手的就是做"四稀罕"。王马虎极力撺掇刘金鼎去靠山坳，就是请他去吃"四稀罕"的。这"四稀罕"在这一带很有名，一般人不容易吃到。这是他表达谢意的一种方式。

最初，刘金鼎并没有答应，都到这时候了，他还在乎一顿饭么？后来，他之所以答应去，是因为他有意无意地问了一句："老王，坡头离这儿近么？"王马虎说："坡头？哎呀，你不早说，坡头镇离靠山坳只有一二十里路，可近。"刘金鼎说："坡头是不是有个庙？"王马虎说："是啊，是有个庙，关爷庙，香火可盛。咋，你想去看看？"刘金鼎随口"噢"了一声，这才答应下来。其实，他早已研究过地图了。坡头镇，有一条通往湖北武汉的国道。

出门之前，刘金鼎曾反复告诫王马虎，他的事，项目的事，不要告诉任何人。说了，争的人一多，会生是非。王马虎也保证说："放心吧，这事我烂在肚里，不会给任何人说的。"

靠山坳是个很特别的村子。靠山不是山，是临近山边的一条大沟，所以也叫沟子村。这条大沟常年有季节性的流水，夏季山洪下来的时候，水非常大，波涛汹涌，看上去十分壮观。到了秋后，沟里就成了一条窄窄的、一脚可跨的小溪和满沟的乱石。靠山坳村就坐落在这条大沟的边上。这里是地少、石头多，村里人并不富裕。早些年，这里的汉子穷得娶不下媳妇，女人大多是从云、贵、川那边买来的。买来的女人成分杂，有的也说不清来路，曾经被"打拐"的警察解救过几次，但解救的难度极大。村里人娶个媳妇不容易，都是花钱买的，哪能轻易让人带走？所以，每每一听说"打拐"的来了，一村人都会围上来。

这个村子三县交界，原来也只有三十几户人家。改革开放后，山里零落小村的住户不断地有人迁来，人口就越来越多，也越来越杂，如今这里已是个大村子了。虽然说是大村，但地处偏远山区，也只是过年的时候人多，热闹些。一过罢年,中、青年都到外地打工去了,剩下的大多是老人和孩子,所以,这也算是个空村。

两人刚进靠山坳时,只见村街里静悄悄的,只遇上了一两个靠着墙眯着眼、在阳光下晒暖儿的老人。到了这时,刘金鼎那颗高度警觉的心才慢慢放下来。可是,当两人走进村长马河顺家时,只见院门大开着,马河顺却不在家。王马虎说:"这狗材,八成打麻将去了。我去找。"说完,便朝旁边的一家代销店走去。

不一会儿,他就把马河顺从一麻将桌上拽出来了。最初,靠山坳的村长马河顺见王马虎带了个人来,并不显得十分热情,只说:"狗才,你咋来了?又想'旋儿'我点啥?"

王马虎说:"你才是狗眼看人低呢!快,招子放亮点。这是贵客,就是来吃你的'四稀罕'呢!"

可马河顺居然不买他的账,说:"吃屁吧,你。"

往下,王马虎把马河顺拽出门,贴在他的耳朵边上悄悄地嘀咕了一会儿……片刻,两个人又搂着脖子,相互拍拍打打地走进屋门。不料,两人刚一进门,只见刘金鼎勃然变色,沉着脸说:"啥意思?不吃了。走!"说着,站起就往门外走。

马河顺赶忙上前拉住他,笑嘻嘻地赔礼说:"客,客,你可是贵客,我不是冲你的。我俩是连襟,一条橡,熟得穿一条裤子,闹着玩的呢。你千万别在意。咱这就做,马上做……"说着,立刻张罗起来。先是吩咐家人倒茶,又要派人去果园里摘苹果,一下子显得十分热情。

到了这时候,刘金鼎虽然感觉不太好,也只得客随主便了。好在他吃过这顿饭就走了。既来了,也不差这一会儿。不过,他还是盯了王马虎一眼,王马虎拍拍他,示意说:"放心,放心吧。"

当天中午,马河顺亲自下厨,并召集村里的几个妇女打下手,特意为刘金鼎做"四稀罕"。这"四稀罕"要现做现吃,味道才鲜美。她们有烧火的、有剖鱼的、有擀面的、有择菜剥蒜的……妇女们也难得聚在一起，她们一边劳作，一边嘻嘻哈哈地说笑着。

午时，就在村办隔壁的屋子里，摆开了一张圆桌，菜一盘一盘端上来了。主菜上的是靠山坳有名的"四稀罕"。第一稀罕是靠山坳的特产，长在山溪石头缝里的"胖头鱼"。这鱼是清炖的，煮出来汤如牛奶一样浓香白亮，且一条条鱼头都是朝上的，就像活的一样。第二稀罕是"山韭菜炒五彩蛋"。韭菜是早晨太阳还没出来时从山里现采的，野鸟蛋也是从山里的树上的鸟巢里现掏的，有喜鹊蛋、金雕蛋、鸽子蛋、画眉蛋、锦鸡蛋。蛋种不同，颜色、大小各异，大补，于是就叫五彩蛋。第三稀罕是"五仁南瓜煲"。一个大南瓜，圆的，掏了瓜瓤，割了头盖，装上野蜂蜜偎出来的白果，白果中间是核桃仁、核桃仁上边是杏仁、杏仁上边是葡萄干，上笼蒸了，香甜可口。第四稀罕是"山珍烧野猪肉"。山珍就不说了。山里禁猎，野猪肉是偷偷搞来的。其余如小鸡烧蘑菇，羊蛋羊眼羊凹腰、石磨豆腐、小油馍、手擀面……满满一桌子。

酒过三巡，菜过五味，靠山坳的马河顺忍不住试探说："叨、叨，都尝尝。咱这地方偏，轻易不来个领导啥的。你看，也没啥招待……领导，透个信儿，说说那'项目'呗。"

刘金鼎看了在旁边陪坐的王马虎一眼，很严肃地道："王村长给你交代了吧？项目不是在饭桌上说的。"

王马虎也知道犯忌了，朝嘴巴上打了两下。

马河顺赶忙说："那是，那是，知道，保密。你放心，一定保密。"接着又端起酒壶，"喝，咱喝！"

刘金鼎喝了几杯包谷酒之后，说："这酒还挺烈。"

马河顺说："这酒烈是烈，不上头，自家酿的。这是头道，我留最好的。我给你说领导，真不次于茅台，真的！"

往下，马河顺私下里撺掇着几个妇女轮番上来敬酒……喝着喝着，酒上了头。也许是藏了一个多月,忍得太久了,刘金鼎突然有了演讲的欲望。他很久没有当众讲话了。其实,当众讲话也是一种权力。此时此刻他忍不住了。他说:"老马,马村长,想致富是吧?你知道想致富首先需要什么?观念,首先是改变观念。在当今社会,观念不改变,你永远富不了。那么,怎样才能改变观念呢?两个字:读书。知道读书是干什么用的么?明理。人生就像是无边的黑夜,书是灯,读书可以照亮人生。要学会吸收当今世界最先进的理念。什么是最先进的理念呢?……"

马河顺瞪大眼睛,说:"呀呀呀,说得真好!怪不得是大人物,真有学问哪!我服了,真服了!我这回是真长见识了。我得再敬你两杯!"

刘金鼎先前还是有警觉的,可喝着喝着,身心都有些发飘。他伸手指着马河顺,说:"你告诉我你信什么,说,你信啥?别给我说假话。我不听假话。实实在在地告诉我,你信什么?"

马河顺也喝大了。他一拍桌子,说:"我……我跟你说,在咱这地界上,老天爷是老大,我就是老二!我还没服过谁。你别看王马虎,我这帮边连襟也是个村长,不客气地说,他算个球,比我差着一大截子呢!我信,信,我信他妈的……你。领导,我就信你!"

刘金鼎说:"真信?"

马河顺说:"真信!"

刘金鼎说:"有你这句话……喝!"

马河顺跟着说:"喝!"

刘金鼎就这么口若悬河地讲着,喝着……可喝着喝着,他喝醉了。他好久没有在大会上讲话了。他已经习惯于讲话,他讲的都是道理,但他从来没有问过自己,他究竟信什么?

这一次,他真的是喝大了,他整个身子都飘起来了。也许,他觉得已过去了这么多日子,人们已经把他忘了,不会再注意他了。再说,吃过了这顿饭,他就走了。二十里外,国道边上,有一辆奥迪车正候着他呢……脑海里紧绷着的那根弦，慢慢被酒精泡麻木了。他甚至忘记他都说了些什么了。

八

县委书记唐明生的手机是下午两点四十七分响起来的。

电话铃响了三声之后，唐明生按下了接听键，说："你好，哪位？"电话里声音很大，说："是唐明生……唐唐……唐书记吧？你你你……"唐明生听声音不对，"叭"一下把电话给挂了。可过一会儿，电话又打过来了。唐明生气呼呼地说："喝多了吧？你，哪位呀？"电话里说："我，我呀。靠山坳的马河顺！听出来了吧？我我，不是我……是'秘书长'请请你来吃……吃'四稀罕'。这可是咱靠山坳一绝！麻溜的，过来吧。"唐明生是个认真的人，他问："告诉我，是哪位领导？什么时间？地点？"电话里打了一个酒嗝，说："哪儿恁……恁多废话。球，叫你过来，赶紧，麻溜的。'吃饭会'知道吧？是'吃饭会'的秘书长让你过……过来！"电话里，只听旁边有人大声说："告诉他，是我，刘金鼎！"唐明生迟疑了一下，说："好，明白了。"

唐明生接电话后，站在办公室里愣了好一会儿，心说：去不去呢？他之所以心里犯嘀咕，是因为两天前，他刚刚参加了由市委书记薛之恒主持召开的（各县、各局、委正职参加）市委扩大会。会上，九位常委到了八位，只有常务副市长刘金鼎没有到会。特别让他敏感的是，在会上薛之恒不点名地提到："有的领导干部违反组织原则，擅自离岗，问题十分严重！……"这些话，让人不得不想。甚至还有人私下议论说"刘市长出事了"。会后，唐明生还专门问了市委秘书长，可赵秘书长只是看了他一眼，两手一摊，什么也没有说。

在"吃饭会"上，作为梅陵老乡，刘金鼎曾经答应为他的事帮忙，而且在提拔他当正县之前，曾专门带他找过省委组织部的一位处长……就此，人情欠下了。他想，还是去吧。可是，可是呢，他心里"咯噔"了一下，还是犹犹豫豫的。于是，在出发之前，他拨通了老领导薛之恒的电话。在电话里，他说："薛书记，有个事，我想了想，得给你说一下。"薛之恒说："说。"唐明生说："有个饭局，刘市长安排的。你说我去不去？"薛之恒问："谁呀？"唐明生说："刘金鼎，刘市长安排的。说是在靠山坳。"电话里，薛之恒沉默了片刻，说："我不管啥叽吧饭局，敢擅离职守，我撤你的职！"说完，"啪"一声，把电话挂了。

在黄淮市，刘金鼎被列入"双规"名单、又擅自离岗、畏罪潜逃的事，只有市委书记薛之恒一个人知道。责任重大呀！所以，他当即就给省委和专案组的负责人同时打了电话。

赫连东山是两个小时后带人赶到靠山坳的。虽说采用的是"外松内紧"策略，刘金鼎被"双规"的消息并未对外公布。但在长达一个月零四天的时间里，赫连东山对刘金鼎的抓捕行动一直没有停止过。说实话，赫连东山已估计到刘金鼎有可能会潜回老家来。他曾派人在梅陵的芽口村刘全有家的对面房子里蹲守了很长时间，却一直未发现刘金鼎的踪迹。现在他明白了，刘金鼎潜回梅陵后，没有回家。

可是，赫连东山的抓捕行动在靠山坳受到了阻拦，他带来的两辆警车被围在了村街当中。警车刚一进村，就有人把消息报给了马河顺。最初，报信儿的误传了消息，说是"打拐"（警察解救被拐卖的妇女）的又来了！于是，在王马虎的煽动下，马河顺借着酒劲喝道："敢？在我这地界上，他一个人也带不走！"于是，他匆忙间召集了两拨人，一拨是老人，围住警车；一拨是妇女，围住村委会，死活不让带人。而他却躲在人群后边，暗中指挥，不出头。

在村委会院门前，赫连东山刚一下车，连话都没顾上说呢，两条腿就被两个老年妇女死死地抱住了。他带来的干警也被村人们分割包围在村委会门前。人们一个劲儿地嚷嚷着喊道："狗子，大路，莽快，叫人。'打拐'的又来了！把路堵死，谁也带不走！"

无奈，赫连东山通过手机联系了有关部门。过了一会儿，乡党委书记匆匆赶来了。靠山坳属于唐河乡管辖，唐河乡的乡党委书记站在村街里，大喝一声："马河顺，给我滚出来！"到了这时，马河顺才摇摇晃晃、一磨一磨地从人群后走出来了。

赫连东山看着马河顺，说："你就是马河顺，马村长？"

马河顺"嘿嘿"一笑，说："是，我是。我还以为是'打拐'的呢。"

赫连东山从皮包里拿出一张纸，在他眼前亮了亮，说："看清楚，这是省纪委的大印。我们不是'打拐'的，是来带人的。这个人我必须带走。告诉你，出了问题，你要负责任。"

马河顺眨磨着眼，看似迷迷瞪瞪地，说："那……项……项目呢？"

赫连东山一怔，说："啥项目？"

马河顺说："十二亿的大项目。"

赫连东山说："胡扯！啥项目？他这是畏罪潜逃，哪有项目？"

马河顺说："这可是真的，千真万确。香港商人来投资，红霞霞的，都盖着印呢……"

乡党委书记在一旁说："胡叽吧扯！还红霞霞的，你见了？"

马河顺说："我是没见。王支书，王马虎亲眼见了。"

乡党委书记说："王马虎呢？我问问他。"

可是，王马虎不见了。

乡党委书记喝道："马河顺，你把人拦了！这可是省公安厅的领导！你有几颗脑袋？！"

马河顺很委屈地说："徐书记呀，咱是个穷村，联系个项目不容易。'四稀罕'都吃了……我……我当不了家呀！"

赫连东山看天近黄昏，怕再出意外。他对马河顺说："老马，这样吧，我一个人进去,见见刘金鼎,刘市长,看他怎么说。"

马河顺愣了一下,说:"乖乖,市长?不会吧?老天,真是市长啊?!……我……我不管你这这那那,见见可以,人不能走!"

于是,在马河顺的陪同下,妇女们让开路,让赫连东山一个人进了村委会。

房间里,刘金鼎酒已半醒。他靠坐在沙发上,头还有些晕……当马河顺领着赫连东山走进门时,他一下子就明白了,心说,你有病吧?吃啥"四稀罕"呢?这里离坡头镇只有二十里,那里有车等着他呢。他真是悔不当初呀!

看到他,赫连东山再次亮出了那张纸,说:"刘市长,根据省委指示,请你走一趟。在规定的时间,规定的地点,说清楚一些问题。"

刘金鼎端起茶几上的茶水喝了一口,手有些抖,没有说话。

片刻,刘金鼎稳了稳神,说:"老赫,你也是老同志了。你朝外边看看,有多少老百姓保护我……"

赫连东山望着他,摇了摇头。

刘金鼎说:"你知道这是为什么?我告诉你,二十多年来,我给家乡的老百姓办了很多好事。修路、办沼气、弄医保、修校舍……所以,人民群众是站在我这一边的。只要我喊一嗓子,他们就会把你撂出去。你信不信?"

赫连东山说:"我信。刘市长,老百姓不懂法,你是领导干部,也不懂法么?你都做了什么,你清楚。正像你所说的,人得有底线,你有底线么?"

刘金鼎沉默了一会儿,说:"老赫,有一个问题,你想过没有?"

赫连东山望着他,心里想:这还真是个人物,心理素质的确不一般。他说:"你说吧。"

刘金鼎直直地望着赫连东山,说:"今天是我,明天也许就是你。"

赫连东山说:"也许吧。谁犯了法,都一样。"

刘金鼎说:"所以,我奉劝你,还是不要把事情做绝了。来日……"他眼里流露出了渴望。是啊,只剩二十里路了。

此时此刻,村街里已围了很多人。他们就堵在村委会大院门前,老老少少的,黑压压一片。

赫连东山看了看外边,又回头看了刘金鼎一眼,尔后,他掏出手机,拨了一个号码,说:"刘市长,这样吧,薛之恒书记要跟你通话。"说着,把手机递给了刘金鼎。

刘金鼎接过手机,只听薛之恒在电话里说:"刘金鼎,你想干什么?你不要忘了,你是市级领导干部。你不知道组织原则么?赶紧给我滚回来!"接着,他的口气缓下来了,说:"金鼎啊,不就是老白那些事么,回来说清楚就是了。老白的事,我也有责任,我也会向组织上说清楚的。回来吧。"

刘金鼎对着手机很委屈地说:"薛书记,大老板,我冤枉啊。我分管工商业,跟老白纯粹是工作关系……那好,那好吧,我听薛书记的。"

刘金鼎话虽这样说,可他还是有些迟疑。他还在等,他是等一个人。可是,这个人却迟迟不来……

赫连东山又看了一下表,当机立断说:"刘市长,我提醒你,武警就在村外,整个村子都被围住了。我想,你不至于想把事儿闹大吧?"

刘金鼎接了市委书记的电话后,心里稍稍抱有一丝侥幸。他想,如果仅只是白守信的事,也许还有挽回的可能。可他知道,他走不了了。在万般无奈的情况下,他说:"既如此,我跟你们走。"

这时,马河顺倒慌神了,他说:"不能走。那那……项目呢?那项目……黄了?"

刘金鼎仍是面不改色,说:"老马,项目黄不了。放心,我会回来的。"

临上警车前,一个女人突然从远处跑来,递给刘金鼎一兜子现摘的苹果。她说:"好人哪,茶也没顾上喝,路上解个渴吧。"这女人也不过是中午接待刘金鼎时,因为有几分姿色,被村长马河顺挑出来端盘子的。她来来回回地端菜上桌,刘金鼎酒喝得稍多一点的时候,忍不住捏了捏她的脸蛋,说:"多秀气,苹果样儿。"她就一下子激动了,记住了他的"好"。

终于,两辆警车押着刘金鼎在村人的注目下,缓缓地开出了村子。车一出村,赫连东山立即命令道:"加速,快开!"因为他知道,村头的武警,也只来了一个班。要是村里人真的闹起来,他没有把握能带走刘金鼎。现在已不是过去了,在这里,所谓的"人民群众"已是个概数。高粱地也已不是过去的高粱地,玉米田也不是过去的玉米田,青纱帐也不再是过去的"青纱帐"了。

果然,刘金鼎被带走不到十分钟,谢之长终于赶到了。谢之长是坐着一辆奥迪车赶来的。按原计划,他的车在二十里外的高速路口上整整等了四个小时,却一直不见人。他急了,就赶过来了。名义上,他也是接了马河顺的电话,赶来吃"四稀罕"的。但是,两人之间是有过暗语的。他是临时改变计划,来接刘金鼎的。

(下午两点四十七分,刘金鼎喝高了的时候,让马河顺打了三个电话。一个打给了唐明生,一个打给了姜保国,一个打给了谢之长,说是让他们赶来靠山坳吃"四稀罕"。这三个电话,虽然是酒醉时打的,但也话里有话……三个电话,只有姜保国关机了,没有接。)

谢之长走进院子时,见村委会静悄悄的,就马河顺一个人在院子里的一棵树下蹲着。谢之长大喊一声:"人呢?都上哪儿去了?"

马河顺站起身来,问:"你找谁?"

谢之长说:"你就是马河顺?"

马河顺说:"哦,我是。"

谢之长说:"吃啥鳖孙'四稀罕'。人呢?刘市长呢?"

马河顺没好气地说:"刚走。"

谢之长说:"上哪儿去了?不是说……"

马河顺说:"吃屁吧,还吃'四稀罕'呢。武警黑压压的,把村子都围了,人也叫警察带走了。"

谢之长吃了一惊,说:"谁?刘市长叫人带走了?不会吧。"

马河顺说:"这回亏大了!省里都来人了!"

谢之长听了,"噢噢"两声,扭头就走。

马河顺说:"哎,哎,别走。你谁呀?"

天黑下来的时候,王马虎也带着村里(好不容易凑齐的)百十号人匆匆赶来了……一进村,他就嚷嚷着说:"人呢?项目呢?"

马河顺说:"你跑哪儿了?晚球了!"

其实,刘金鼎早已计算好逃离时间了。藏了一个月零四天,他觉得风头已经过去了,现在可以走了。在谢之长夹着的皮包里,就装有从武汉飞往广州的飞机票。他原打算,当天中午跟王马虎吃了这顿"四稀罕"后,由谢之长的车从坡头镇上高速公路直接送他去武汉。尔后,从武汉飞广州,再从广州用早已办好的假护照出境。

可是,他打错了一个电话。

第七章 平原客

突然之间,李德林的"气"泄了。他的眼角下布满了细碎的皱纹,就像是落满灰尘又揉皱了的破抹布。也就是在一瞬之间,他的苍老是不可想象的。他的"神"已经散了。他坐在那里,确切地说,很像是一堆灰。这堆灰就剩下架子了,架子还在,他撑着呢。

一

李德林是案发三个月后被"请"进红楼的。

他是以"谈话"的名义被请进来的。一个"请"字，就足以说明，对李德林这样的副省级干部、国家级小麦专家来说，已经是十二分地客气了。

这时候，徐亚男的尸体已经找到了。尸体是在东峡的一个水库里捞上来的。尸体是装在一个麻袋里，绑上石头沉到水库里去的，捞上来的时候已严重变形。东峡水库最深处达二十四米，为打捞这具尸体，一共请了本地水性好的十二个专业人员，打捞三天，一共花费了一万六千元。

李德林被"请"进红楼的时候，直接或间接牵连进这个案件的嫌犯大多已归案。此时此刻，"一号专案"的案卷堆起来有一人多高了，但此案的主使人，却仍未彻底查清。不过，就目前掌握的情况来看，所有的间接证据都指向了李德林。

正是姜保国的交代，把整个证据链完整地连在了一起。但是，有两个环节，至今没有得到最后的确认。一个是刘金鼎。刘金鼎的交代有过多次反复，最初他交代说，这是老师的"意思"，他自己仅仅是个"传话人"，可后来他就不这样说了，他改口了。另一个是姜保国，姜保国最初是死不开口，一直等到所有的证据都把他锁死的时候，他才竹筒倒豆子，一下子交代出了刘金鼎。他交代说，与他直接联系的只有刘金鼎一人，他虽然与李德林一起吃过几次饭，但李德林在他面前一直是"端"着的，从没跟他直接谈过这件事。再加上杀人的费用（三十万）是白守信任总经理的花世界大酒店出的，但白守信只签了字，却并不清楚此款的用途。按姜保国的说法，这一切都是李德林指使的。可是，中间隔着一个刘金鼎，没有直接的证据。能直接证明李德林参与此案的，只有两个字："成功"。"成功"二字，是刘金鼎在案发时用手机发给他的，那时他还在北京。

姜保国不开口时，死不开口，一旦开了口就交代出了一桩惊人的秘密。他交代说，其实他最想杀的人是薛之恒（因为在姜保国家里搜出了他私藏的雷管、炸药。所以他说，他最想炸死的就是这个人）。他说，这个人太坏了，太欺负人了。他在黄淮市公安局当了十二年副局长，八年的常务，早就是正处了。老万调省厅时，本该提他的，轮也轮到他了。可就是这个姓薛的，为了安插自己的亲信，不但不提拔他，还把他调到了司法局。他从一个大局调到了一个不足百人的小局，还是副局长，这不是活欺磨人么？！

还有，在市委招待所的一个包间里，姜保国好不容易有了一个接近市委书记的机会，就热巴巴地主动跑过去敬酒。可薛之恒居然一点面子也不给，敬酒不喝不说，还当着众人质问道："你谁呀？还有点规矩没有？"姜保国说："报告，我市公安局姜保国。"薛之恒看了他一眼，说："市局的？"姜保国说："市局的。"薛之恒喝道："立正，向后转——出去。"这时，姜保国下不来台了，他双手高举酒杯，"扑咚"一声跪下了。他硬生生地跪在那里，把酒杯举过头顶，希望薛之恒能给他这个面子，可这个薛之恒居然扭过头，继续跟人谈笑风生，看都不看他……如果包间里只有薛之恒一个人，领导嘛，不给面子也就罢了，就是骂他一顿，也无所谓，可当着省、市上上下下那么多领导，这……这不等于当众羞辱他么？！

其实薛之恒这人平时并不这样，对下级他一向是很平和的。可那一天不一样，那一天是省委组织部专程来市里考察干部，情况比较特殊，再加上薛之恒那天晚上也多喝了几杯，话头正说到紧要处，突然闯进来这么一个人，带着一身酒气，不看眉眼高低，进来就给他敬酒，薛之恒自然是十分恼火。可市委书记薛之恒无论如何也想象不到，一杯酒的事，居然会给他带来杀身之祸！

　　人都是要脸的。这件事成了姜保国一生的奇耻大辱！男儿膝下有黄金，他怎么会当众给人下跪呢？第二天早上，酒醒后，他坐在床边上，流了两眼泪，一连扇了自己几个耳光，心说：真他妈贱哪！

　　事后，这份耻辱一直钉在姜保国的心上。他觉得他从此后在黄淮市没什么前途了，也就破罐破摔吧。心上有恨的人，那"恨"就成了他的滋养源，那杯酒只是一个触发点。一个多年来勤勤恳恳、一直要求"进步"的人，受到了如此的羞辱（他是这样认为的），整日气嘟嘟地，突然间就变成了装满了毒液的火药桶。这一切都是在时光里慢慢完成的。一个心里没有了光亮的人，就只剩下黑暗了。这就像是泡豆芽的不点灯，就那么瞎摸着泡，泡着泡着，心里生出了毒芽儿，那毒汁就慢慢溅出来了。姜保国此后的特点是目光发硬，看人的时候眼里有阴霾，终日闷闷的，话也少了。

　　最初姜保国想调离黄淮市，换一个地方活人。他很想调到省里去，可做过一些努力后，他失望了。失望之后，他的满腔仇恨一时又无处发泄，于是就很想找机会报复。一个偶然的机会，他得知下边矿山派出所放有收缴的雷管、炸药。就以去水库炸鱼为名，让矿山派出所所长给他弄了一些（一公斤炸药，四个雷管）。他的潜意识里，是想找机会炸个龟孙！

　　姜保国毕竟是分管过刑侦的，他知道其中的利害。这件事他只告诉了一个人，此人就是他的表弟黄丙炎。黄丙炎犯事后多次得到他的关照，先后减过两次刑。况且此人出狱后行事低调，从不在公开场合找他，也算是他培养的死士。两人私下喝酒时，他曾吩咐黄丙炎跟踪过薛之恒几次，也曾以收破烂的名义去过市委家属院悄悄侦察过。黄丙炎发现市委家属院门禁很严，到处都是摄像头。况且薛之恒乘坐的是奥迪A6，出门后速度很快，黄丙炎开的那辆面包车跟过几次，根本追不上……此事也就暂时搁置下来了。

再后来他有幸进入梅陵会所，结识了常务副市长刘金鼎。通过刘副市长，成了"吃饭会"的一员。吃了那么几次后，他心态有了变化，就觉得又有了升迁的希望，那件事也就不再提了。可后来他还是动用了黄丙炎。

一切都源于那顿饭。在梅陵会所，姜保国与唐明生唐县长叫板后，刘金鼎把他单独留下了。两人又喝了一瓶酒，喝得酣畅淋漓。酒后两人称兄道弟，相见恨晚，说了很多体己话。

此后，姜保国又专门找机会约刘金鼎喝了一场酒。两人饭后在洗浴中心泡了个澡，在包间里找小姑娘给"按了按"，这也算是共同嫖过娼了……等包间里只剩两个人的时候，姜保国说："刘市长，好兄弟，我想动动。这心里太窝屈了，我都窝憋死了，你能帮我动动么？"

刘金鼎说："哥，我这儿没问题。看你是想往哪儿挪动。掏心窝子说，要是市里，我说了不算。你得找薛之恒，他说了算。"

姜保国说："兄弟，不瞒你，薛之恒那儿不过。那王八蛋我是得罪死了。你等着，这笔账，我早晚是要算！你看能不能往省里动动？外地也行啊。我实在是不想在薛之恒手下混了。"

刘金鼎说："往上走，像你这个级别的，得老爷子说话。我让你参加这个'吃饭会'，就有这个意思。"

姜保国说："兄弟呀，兄弟，我跟省长不熟，也就吃过几次饭，张不开嘴呀。你是他的学生，帮我说说呗，拜托了，拜托拜托，没齿不忘！"

刘金鼎说："我可以说，这没问题。刚好，'一号'这边也有点事，你能不能帮着做了？"

姜保国一拍胸口说："你说，我姜某人赴汤蹈火，在所不辞！"

话说到这一步，刘金鼎的声音低下来了。他说："哥哥，这个事不能盲目。你也知道，'一号'早晚是要往上走的，是要进北京、进国务院的……

咱千万不能给他找麻烦。"

姜保国说："我懂，这个我懂。"

刘金鼎说："这事儿，说来也不大。一个过去的保姆，讹上老爷子了……你说说，'一号'早晚是要进中央的。她能进京当夫人么？笑话。太丢人了！"

姜保国手一挥，说："一个保姆，也太张狂了，做了，把她做了。"

刘金鼎乜斜着眼说："慎重，还是要慎重。"

带着几分酒气，姜保国说："做了，做了干净。这事交给我，我手下有人能做。"

刘金鼎说："不管怎么做，还是要慎重。我看，让她'离开'就行。"

姜保国说："离……离开？"

刘金鼎说："就是那个意思。"

姜保国望着他，说："怎么个'离开'？"

刘金鼎仍很含糊地说："离开，就是消失。钱的事，你不用操心，给个卡号就是了。"

话说到这一步，已到顶了。姜保国很殷勤地递过一个牙签，刘金鼎接过牙签，含在嘴里。两人就那么相互看着。姜保国说："这个事吧，可大可小，你说是不？"

刘金鼎嘴里含着牙签，很含糊地说："你的事，'一号'会管的，放心。"

后来，两人又一起吃过两次"饭"，那话说得就更投机一些。可两人被抓后，各自的交代材料却有很大出入，还曾一次次地翻供。最先，刘金鼎为了洗清自己，只承认他是"传话人"，别的一概不知。但这中间他曾多次反复，一会儿说李德林给他打过电话，要取消"行动"；一会儿又说是李德林并不知道这件事，完全是姜保国一人所为……其实，刘金鼎一直是想保李德林的。他觉得保住了老师，也就保住了他最后的一丝希望。但是，在如何让徐亚男"离开"的问题上,他与姜保国的交代出现了矛盾。最终,两个人相互"咬"起来了。

就此来看,李德林已脱不了干系了。

二

进了红楼后,仅仅一个晚上,李德林的头发全白了。

当然,他虽然是被"请"进来的,受到了特殊对待,并没有让他当场换衣服。可是,面对着四堵包着橡皮的墙,他还是很不适应。他就那么坐了一夜,坐着坐着,头上像是开了花一样,全白了。

第二天,在讯问室里,当他再次见到赫连东山的时候,他身上的那股傲气还在。是啊,他毕竟是留过学的博士,当过很多年的副省长,身上有一种东西还撑着他呢。没等讯问者开口,他说:"有烟么?让我吸一支。"

赫连东山掏出烟来,刚要递过去,却又听李德林拒绝说:"对不起,我只吸'中华'。"接着,他解释说,"我声明一下,这不是奢侈。这是我在美国读博时养成的习惯,因为那里能买到的中国烟——只有'中华'。"

赫连东山把烟收回去,迟疑了一下,对站在一旁的民警说:"去,给他买一包。"

烟买回来后,李德林点上,连吸了两支……尔后,他抬起头来,仍用上级的口吻对赫连东山说:"你知道什么是'种子'么?种子是植物的器官。一粒种子的成长是需要过程的,是长期进化的结果,也是植物有性繁殖的最高形式。这是美学的范畴了。这些,可以说,你根本不懂……"

赫连东山"吞儿"声笑了,说:"老李……"

李德林没等他问下去,仍旧很骄傲地说:"我告诉你,我手里有世界粮农组织的六个大项目。这些个农业科研项目,每个项目都价值好几个亿。你让我坐在这里，是不是想让这些项目都黄了？"

接下来，李德林滔滔不绝地说："你知道这会给国家造成多大的损失么？你知道联合国会怎样看待这个事情么？我是他们的代表，联合国粮农组织的代表。你们这样搞，联合国会发照会的，你明白么？！……"

赫连东山再一次打断说："老李呀，你听我说，你还是中国人吧？"

李德林抚弄了一下头发，手轻微地往下按了按，说："不，你听我说完。无论你让我交代什么，都没有问题。我都会如实交代。但我有一个要求，或者说是请求，请再给我半年的时间，六个月，我只要六个月，让我把'黄淮一号'培育出来。"这时，他的声音低下来了，喃喃地说，"这是我一生的心血，我一定要把它培育出来。"

赫连东山默默地望着他，心里五味杂陈，一时竟不知该说什么好了。这个人，这个人哪……可惜了。

李德林却依然很傲慢地说："我知道，你，你们所有的人，都做不了这个主，那就赶快去请示吧。马上请示省委，甚至请示中央……我相信，他们会给我这个时间的。"

赫连东山摇摇头，有点吃惊地望着他，好半天才说："你说的是，种子？"

李德林说："对呀，我是搞生物工程的，也可以说是育种的。"

赫连东山说："都到这个时候了，你还有心给我谈种子？"

李德林昂然说："种子可是一门大学问，这叫《种子学》。"

赫连东山说："噢，那就是说，离了你，中国就育不出好种子了？"

李德林说："话不是这样说，我育种育了近三十年了，我期望能培育出一种好的种子来，就是这些年我一直在做的'黄淮一号'。我差一步就成功了。你知道什么是'黄淮一号'么？就是双穗小麦。一棵麦头上可以结两个麦穗。如果成功的话，不客气地说，这将会是人类的奇迹。有了双穗小麦，亩产在现有的基础上会再翻一番。我们这么大的国家，就再也不会饿死人了。"

接着，李德林抬头乜了他一眼，又说："上面画了一条一百亿的红线，这你知道吧？那就是保粮食的。像你这样的年龄，我相信你也是挨过饿的。那滋味不好受，是吧？早年，那时候，饿是饿，社会是干净的。坦白地说，现在，我们都不干净了。也不是我一个人，对吧？……所以，我恳请你，赶快请示去吧。我只要六个月。"

赫连东山沉默了。李德林的话，的确有打动他的地方。是啊，对五〇后来说，早年，社会是干净的。上边是怎么回事，他们并不清楚。至少，正像李德林说的那样，那时候，底层社会是干净的。可现在呢？……但是，作为一个刑警，一个专案的负责人，就因为他是专家，有可能培育出名为"黄淮一号"的双穗小麦，就能成为法外开恩的依据么？笑话。

赫连东山不再给他留情面了。他厉声喝道："老李，醒醒吧！你要看清楚，这是什么地方！"

在讯问李德林之前，赫连东山是经过精心准备的。他什么都考虑到了，就是没想到李德林会提出这样的要求。

往下，赫连东山正色说："老李，我实话告诉你，你说的可能性，也不是没有。如果是在特殊年代（比如大饥荒时期），经过最高方面的特别批准（也就是特赦），很有可能对你法外开恩。就像你说的那样，让你去研究你的双穗小麦，但也必须是你认罪伏法之后，经过一定的法律程序，才会让你戴罪立功。现在，你还没有认罪伏法。我劝你，还是打消这个念头吧。"

突然之间，李德林的"气"泄了。他的眼角下布满了细碎的皱纹，就像是落满灰尘又揉皱了的破抹布。也就是在一瞬之间，他的苍老是不可想象的。他的"神"已经散了。他坐在那里，确切地说，很像是一堆灰。这堆灰就剩下架子了，架子还在，他撑着呢。

到了这时，赫连东山竟然有一点点儿心疼他。他缓下语气，说："老李呀，你是专家，又是高级干部。这样，咱们谈谈心如何？"

李德林愣愣地坐在那里，突然抬起头，说："噢，噢噢。"

赫连东山说："你还记得么？上中学的时候，有一篇课文叫《梁生宝买稻种》。这篇课文……"

李德林说："记得，当然记得。我记得这篇课文摘自柳青的长篇小说《创业史》。是啊，那时候，真穷啊。他出门住不起旅馆，只喝二分钱一碗的茶水……"

赫连东山说："老李，你说，像梁生宝这样的人，真有么？"

李德林说："我说过，那时候，社会是干净的，真有，当然有。现在嘛……"说着，他摇了摇头。尔后，他低下头去，喃喃地说，"现在，我们都不干净了。"

赫连东山说："老李，我知道，你是研究种子的专家，你是为国家做过贡献的。你家三代农民，出了你这么一个留美的博士，不容易呀。咱聊天哪，有句话我问问你，国家有对不起你的地方么？"

李德林怔了一下，抬起头，就那么望着他，一时不知该怎么说了。

赫连东山说："从小学、初中、到高中，你学习成绩好是事实，可你上学都是免费的。当年，就凭着村里开的一纸证明，你的学费全免。这是事实吧？你上大学，拿的又是全额助学金，这也是事实吧？去美国留学，你是公派。你知道你花了多少钱么？三年时间，你读生物学博士，学费另算。生活费每月一千一，你实拿九百七，还是美元。不算飞机票，一年折合人民币至少十万左右（那时候的十万可不是小数目）。你算算，你一共花了国家多少钱？！当然，那时候你很节俭，也曾勤工俭学，这也是事实。"

李德林听他这么说，一下子像是陷入了回忆之中，他喃喃地说："我想抽支烟。"

赫连东山说："咱说说现在，你是副省级干部，工资就不说了，就说待遇，你一人一辆专车。现在是'奥迪'，六十万左右。你先后换过三次车，最早一辆是日本的'蓝鸟'，再后一辆是德国的'大众'。每辆车每年的保险维修费至少六万左右,一个专车司机,月工资加出差补助至少四千左右,一年也是五六万。你一人一个司机、一个专职秘书,把你的生活及各个方面也都全管了。但凡出门去,无论走到任何地方,都高接远迎的,另外还有其他各种待遇,住房、医疗……老李呀,有一点我想不明白,可以说是百思不得其解,你都到这一步了,何必去杀人呢?"

李德林愣了很长时间,突然醒过神来,喃喃地说:"我没有杀人,没有杀人,没有,没有……"接着,他低下头去,喃喃地自语说:"麦子黄的时候是没有声音的,头发白的时候也没有……我怎么就信了呢?"

这时候,讯问室里的灯突然亮了,各种强光一下子打在了李德林的身上。李德林眼眯着,额头上出现了一层细细的汗珠,那汗珠就像是突然聚集起来的小虫儿一样,慢慢地蠕动着,顺着皱纹形成了一条条弯弯曲曲的溪流。他的手有些痉挛地伸出来,说:"请,让我再吸支烟。"

大约有十分钟的时间,李德林一直孤零零地在灯光里坐着。在强光的照射下,他下意识地往下缩了缩,像是冻住了一样……烟吸完了,烟灰无声地落在地上。

过了一会儿,灯光又暗下来了。在李德林对面的墙上,无声地滑下一块白色的幕布。幕布亮了,幕布上先是出现了一辆车,是辆白色的金杯面包车。这辆车在旋转中慢慢放大,尔后定格于'陕A7563'的牌照上。接着,是一帧帧放大了的图片:这辆金杯面包车出现在'农科大'校园里;出现在'农科大'图书馆门前;徐亚男临上车前的扭头一瞥,很警觉的、讶然的一瞥;这辆金杯面包车经过省城高速公路收费站,车牌'陕A7563'的正面特写;金杯面包车开出东峡收费站,车牌'陕A7563'的侧面特写;尔后,当这辆面包车出现在老爷岭柞木林时,已经完全烧毁了,面目全非,牌照特写上是一块凸现字母的黑铁皮……

接着,幕布上出现的是碧波荡漾的水库,水库的帧片在旋转中慢慢放大;接着是一帧帧麻袋的特写:麻袋湿漉漉的,从水面上吊出来;麻袋落放在了地面上，里面是一具死尸，一具血肉模糊的尸体；接着是一张盖有检测机构印章的"DNA"凭证，幕布上盖有红色大印的证明特写慢慢地聚焦、放大……在一连串的英文字母和数据的后边，最后推出的是三个大字：——"徐亚男"。

再接着，灯光又一次暗下来，幕布上出现了一帧帧受审者的照片。第一张是杀手黄丙炎的照片，他正在审讯室交代问题，只是没有声音；第二张是杀手帮凶洪小禾受审时的照片；第三张是证人周申接受讯问时的照片；第四张是姜保国受审时的照片，他正在交代问题，没有声音；第五张是刘金鼎受审时的照片，这张照片变换了许多角度，仍然是没有声音……

往下，幕布上出现了炸弹一样的、十分醒目的、一连串的电话号码，每一组电话号码后边推出的都是两个字："成功"。"成功"二字在电话号码后边连续出现了四次。当最后一个巨大的"成功"出现在幕布上时，上面特别标明的接收地点是：北京。

这个接收地为北京的手机号码是：15×××××××××，它在幕布上以推向近镜的方式，无限放大，以至于占满了整个屏幕！

当挂在墙上的幕布再次亮了的时候，先是一片空白，尔后有了哭声，嘤嘤的哭声。接着，一个孩子的影像出现在屏幕上。这个孩子四岁多一点，正在哭着叫："妈妈，妈妈……"屏幕定格时，幕布上只剩下了一双眼睛，孩子的眼睛。孩子的两只眼睛直直地望着一个地方，泪水顺着面颊流下来，眼里充满了忧郁和恐惧的神情。

这时候，李德林忽地站了起来，突兀地脱下了自己的裤子、上衣，赤裸裸地站在那里，大声喊道："你们看看，她打我，咬我，抓我，我满身都是伤……"

也就在这时候，只听"轰"的一声，赫连东山眼前一黑，出现了一片烟雾，他发现，陡然间，李德林居然随着烟雾消失了。他站起身来，揉了揉眼，突然大叫道："人哪？"

是的,"那个人"突然消失了。那个一直让他们敬畏的人,那个穿西装、打领带、时常坐在电视前侃侃而谈、给他们做指示、讲话的人,那个享受国务院特殊津贴的专家,一下子消失了。

此时此刻,讯问室里一片寂静。

其实,他并没有消失。脱光了衣服的李德林就在水泥地上蹲着,他是羞得无地自容了。他知道,他已无处可藏。他赤裸裸地蹲在地上,就像是一堆熄灭了火焰的灰。

赫连东山是太累了。他在案子里泡得太久了,他也晕倒在地上了。

三

"一号专案"终于结案了。

五个多月,将近半年的时间,一班人没日没夜地泡在案子里,一个个都压力非常大,连喘口气的时间都没有。现在,案子结了,按理说,应该给大家庆功。专案组都是临时抽调的人,厅里至少要请大家吃个饭吧。本来,这是早就说好的,省公安厅主管这个案子的常务副厅长老万要亲自参加。他曾专门给赫连东山打电话说,不仅是要给各位庆功,他还要拉上乔省长一块,一个个给大家敬酒,代表省厅向专案组的全体同志表示感谢。

可是,事情突然起了变化。答应当晚来参加庆功宴的常务副厅长万海法突然因事来不了了。他让秘书打电话说,他在外地,怕是赶不回来了。他又亲自在信息栏里连发两个:"抱歉。"赫连东山是专案组的负责人,接了电话后很不高兴,可他不能扫大家的兴,他说:"头儿不来就不来吧,饭还是要吃的。我请客,咱们自己吃!"

然而,让赫连东山万万想不到的是,突然改口,不参加庆功宴的万副厅长并没有去外地。此时此刻,他就在乔副省长(兼公安厅长)的办公室里坐着。而且,万副厅长还对这位顶头上司拍了桌子,他气冲冲地说:"这,这不是卸磨杀驴么。这以后谁还……咋能这样呢?我不信。你打死我我也不信!"

乔副省长看着桌上那张"双规令",说:"老万,这不是信不信的问题,这是组织决定。我也不相信老赫同志有问题,可既然有人举报,上边也批了,查还是要查的。"

老万愤愤不平地说:"诬陷,这是诬陷!"

乔副省长说:"那就更要查清楚了。查清楚了,才可以还赫连东山同志以清白。去吧,你亲自去。"

老万说:"我不去,我张不开这个嘴……这叫什么事?!"

乔副省长想了想,说:"也好。"

于是,四个小时后,刚刚喝了"庆功酒"的赫连东山被"双规"了。赫连东山刚出了"红楼",就被蒙上眼睛带到另一个"双规"基地去了。可还有让赫连东山更想象不到的事情,前来向他宣布"双规令"的,居然是他昔日带过的徒弟邢志彬。七年不见,邢志彬现在已经是省纪委副处级纪检员了。邢志彬在他面前展开那张盖有大红印章的"双规令"时,说:"老领导,没想到吧,你也有今天?"

邢志彬并不完全算是一个心胸狭窄的人。但他不会忘记,七年前,他父母为了他的前程跪在赫连东山面前的情景……那情景历历在目。当时,邢志彬的父母双双跪在赫连东山的面前,苦苦地求他救救儿子。可赫连东山只说了三个字:"起来吧。"他怎么会忘记呢?是啊,任何一个人,都不会忘记。

当他看到邢志彬的时候,赫连东山的确是非常吃惊。从邢志彬说话的口吻和眼神里,赫连东山发现这个当年他拼命保护的人,对他有误解。赫连东山什么也没有说,他无话可说。

邢志彬不愧是赫连东山带过的徒弟,当年他先是被贬到了郊区的派出所，后又通过亲戚关系借调到市纪委帮忙。就是在市纪委帮忙期间，他连续攻克了几个上边交办的大案，于是就正式调到省纪委来了。由于赫连东山的案子是上边批的，算是重点案件，于是就把邢志彬抽过来，专门负责这个案子。

这个名为"赫连东山受贿案"的案件只审了四天。前三天，作为主审人的邢志彬一直默默地看着这位昔日的老师，从各个不同的角度去打量他。有时候，他就站在赫连东山的身后。赫连东山知道他身后有这么一双眼睛盯着他……这一神情他甚至是有意模仿赫连东山的审讯风格。在三天时间里，他一直在观察，赫连东山也一直不开口。

"双规"后，邢志彬命人给赫连东山送去了一叠白纸。可三天过去了，桌上仍然是一叠白纸，他一个字都没有交代……到了第四天，当人们把他带到讯问室后，邢志彬问："想好了么？"赫连东山回答说："想好了。"可就在这时，他刚要张嘴说话，突然一口热血从嘴里喷出来！这时候邢志彬又说了一句话："去，看看他是不是装的？"于是，第二口鲜血又喷了出来……紧接着，他一头栽倒在地上，昏迷不醒了。

众人赶忙把他送到医院抢救，经过一连串的检查，发现他患了脑溢血。于是紧急抢救了三天，他才慢慢地醒过来。当省公安厅常务副厅长、同时又是省纪委常委的万海法急匆匆地赶来时，赫连东山刚刚睁开眼睛……这时候，万海法握着他的手，两人四目相对，什么话都没有说。

其实，赫连东山突发脑溢血，有两方面的原因。一是"一号专案"他投入太多，连续跟进五个多月，过于疲劳；但最重要的一点，是他实在受不了邢志彬的眼神。邢志彬眼神儿里有太多的"白蚁"，泛着光点的"白蚁"。那些"白蚁"里藏有多重含意，有居高临下的幸灾乐祸，有对昔日往事陈旧性的冤怼，还有一种猫捉老鼠一般的、不动声色的恨。那眼神儿就像是一口"井"，用白蚁和辣椒、用时间和钉子搅拌出来的"井"。他带出来的徒弟，竟然把他当作了敌人。还能说什么呢？对于赫连东山来说，这种眼神有巨大的杀伤力，他最伤的是赫连东山的尊严！是啊，一个老预审的尊严太重要了，他实在是无法忍受。

（后来，当赫连东山走出"双规"室的时候，他把"邢志彬眼神"列为不与交往的主要特征。此后，凡有"邢志彬眼神"的人，一概不与交往。当然，有时候，一个人的时候，他也会想，邢志彬是受了谁的影响呢？）

赫连东山突然被"双规"，主要是因为两条"罪状"。一条是"受贿"。据检举人揭发，赫连东山的儿子大学刚毕业，就在北京三环内的黄金地段买了两套房子。这两套房子，当时是以一百二十万的低价购买的（据检举材料交代，买房时打了五折，等于白送），如果按现在的价格来算，至少价值一千二百万以上！以赫连东山的经济情况来看，属于严重不符。就按当年的情况来看，一百二十万也不是个小数目，他哪里弄来这么多钱？若按现在市价来算，如果受贿事实成立，他至少受贿千万以上！这就是大案了。赫连东山的另一条罪是"强奸罪"（除了强奸罪，同时还附加了一条"男女关系问题"。有人举报说，曾亲眼看见赫连东山的一个女弟子坐在他的腿上）。据检举材料揭发：赫连东山在办案的过程中，曾经利用职权强奸过一个犯罪嫌疑人的妻子。这两罪（再附带一男女关系问题，算是强奸罪的佐证，说明他一贯作风不好）无论哪一条成立，都应该是重罪。

万副厅长在看望过赫连东山之后，心情非常沉重。他破例给"赫案"的经办人打了一个电话，他在电话里说："邢志彬同志么，请你到我的办公室来一趟。"说完，没等回话，他就把电话放下了。

当邢志彬赶到万副厅长办公室的时候，已是傍晚了。办公室的门大开着，就见万厅一脸铁青，在那张皮沙发上坐着。邢志彬进门喊了声"报告"，万厅看了他一眼，说："坐吧，坐。"

邢志彬在旁边的沙发上浅浅地坐下，尔后，从衣兜里掏出一个小本和笔，拿在手里，说："万厅，请指示。"

万海法说："按照规定，不是分管领导，不该插手任何案件。我今天破了个例。我先说明一点，把你找来，并不是要你徇私枉法，是有些话想跟你谈谈。我下边的话，你可以记录在案。"

邢志彬的身子坐得更直了些，说："您说。"

万海法问："赫连东山交代了么？"

邢志彬看了他一眼，说："还，没有。他，很顽固……"

万海法说："把你找来，就是要告诉你，一定要彻查这个案子，一定要把案子查个水落石出。如果赫连东山确有问题，按规定该怎么办就怎么办。如果是有人诬陷，也请你一定要查清楚，还赫连东山一个清白。"

邢志彬问："就这些么？"

万海法点点头说："就这些。"

接着，万海法瞄了他一眼，说："把你那小本本儿收起来吧。"

邢志彬怔了一下，慢慢地、有些不情愿地把小本和笔都装进了衣兜。

这时，万海法说："你知道我为什么破例把你找来么？"

邢志彬摇了摇头。

万海法说："你恨我么？"

邢志彬一下子愣了，他不知道万厅长这话是什么意思。

万海法摆摆手，意思是不用回答。他接着说："八年前的一个晚上，有一个人，在深夜时分敲响了黄淮市公安局局长的家门，他是来为一个青年干警说情的。他说：'万局，这是诬陷，是一个阴谋。'我坦白地告诉你，当时由于上边的压力太大，我已经顶不住了。不客气地说，你的处理决定已经打好，就放在我的办公桌上。他告诉我说，'你必须顶住，你不能毁了一个年轻人的前程……'我现在告诉你，这个深夜闯进我家的人，就是赫连东山。"

往下，办公室里沉默了，沉默了很久……

最后，万海法说："我再重复一次，我告诉你这些，不是让你徇私枉法，是要你实事求是，查清事实。"尔后，他摆摆手，说："去吧。"

邢志彬站起身来，给万厅行了个礼，默默地走出去了。

四

"一号专案"结案后，李德林被移送到了省看守所。

这里与"双规"基地不同，这里是真正的牢房。在"双规"基地他是一人一间，不与任何人交往。"双规"基地房间里没有窗户，这里有窗户，但很小，且在很高的地方。每天，当太阳照进来的时候，那斜进来的阳光就像是一面方方的裂成瓣状的小镜子。除了放风，他也只能在这里照一照"镜子"了。在这里，他是"0561"。

牢房里人不多，只有三个犯人，出门进门都要喊"报告"。他是"0561"，挨着他的是"0452"，还有"0376"。在这个牢房里，他也应该算是受到了关照。"0452"是个强奸犯，"0376"是个受贿犯，罪行都不重。他们两个穿的是"黄马甲"，意思是未决犯。他穿的是"红马甲"，现在是已决犯了。他知道，他们是专门调来监视他的，或者说这里边有陪绑的意味，是怕他出什么意外。所以，除了抽烟，他与他们没有话说。

进了看守所，坐在监房里，戴着脚镣手铐，李德林一直在思考着这样一个问题：他是怎么走到这一步的？从什么时候开始，他走到了这一步？

可面对墙壁，每当他闭上眼睛的时候，他的潜意识里就出现了无边的田野……他一直在对着田野喃喃自语。

他看见了一只大碗。蓝边、粗瓷，碗边有一豁口，一个舌头一次次从碗沿儿处扫过去，碗里有个月亮。他一次次用舌头捞月亮……蓝边碗吸溜儿得很干净，干净得就像洗过一样。风是带色的，有时是黄色，有时是黑色，有时是紫色。风也是有弧度的。风从天边划过时，有弧形的声音从天空中传过来，"娃子，你饿死鬼托生的？一大碗糊糊，那是两份，你跟你爹的。"尔后天空出现了一片火烧云，一瓦一瓦地红，一红就红到沙漠里去了。沙漠里出现了一块绿洲，又有一个声音："这里是以色列'饥不死农庄'，这里有世界上最先进的滴灌技术……先生，你喝咖啡还是红酒？"

他看见了一双筷子，长在田野里的筷子。筷子小跑着来到田边上，像猴子似的一蹿一蹿的，从树枝上跑下来，一掸两节，拍拍，吹吹，一长一短。一个声音说："你不就好吃面条么？这一瓦罐儿还不够你哧溜？"还有两个扎在筷子上的包皮馍，黑白两掺，白面少，黑面多。一双有裂口的、很粗糙的手在剥那白面的皮，皮儿一层一层剥下来，丢在碗里。一个声音说："填坑不要好土。你吃你的。"筷子上怎么有灯？灯是一排一排的，灯说：你一个中国人，看了半天，什么都不买？价目表上写着：$1.12，$1.26，$1.58，$2.56，$3.58……$5.99，一个声音说：妈的，多久没吃面条了？挑一个贵的吧。豁出去了，就挑一个贵的，尝一尝纽约最贵的方便面！在电炉上烧一壶开水，泡出来却是半碗黄油汤，腥儿瓜叽的。去他娘的美国方便面！白扔了5.99美元。

他看见了石磙，阳光跳在石磙上。一只黑牛，一只黄牛，一犋牲口套着阳光，在场上一滚一滚走。石磙亲着麦穗儿，把麦粒从麦穗儿里轧出来。黑牛的角扁长，黄牛的角断了一只，拐弯的时候，两只牛老是抵架。鞭儿在空中扬着，一哨儿一哨儿地响，却并未打在黑牛的身上。一个声音说："屙了，老黑屙了。捧住，赶紧的，捧……鳖儿，你的手呢？用手捧。庄稼一枝花，全靠粪当家。""当、当、当"下课铃响了，小学老师用教鞭指着黑板说："再念一遍：'鹅欧——欧，黄欧（牛）的欧（牛）！'"同学们齐声念道："鹅欧，欧，黄欧的欧！"

他看见了炊烟，一线一线的炊烟。午时，阳光晒出油的时候，炊烟在村庄上空袅袅升起，从东往西飘，一缕一缕慢散。大槐家蒸的是窝窝，红薯面玉米面两掺，黄甜。卫生家擀的面条，红薯叶面条，还滴了香油，用筷子蘸着滴的，起码三大滴！树山伯家炕的玉米面饼子，黄香。文秀家煮的红薯轱辘，还有红萝卜，红甜。麦仁家是黄面糊糊就芥疙瘩儿，一院子吸溜声。二球家来客了，吃的是豆腐宴，豆腐用油炸了，还有油汪汪的粉条白菜，一人一大碗，花卷子馍，扛着"造"！二球爹跳着脚说："造吧，可劲造，这日子不过了？！"二球娘拿着擀面杖追出来："谁家不来个客？吃着你的了？！"

他看见了一只野兔。野兔的两只耳朵天线一样竖着，"忽"地跳转身，穿过豆地，越过玉米田，在一个田埂上摔了个鹞子翻身，打了一滚儿，仍然在飞奔。一个声音说："截住！东边，往东边跑了。大槐，你的铳呢？"土尘飞起来了，一荡尘土飞上了天空。脱脱脱……一阵脚步声后，兔子不见了。只响"哎呀"一声，大槐说："我日他姐，这有'搬藏'洞！老天，都秋后了，这还有一'搬藏'洞。我日他姐呀，有麦呀！二斤小麦都不止呀。快挖吧！……"课堂上，教授说："李斯说，牵黄犬出东门，岂可得乎？这句话的意思哪位同学知道？……"

他看见了迎亲的队伍，是自行车队，两辆、两辆并排走。自行车上挂着红花，新人胸前也挂着红花，送亲的胸前挂的是红布条儿。鞭炮响起来的时候，自行车队进村了。有声音高喊着："一拜天地，二拜高堂……"尔后是满院的嘴，油汪汪的嘴，这是一村人的节日。一笼一笼的花卷子馍抬上来，还有一锅粉条油豆腐红烧肉，一个声音说："造吧，可劲儿造！今儿管够！"月亮升上来的时候，打一饱嗝儿，再撒一泡热尿，蹲在房檐下听房……一个声音说："下半夜了，一句也没听见。"一个声音说："我听见了哨儿响了，屋里有尿罐。"听着听着，月亮笑走了。突然，一个声音说："这就是日本人的人体宴！色味香俱全！"

他看见了瓜地。月光漫在瓜地里，亮着一股一股的青气。一圆一圆的西瓜是油黑色的。一个声音说：轻点，等老怪的呼噜声响起来的时候再往里爬。一个声音说：别等呼噜了，他那俩眼跟鳖灯样，咱熬不过他。你去东头，我在西头，等他狗日的撒尿时，搬一个就跑。他一人提着裤子，总不能两头追，追也追不上……瓜真甜哪！手甜，脸甜，眉毛也是甜的。接着鞭子就响了，鞭子说：打烂他的屁股！看他还来偷瓜。维尼教授精神抖擞地站在课堂上，伸出一只长毛的大手，指着他高声说：中国人，你有愿望么，你的愿望是什么？

他看见了麦垛……

不该呀，他不该丢了小麦。其实，李德林最喜欢一个人坐在麦地边上，点上一支烟，默默地坐着，倘或说这是在与小麦对话。那是一种心碰心的、无语的交流。是呀，坐在麦地边的田埂上，脱掉一只鞋（他喜欢穿布鞋），把鞋垫在屁股下，光出一只脚丫，用脚趾去蹭田埂上的热土，闻着小麦或青涩或甜熟的香气，就那么默默地坐着……这是他人生最惬意的时刻。

是的，他自小是在麦田边上长大的，是小麦给了他梦想。他是先有小麦，后有人生的。他能一步步走到了今天，也全都是"小麦"赐予的。如今他离开了小麦，也就什么都没有了。他仿佛听到了小麦的哭泣声，小麦是为他哭的。

他说："麦子黄的时候是没有声音的，头发白的时候也没有……我怎么就信了呢？"

"0376"问："老李，你念的啥经？"

五

这年冬天冷得早，刚过了十一月就下雪了，天降暴雪。

王小美去探望李德林的那一天，刚下过一场雪。雪下得很大，四处白茫茫的，很像是她的心境。

"一号专案"进入司法程序后，先后经过了初审、复审、再审，对其他犯人的判决意见高度一致，唯独对主犯李德林的判决格外慎重。在研究李德林的判决时，省高院审委会的定案意见却出现了分歧。一种意见是：死刑；另一种意见是：死缓。坚持判"死刑"的意见是：此案性质恶劣，社会影响巨大，不杀不足以平民愤。坚持判"死缓"的意见是：此人虽为主使，却仅有同案人的口供（且过有多次反复），他本人并未直接参与谋杀。况且此人是国际、国内都著名的农业科学家，他牵头研究的"黄淮一号"是国家重点项目，有可能为国家做出巨大贡献。建议判处死缓，以观后效。两种意见同时上报后，上边的批示下来了。共十一个字：此败类，不杀不足以平民愤。

终审判决下达后，省高院专门派人来到看守所，当面向李德林做了宣布。这位姓孙的副院长很客气地说："老李，给你通知一下，裁决下来了。"李德林眼巴巴地说："有变化么？"孙副院长摇摇头，说："没有。"李德林问："我的申诉材料不是递上去了么……"孙副院长淡淡地说："驳回了。维持原判，死刑。"尔后，他示意一位工作人员当面给他宣读了复核裁决书。李德林低下头去，沉默了很久，尔后抬起头来，说："我，我有个请求。"孙副院长说："你说。"李德林说："我想见一个人。"过去都在一个省里工作，孙副院长曾跟李德林接触过那么几次，还给他汇报过工作，印象一直不错。他迟疑了一下，说："如果是家属的话，我看可以。"李德林说："不是家属，是……梅陵农业局的一个工作人员。"孙副院长说："叫什么名字？"李德林说："姓王，王小美。"孙副院长说："女的？"李德林说："女的。"孙副院长咂了一下嘴，摇摇头说："不是家属，按规定，不合适吧？老李，孩子，不想见见孩子？"李德林迟疑了一下，闭眼想了一会儿，摇了摇头，说："这是我唯一的请求。"孙副院长沉默了很长时间，终于说："我看……可以见。这个，我做主了，见吧。"

王小美接到通知后，开初还有些犹豫。她的压力太大了。李德林被抓后，梅陵那边就有了各种各样的传言。俗话说，没有不透风的墙。慢慢，传言的矛头就对准了她。人们很一致地把她定位于"小三"，傍大官的"小三",把人家一家搞得家破人亡的"小三"。只要她一出门,就有人围着她指指点点的。还有一些当年追求过她的人,特别是她的前夫,曾当面往她身上吐唾沫,骂道:"破鞋!烂货!……"这些,她都忍了。不忍又有什么办法?

就在这时候,省高院的电话打过来了。说是临刑前,李德林想见她最后一面。在过去那些日子里,猜测终归是猜测,接了省高院的电话,那猜测一下子就坐实了,她就彻底地暴露在光天化日之下了。去不去呢?

到了这时候,去不去结果都一样。她想了一天一夜,最后还是去了。她对自己说:不要脸了。

雪天,漫天皆白。上路时,她用围巾把脸包得严严实实的,就露出一双眼睛。虽说不要脸了,她还是不想让人认出她来。

王小美是在看守所所长的办公室见到李德林的。见面时,李德林的脚镣已经被取下来了,手铐却还戴着,身上穿着印有"省看"二字的红色马甲。只是门外站着一排武警,如临大敌。所长看来也是一个通情达理的人,把她领进办公室,尔后说:"你们谈吧。"

两人就那么面对面地坐着,开始谁都没有说话,好像已无话可说。李德林一直盯着王小美的鼻尖,她的脸略显苍白,但鼻子依然很美,小巧挺拔,鼻尖尖上亮着一粒汗珠。他第一次见她就是这样,那汗珠亮晶晶的,把一个女人的韵味一下子映出来了。李德林非常熟悉这粒汗珠,她高兴的时候、她紧张的时候,这粒汗珠就亮了,它就那么一直亮着,从不滴下来。他就是醉在这粒汗珠里的。

李德林心里清楚,他不能怪这个女人。算起来,他跟她认识才四年多的时间。但自始至终,王小美没有向他提过任何要求。到了这个时候,她还能来看他,这就说明,这是个好女人。可是,他自己呢?在这个女人面前,他看到了自己的"小"。这不是现在才看到的,就在赫连东山审讯的那一天,在他的步步紧逼下,李德林一下子崩溃了。在他惊慌失措、急于辩白、匆忙脱下裤子的那一刻，他就看出了自己的"小"。是的，当他急于辩白，一下子脱光之后，就羞得无地自容了。他一下蹲在了地上，很想找个地缝儿钻进去。到了这时候，他终于明白，一旦脱去了副省长的外衣，他就是一个"黄土小儿"。

人生皆有定数。什么叫"一失足成千古恨"？现在，古人的话终于应验在他身上了。说实话，他从没想过要杀人。如果他知道他的未来就是一个杀人犯的话，他就犯不着远涉万里，去美国读博士了。杀人还用苦读么？但现在说什么都晚了。

是的，晚了。

李德林望着王小美，两人就那么默默地看了一会儿，李德林终于开口说："你，还好么？"

王小美说："还好。"

李德林说："下雪了，路上好走么？"

王小美说："还好。"

李德林说："地里的小麦，长势如何？"

王小美讶然地望着他，一瞬间像是明白了什么，说："先是旱，最近下了两场雪，还好。"

李德林说："对不起了，小美。我是判了死刑，要走的人了，本不该请你来的。一是怕污了你的名声；二是……可想来想去，有一件事情，还是想给你说一下。"

王小美说："你说。"

李德林朝外边看了一眼，快速地说："我有一个笔记本，蓝皮的，那是我多年研究双穗小麦的记录，也就是关于'黄淮一号'的全部试验记录。我记得是放在'梅庄'了。你知道，'梅庄'有我一个办公室，那个办公室只有你有钥匙……你把它取出来，记住了么？"

王小美默默地点了点头。

李德林说:"这个笔记本是我一生的心血,现在交给你了。如果,我是说如果,你愿意继续研究、培育的话,就把'黄淮一号'培育出来。我唯一的要求是,如果培育出来了,到时候告诉我一声。"

王小美再次点头,说:"我记住了。"

这时候,王小美眼里隐隐地有了泪花。她说:"我给你带了两条烟,还有一些水果。"

李德林说:"你知道,我只吸'中华'。"

王小美说:"就是'中华'。"

李德林吐了一口气,说:"也吸不了几支了。"尔后他说,"……回吧。"

王小美含着泪说:"还记得《老人与海》么?"

李德林说:"我已不配谈《老人与海》了。"

王小美说:"他……失败了。"

李德林说:"是呀,他失败了,可虽败犹荣,我呢,成了个罪人……"

王小美不知道该说什么。她说:"我只是读出了悲伤,真的是,让人……悲伤。"

尔后,她突兀地站起身来,说:"我走了。"

李德林说:"走吧。"说着,他也站起身来。

李德林站在那里,看着王小美走出所长办公室,走进院子,尔后一步步地向远处的大铁门走去。天晴了,夕阳下,雪是橘红色的,王小美的背影也是橘红色的。她披着橘红色的霞辉一扭一扭地走在院子里,地上留着一行白色的脚印,那样子很美。

尔后是警铃响了,急促的警铃声。这是放风的时间到了。

三天后,李德林被执行了死刑判决。

他是本省第一个药物注射死刑的犯人。所以,在一个大玻璃窗的后边,各地司法部门都派人来观摩，观摩的人很多……从某种意义上说，这也许算是他任职以来的最后一次优待了。

王小美自从取回了那个蓝皮日记本后，心里像是揣了个小兔似的，夜夜失眠。她又开始接着吃"安定"了，开始是两片，最多的时候，一次吃过六片，可她还是只能睡两三个小时。就是睡着的时候，她也会猛然醒来。因为，只要一拉灭灯，她床前就会有一个黑影出现；一拉开灯，那黑影就不见了；再关上灯，那黑影就再次出现……而且，还一次次地追问她：种出来了么？

在县城里，王小美尽量不出门。每次不得已出门时，她都要包上头和脸，再戴上一个大口罩。可她还是常常被人认出来，一旦被人认出来，她身上就会背上很多"眼球儿"。

这时候，谢之长专程回梅陵一趟，找到了王小美。他这次带来了很重的礼物。放下礼物，他说："王总，听说你专程去见了李省长，就冲这一点，我敬重你。"王小美不语。谢之长接着说："我还听说，你手里有一'本儿'，是李省长的日记本……"王小美仍然不语。谢之长说："这样吧，我在县郊给你租了二十亩地，盖了个房。王总，你到那儿去住吧。那里清静些，没人骚扰你。"最后，他拿出了一份合同。那合同是关于"黄淮一号"的，如果成功了，谢之长要一半的股份。

于是，王小美干脆辞了职，卖掉了城里的房子，住进了那所小别墅。她就在那二十亩地上，以"梅陵七号"为母本，开始试种"黄淮一号"。可是，一旦在乡下住下来，她发现困难很多……她其实很绝望。因为，她不知道自己到底能不能培育出"黄淮一号"。

可她知道，那个魂灵会一直伴随着她。有一天夜里，她做了一个梦，梦见"黄淮一号"结穗了，不是双穗，是十二个穗！一棵巨大的、树一样的麦穗，高高地、独独地柱立在田野里。可是，突然间就刮起了大风，风呼啸着刮来，刮得天昏地暗！一瞬间，把那些麦穗全卷走了……她醒来时，却听到了公鸡的叫声，是天亮了。

六

邢志彬再一次讯问赫连东山，已经是半月以后的事情了。

经过了一段时间的准备，邢志彬老练了很多。虽然万厅已找他谈过话了，但他的脸上仍然不带任何感情色彩，也从未对赫连东山有过任何的暗示或关切，他的眼神里依然有"白蚁"。只是，在讯问的语气上，他改了一个字，他把"你"改成了轻声的"您"。

赫连东山是坐在轮椅上接受询问的。他本打算一直不开口的，他觉得这是对他的污辱，也是对他个人尊严的挑战。他干了一辈子预审，他天生就是审讯犯人的，现在却成了被"审"的人，这是他无论如何不能接受的。但是，"中风"之后，当他被抢救过来时，躺在医院的病床上，铐着一只手，他想了很多很多……他知道，在有人实名举报的情况下，如果他一直不开口，就无法验证举报内容的真假。而且，没有了细节，这个案子就很有可能成为悬案。一旦成为悬案，顶多也就是个"事出有因、查无实据"。如果这样的话，他就像是个永远也洗不干净的床单，成了一个"脏人"了。

邢志彬说："老赫，您，身体好些了么？"

赫连东山"嗯"了一声。

邢志彬说："考虑得怎么样了？您是老预审，咱就不走程序了，打开窗户说亮话吧。我告诉您，您必须交代了。您若不交代，这个案子就结不了。第一，北京的房子是怎么回事？钱从哪来的？"

他终于明白，那串钥匙，那串一直放在角柜上，单面开槽，号称拥有日、德、意、美先进技术，让他一直心里存疑的钥匙，就像撒手锏一样，成了突破口。

赫连东山沉默了片刻，回答说："房子的事，是孩子他妈告诉我的。我听说，一共是两套。至于买房的钱从哪儿来的，我不清楚。我儿子上大学，我仅提供了学杂费和生活费，一年一万六。八千是学杂费，八千是生活费。第一年，是走时带去的。其余年份，是寄去的，这都有据可查。另外，他妈妈去北京看他，带去了六千。家里一共就给他这么多钱。至于买房的钱，我不知道从哪儿来的（他实在不好意思说是儿子打'游戏'挣来的。他知道，就是说了，也没人相信），是偷来的还是抢来的，你可以查，也可以去问他本人。"

邢志彬说："好，记录在案。第二条，强奸。有人实名举报您利用职权强奸犯人家属。而且，有受害者本人的证言。这一条，您怎么说？"

赫连东山抬起头，笑了，说："强奸？还能给我安上一条强奸罪，不容易。请问：何时何地，我强奸谁了？"

邢志彬说："想不起来了？那我提醒您一句：'七七枪案'，您是主审。当时案子就是在蓝光大酒店审的……想起来了么？"

赫连东山想了一下，说："噢，你是说，十八年前我办的案子？那个案子光查就查了十八年。这又是一个十八年。十八年前我强奸了一个女人，十八年后才跑来告我？你也信？"

邢志彬说："一个名叫姚怡的女人，您还记得吧？人家说了，人家是为了救她丈夫，曾跪在您面前求你。你答应人家不判死刑……"

接着，邢志彬突然使出了撒手锏，他说："我告诉您，女方至今还保存着您强奸她的关键证据——一件女式内裤！"

赫连东山快速地回忆着："七七枪案"，魏少华的案子，是有这么个女人。她是魏少华在深圳的二房，不是原配。这女人比持枪抢劫犯魏少华至少小二十岁，年轻、漂亮，穿着非常时髦，抱着一罐煲好的汤从深圳飞过来。当时，他还被她的行为感动过。是的，包括细节都是真的，她确实跪在他面前求过他……就在这一瞬间，赫连东山出了一身冷汗！十八年过去了，是什么样的力量能让一个远在深圳的女人跑出来诬告他？！

一时间，赫连东山沉默了。

邢志彬说："还有一条，男女关系问题。有人举报，您跟黄淮市公安局预审科胡小月有男女关系问题。有人亲眼看见您跟胡小月在办公室里搂搂抱抱，当时胡小月就坐在您的腿上……因为您，她后来调走了。老赫，您，不会连这一条也不承认吧？"

赫连东山仍沉默着。是的，胡小月，这是个大学毕业刚刚分到预审科不久的女孩儿，看上去很丰腴，肉肉乎乎的，走路一阵风，就像是一颗刚出膛的炮弹。她好像是跟着办过一两个案子，也可能在局里听说了一些赫连东山的"事迹"，很突兀地对他产生了爱慕之情。有一天晚上，她突然跑进赫连东山的办公室，一屁股坐在赫连东山的腿上，抱着赫连东山亲了一口，喃喃地说："赫老师，我喜欢你，我太喜欢你了……"这是真的。如果这一条坐实了，那么，强奸就很有可能成立！或者说有了这一条，强奸罪就有了铺垫和有力的佐证。一个年轻漂亮的女孩，都坐在了你的腿上了，这说明什么？说明你们的关系不一般。况且，一个年轻女孩坐在你腿上，你也不可能无动于衷……除非你不是人，你能说你不是人么？按照推理，你既然连下属都不放过，那么你就很有可能强奸一个犯人的家属……这样一来，一环套一环，让你无从辩解。

赫连东山突然觉得这个"局"布得太大了，大得他一时无法判断，他到底是得罪了谁？！是谁有这么大的力量，一下子就把他套住了。他想来想去，要说得罪人的话，他办的最大案子，应该说还是刚刚结案的"一号专案"，可"一号专案"的主要案犯全都抓了呀？

让赫连东山想不明白的是：无缘无故地，那个名叫胡小月的女孩，为什么要不顾自己的名节，跑出来诬陷他？是的，那天晚上的事情，他历历在目。他记得，那天晚上他值夜班，门响了一声，那女孩突然就闯进来了，确实是一屁股坐在了他的腿上！他的心跳一下子加速了。胡小月抱住了他的头，喃喃地说："老师，我真的喜欢你。你是我的偶像，我真的，很崇拜你……"就在这一刻，他跳起来了。不为别的，是这女孩儿身上的香水味太浓了，熏得他差点吐出来。后来他专门在网上查了一下，这种名为"迪奥"的法国香水，俗称"毒药"，掺有马来西亚胡椒、铃兰肉桂、龙涎香……从内心深处来说，这都不是最重要的，最重要的是，他恐惧。坦白地说，在那样一个时期里，他也洗过脚、也按摩过……他不是圣人，他也有七情六欲。他说不清楚一个美女坐在腿上，他为什么会恐惧？可他毕竟是那个年代过来的，那一刻，他突然就害怕了。当然，他也不能确定，如果胡小月没有洒这么浓的香水，如果她洒的香水淡一些，坐的时间再长一些，他真有可能……可他不到十秒钟就跳起来了。他说了一句话，他说："孩子，我都是跟你爸爸一样年岁的人了。这，不好吧？有人叫你呢，出去吧，你快点出去吧。"难道说，那女孩就此恨上他了？

终于，赫连东山抬起头，望着邢志彬，说："就这三条么？"

邢志彬说："这还不够么？"

赫连东山说："你是干过预审的，你知道什么叫'局部真实'。如果没有这'局部真实'，你就没有'双规'我的理由了。第一，我儿子确实在北京买了两套房子，那房子也确实买得便宜，至于钱从哪里来的，你得好好查一查，查清楚。这个我不担心。第二，'七七枪案'，那个女人确实是从深圳飞过来的。在'蓝光'大酒店，她也确实跪在我的面前求过我……但是，十八年后，她突然站出来告我强奸，这一定是有原因的。至于你说的那个证据，如果真是证据的话，做一个DNA就知道了。怕的是十八年了，做不了DNA，这不就成悬案了么？他们要的就是这个结果，让你说不清道不明。她为什么这个时候站出来告我，这个'原因'非常重要，你一定要查清楚。第三，胡小月坐过我的腿，这是事实。现在的女孩都很开放，我也不能确定她就是恶意的，可我们之间没有关系……我建议你从胡小月查起，看看到底是什么原因让她站出来往自己身上泼脏水！查吧，我没什么可说了。如果把这一切都查清楚了，哪怕判我死罪，我仍然会当面向你鞠躬致谢！请你记住我的话。"

邢志彬说："这就是你的态度？"他不再用那个"您"了。

赫连东山说："这就是我的态度。"

邢志彬说："看来，你是要顽抗到底了？"

赫连东山说："找证据去吧。我只在证据面前低头。"

邢志彬觉得这样僵持下去，很难审出什么来，就说："那好，你再考虑考虑。"尔后，对坐在旁边的人示意说，"带下去吧。"

对这个案子，邢志彬还是下了很大工夫的。此后，他亲自带队，北上、南下，一条条地查证落实。查来查去，结果是把邢志彬自己给吓住了，查得他自己心惊胆战，这竟然是一个巨大的漩涡！

二十一天后，当邢志彬主动找万副厅长汇报案情时，他的脸色十分凝重，甚至可以说是一脸的焦虑。

万海法问："查清楚了么？"

邢志彬说："万厅，问题很严重呀。"

万海法说："你说清楚，什么问题很严重？"

邢志彬说："这案子后边是有背景的。"

万海法严肃起来："说。"

邢志彬说："第一条，房子问题。我们在北京查了购房的所有手续，也查了赫连西楚（赫连东山的儿子）的所有银行账目，没有发现实质性问题。赫连西楚买房的钱，是他自己卖'武器'挣的……"

万海法一怔，脱口说："等等，卖武器？什么武器？！"

邢志彬说："游戏，打游戏用的'武器'。"

万海法松了一口气。

邢志彬说："至于优惠价的问题，时间太长，究竟托了什么人，那就查不清楚了。我查看了这家房地产公司所有的购房合同，从购房合同来看，享受优惠价的，并不是他一个人，是一批人……"

万海法说："你往下说。"

邢志彬说："第二条，强奸罪。由于年数太多，DNA是无法做了，做也做不出来。我们去了深圳，却没有找到证人。那个名叫姚怡的女人，十天前出境了，跟他男人去了澳门。据多方了解，这女人后来又嫁了个赌棍，此人嗜赌，输了很多钱，到处都有人追账。只是前不久，有人专门从内地来深圳找她，据说是让她出一份证言，给了她三十万……"

万海法说："这一条，能证实么？"

邢志彬摇摇头说："不能，人没找到，是邻居说的。"

邢志彬说："第三条，男女关系问题。这个胡小月，我们倒是找到了。跟她谈的时候，经过做工作，她最终说了实话，说是有人逼她这样做的。如果她不出证言的话，就把她的一些事公布在网上，还要把照片拿给她刚结婚不久的丈夫看。另外，她结婚时，人家给了一个红包：五万……她承认，跟赫连东山没有发生关系。"

万海法"噢"了一声，问："那你打算怎么办？"

邢志彬说："按说，没有实实在在的证据，只有结案了。可是，又有新问题了。"

万海法说："搞什么鬼名堂？"

邢志彬说："上头又有批件下来了，又出现了新的揭发材料，从北京转回来的。"

万海法说："什么材料？"

邢志彬说："这一次是六条罪状。其中一条是告他知法犯法、刑讯逼供，用烟头烫伤了嫌疑人的脸……"

万海法笑了，说："这……这不是告你么？"

邢志彬说："是啊，这才引起了我的警觉。我专门又去了北京一趟，通过关系，在上边摸到了一些情况。问题很严重：告赫连东山的并不是一家，据说是四家联手告他，参与的有白家、刘家、谢家、姜家，还有两个村的村民，也都一一按了指印……他们分两班，一班人长住北京告状；一班人在省市两地收集证据。据说，证据都是花钱买来的。凡提供赫连东山违法犯罪证据的，按罪名大小出钱购买。据说强奸罪给了三十万，其他十万、八万、三万、五万不等。乡下人只要按一指印，就给一百块钱。据可靠消息，最近，梅陵那边的刘家，有一盆古桩极品腊梅用专车运到了北京……万厅，这是群体行为。"

万海法沉默了片刻，说："疯了，都疯了。你说的这些，能落实么？"

邢志彬摇摇头说："不能，人数太多，牵涉面太广……万厅，说不定什么时候，我们都被网进去了。"

万海法沉默了很久。他明白，谢家有数亿资产，白家、姜家、刘家，都在官场有很深的人脉和背景；还有那些农民，出一百元就按指印的农民，他们一旦结合起来，就是一股巨大的力量……终于，他一拍桌子，说："放人，你写结案报告，先把人放出来再说。具体情况，我给省委汇报。"

这年的腊月二十七，离过春节还有三天时间，赫连东山走出了"双规"基地，他是当代第一个以清白身子走出"双规"基地的官员。虽然还留有"尾巴"，但他终还是走出来了。

这天下午，当他拄着一根拐杖走出"双规"基地时，站在雪地上，他看见儿子赫连西楚开着一辆奔驰车接他来了。据说，妻子已替他办好了退休手续，儿子要接他去北京住。

终于走出"双规"基地，本该高兴的，可赫连东山内心充满了悲哀。他本以为，他是一个"干净的人"。至少，他自认为他是干净的，可他没想到，竟然有这么多人跑出来告他。你不能说这些人都是坏人。难道说，那些给一百块钱就按指印的人，能是坏人么？你只能说这是一群没有信仰的人。

为什么呢？

他还不得不承认，如果不是万副厅长死命保他，如果不是邢志彬最后的"人情"呵护，他是出不来的。这是最让他伤心的事了。他一直认为他是清白的，他能坚持着挺过来，也正是靠着这一点。然而，放他出来的时候，邢志彬说的话，更让他心里难受。邢志彬说："老师，你的恩情我记着呢，我们尽力了。"正是这句话，让他的内心一片苍凉。

他出来了。可是，当儿子和妻子一步步向他走近的时候，他却站住了。走过来的赫连西楚，穿一身名牌休闲装的儿子，已完全是一副成功者的模样。尤其是，面对父亲，他的眼神里竟然流露出居高临下的神情。他的眼神里竟包含有"收容"和"怜悯"的意味。他毫不掩饰地望着父亲，那意思很明显地告诉父亲：你已经老了，落伍了，你就认了吧。于是，赫连东山突兀地、很决绝地在雪地上用拐杖画了一条线！这是与他们断绝关系的意思。

可儿子赫连西楚却仍然很自信地高声说："老头，听我说一句。我告诉你：这不叫打'游戏'，这叫'人工智能'！"

赫连东山不屑地用鼻子"哼"了一声。

在二十一世纪的今天，在互联网时代，赫连东山仍然固执地认为，儿子的钱是不干净的。当然，他屁股上还留着"尾巴"，他也不愿再牵连他们了。是的，他看见危险了，可他不知道谁是敌人……

尔后，他扭过头，拄着邢志彬送给他的拐杖，一步一步地，蹒蹒跚跚地朝另一个方向走去。

雪仍然下着。

七

腊梅开光的日子到了。

这盆名为"化蝶"、又被称为"双面卧佛"的极品古桩腊梅,是谢之长派专车运到北京去的。一路上自然是精心呵护,司机在高速公路服务区打尖儿时,还不忘给它浇一次水,当然也不敢浇多,只是润润。到北京后,因天太冷,还特意给它加罩了塑料薄膜。于是,这盆有三百年历史的、号称"中华梅王"的古桩梅花,经梅陵的园艺大师刘全有经心培育了二十二年后,终于可以见天光了。

"化蝶"只是在北京的九州花卉市场上露了个脸儿,立即引起了不小的轰动。当天就有小报记者写了篇"梅王进京"的消息,而且特别注明了开花的日子……此后,它就被悄悄地送进一座四合院里去了。

谢之长把"化蝶"送进北京,是想办大事的。他唯一的要求是把赫连东山重新送进监狱,不能让他出来。这也不是他一个人的意思,是很多人的意思。他们都认为赫连东山不仅眼毒,他还是个很固执的人,咬住什么,绝不松口。

黄淮市要搞世界花卉市场,地早已批过了。这个号称上百亿的项目,前期已花了几十个亿的投资。这些钱不光是政府的,还包括香港、澳门和东南亚华商的投资。外商的这些投资,是好不容易才拉来的,黄淮市政府也是以信誉做过担保的。现在"一号专案"抓了这么多人,连副省长都判了死刑……那么,案子再这么追究下去,很多事情就会重新翻出来。从"6·29卧轨事件"到"金店失火案",再到"杀妻案",这么一路追查下去,早晚有一天,会查到谢之长的头上。谢之长一旦进去,前期的几十亿投资都要打水漂儿了。那么,作为项目的担保方,黄淮市政府就会受到牵连。政府一旦成了违约方,那就得赔偿外商的巨额损失。还有那些种下的花卉,雇佣的花工,盖起的一大片交易大楼……这么一来,黄淮市的经济会受到沉重打击,甚至是重创!所以,黄淮市的一些官员也认为,在这个时候,谢之长是必须保的。他不是不能抓,是想等到项目落地之后,再做处理。

谢之长也正是靠着以上诸多因素,侥幸逃脱的。在黄淮,没有他办不成的事情。他给那么多人帮过忙……可有些事情，他还是很后悔的。他已走到了这一步，不能再回头了。一方面，他花钱雇了几班人，联合白家、姜家、刘家一次次地进京告状，想花钱把案子翻过来。另一方面，他又托上了一个很重要的关系。这次进京，他不仅带来了梅王"化蝶"，也带了足够的现金。他想，就是翻不了案，也无论如何得把这个事摆平。

梅王"化蝶"自从进了那个四合院之后，被"请"进了一座玻璃房里，一直备受呵护。开花的日子早已定下了，这是"花世界"集团老总谢之长再三保证过的。可是，到了预定开花的这一天，花却没有开。不但花没有开，且有败象出来了。那被称为"双面卧佛"的花桩，用手一摸，居然朽成了粉末儿……

等谢之长带着礼物又一次登门的时候，却被很客气地拒之门外。关上大门的时候，这家人的保姆送了他一句话："骗子！"

谢之长一下子懵了。他不知道问题究竟出在哪里。后来经多方打听，终于打听出来了。送过来的这盆极品梅王，并没有如期开花……接了电话后，谢之长擦了一把汗，对手下的人说："没事，不要紧，还有救。"于是，他一个电话打回去，再一次派专车接来了"园艺大师"刘全有。这盆极品腊梅是刘全有花了二十二年心血培育出来的，他一定有办法让它开花。

八十二岁高龄的刘全有，因儿子刘金鼎还在监狱里关着呢，他救儿心切，二话不说就来了。可是，当谢之长领着他走进那条红墙胡同的时候，走着走着，他突然蹲下了。他蹲在地上，放声大哭。

是的，他看见了。他看见胡同口一个卖早点的小铺里，在炸油条卖胡辣汤的油锅下，那朽枯了的梅花树桩已被劈开了，一半扔在地上，一半在炉膛里噼里啪啦、熊熊燃烧。

一股腊梅的香气在空气里尖叫！

当天下午，谢之长突然接到了一个神秘的电话。那个电话告诉他：赫连东山被中纪委的人叫走了。谢之长很兴奋地对着手机说:"好啊,这是好事呀!又抓起来了吧?"可是,对方却说:不妙啊,老谢。不是抓起来了,是被中纪委的人请到北京去了。听说,还要聘他当监察专员呢……听了,谢之长像挨了一闷棍似的。

片刻,"当啷"一声,又有一条"短信"发过来了。不管怎么说,谢之长平日里急公好义,曾帮助过不少人。这时候了,也当然有人愿意给他提个醒儿。谢之长低头看了看,竟然是八句诗:

　　黄雀衔黄花,翩翩傍檐隙,本拟报君恩,如何反弹射。
　　宝剑千金装,登君白玉堂,身为平原客,家有邯郸娼。

发这条"短信"的是黄淮市原文化局局长、现任市政协副主席、曾经的北大才子苏灿光。谢之长盯着这条信息看了很久,心说:啥意思?

此时此刻,北京街头,车流荡荡,人流荡荡,来的来,去的去。人脸就像是一面面镜子,人们相互映照,却谁也看不见自己。这一天没有雾霾,阳光透亮,但冷风一吹,寒气是彻骨的。

后记——蝴蝶的鼾声

那只蝴蝶,卧在铁轨上的蝴蝶,它醒了么?说实话,我不知道。

在平原,"客"是一种尊称。上至僚谋、术士、东床、西席;下至亲朋、好友、以至于走街卖浆之流,进了门统称为"客"。是啊,人海茫茫,车流滚滚,谁又不是"客"呢?

我说过,我一直在写"土壤与植物的关系",我是把人当"植物"来写的。我这部长篇小说先后写作时间两年多一点,准备时间却长达十年。从表面上看,这应是一部"反腐"题材的作品,我写的是平原的一个涉及官员的案件。其实我写的是一个特定地域的精神生态。这部长篇,我是从一个"花客"写起的。这部长篇的所有内容,都是由这么一个"花客"引发出来的,一个卖"花"的人,从一个小镇的花市出发,引出了一连串的人和故事……所以,这部长篇的名字叫:《平原客》。

记得早在20世纪80年代初,我刚调到省城的时候,日子很素,每每馋了,想打牙祭的时候,就跑到市中心的二七塔附近去排队。那里有一个"合记烩面馆",门前总是排着长长的队列。那时候,人们改善生活,也就是吃一碗烩面什么的。"合记烩面馆"的面筋道、好吃，是用大马勺下的，一勺一碗，加上旺旺的辣子，会让你吃出通身大汗。记得最初是四毛五一碗，还要二两粮票。

后来遍地都是烩面馆，烩面的种类也多，天上飞的、地下跑的、水里游的，都下到锅里去了……吃着吃着，你都不知道该选哪一种了。当人们开始打一个饱嗝的时候，转眼间，就像是雨后春笋一般，街面上突然出现了"发廊"和"脚屋"，那红红的灯笼挂在门前，诱了很多人的眼。后来就又有了洗浴中心，卡拉OK歌厅之类。在一个时期里，我听说，南方、北方，各有十万"洗头"或是"洗脚"的大军，或南下，或北上……妹子们是挣钱来了。再后来，妹子们一个个裸露着鲜嫩的肉身，薄如蝉翼的裙装上挂着各自的号牌，在"滚滚呀红尘、痴痴呀情深"的乐声中摇首弄姿，等待着你的挑选……难道说，路人甲或路人乙，还有那么多的"吃瓜群众"，你就不想看一眼么？是啊，也许就有人走进去了。难道说，号称的十万大军仅仅腐蚀了一个路人甲么？就说是一人腐蚀了一个，那又是多少？

大约有十多年的时间，我一直在关注平原上的一个案件。这是一位副省级干部杀妻案。这位副省长自幼苦读，考上大学后，又到美国去深造，成了一个留美博士，专家型的官员。可他却雇凶杀妻，被判了死刑……我曾经专门到他的家乡去采访，对这样一个杀妻的凶犯，村里人却并不恨他。村人告诉我说：这是个好人。是他家的风水不好。他家后来盖房盖到"坑"里去了。这样一个人，本质上不是一个坏人，可他为什么要雇凶杀人呢？

这位副省长的第二任妻子，原是他家的小保姆，也是农家出身，百姓家的孩子，大约也是一心奔好日子的。当她终于成了省长夫人后，战争却开始了，两人相互间成了敌人，她却顽强地战斗着，且越战越勇，直至战死……这是为什么呢？

有十多年了，我一直关注平原上的一个种花人。他祖上辈辈都是种花人，号称"弓背家族"。我知道养花的人是爱美的，是善的。他后来成了地方上有名的"园艺大师"。他是搞嫁接的，他把花养成了"精灵"，他让它什么时候开花，它就什么时候开花。可在"吃瓜群众"看来，他最值得骄傲的是养了一个当市长的儿子，他成了"市长他爹"。可是，这个市长后来也出事了……这是为什么呢？

也有十多年光景了，或者更长一点，我一直关注着平原上公安部门的一个预审员。在一个时期里，他曾被人称作"天下第一审"。他绰号"刀片"，终日眯缝着一双小眼，以"眼睛"为武器，破过许多别人根本破不了的大案，可他审着审着却把自己给审进去了……他还有一个敌人，那是他的亲生儿子。这是为什么呢？

是啊，社会生活单一的年代，我们渴望多元；在多元化时期，我们又怀念纯粹。但社会生活单一了，必然导致纯粹。可纯粹又容易导致极端。社会生活多元了，多元导致丰富，但又容易陷入混沌或变乱。这是一个悖论。总之，对于人类社会来说，所谓的永恒，就是一个字：变。

开始了。车轮滚滚向前。那只蝴蝶，卧在铁轨上的蝴蝶，它醒了么？